Bruno M. Schleeger
... und ... was soll das Ganze ... ?

Bruno M. Schleeger

... und ... was soll das Ganze ...?

Vom Suchen und Finden, vom Unterwegssein und Ankommen

Academia Verlag Sankt Augustin

Die Abbildung auf dem Titelblatt ist eine Kopie einer Postkarte mit freundlicher Genehmigung von Art Unlimited, Amsterdam.
Die Graphiken auf den Seiten 19 (das erste Tal), 61 (das zweite Tal), 149 (das vierte Tal), 165 (das fünfte Tal), 209 (das sechste Tal) sind Kopien von Postkarten mit freundlicher Genehmigung von Art Unlimited, Amsterdam; auf Seite 141 (das dritte Tal) mit freundlicher Genehmigung der Mercurius Art Publishing, Wormer.
Die Abbildung auf Seite 245 (das siebte Tal) ist mit freundlicher Genehmigung des Verlages dem Buch: »Islamische Schriftkunst« von Ernst Kühnel entnommen.

Die Deutsche Bibliothek – CIP-Einheitsaufnahme

Schleeger, Bruno:
... und ... was soll das Ganze ... ? : Vom Suchen und Finden, vom Unterwegssein und Ankommen / Bruno M. Schleeger. – Sankt Augustin : Academia-Verl., 1995
ISBN 3-88345-629-2

1. Auflage 1995

Postfach 16 63, D–53734 Sankt Augustin
Printed in Germany

Herstellung: Richarz Publikations-Service GmbH, Sankt Augustin

In Gedanken an
Bruno, Dolores, Charles, Alexis und Teresa
sowie alle verpaßten Chancen

Inhalt

Weg der Rückkehr

Nun kehren wir also den langen Weg zurück,
uns begegnen die steinernen Gesichter
und alles, was wir vor kurzem noch sahen,
erscheint nun in kalter Erstarrung.
Wir kehren zurück, kein Glanz erleuchtet
unsre erloschenen Augen.
Wir schreiten vorwärts und schleppen mit uns die übrig gebliebenen Bruchstücke
eines kleinen Traumes,
den wir nach kurzer Jugend begraben hatten.

***

Wir kehren zurück, und dieser Rückweg
bringt uns Bitterkeit und eintönig nacheinander seine Geheimnisse,
wir schreiten voran und es erscheint eine Tür
hier, und dort eine Mauer, die den Weg versperrt mit Steinen.
Und dann ein alter Zaun,
der beim Fluß in sich zusammenbricht.
Eine Vorüberziehende richtet teilnahmslos den Blick dorthin,
wo für uns Dunkelheit herrscht,
geht an uns vorüber, ohne uns zu beachten,
und wir vergessen und nehmen nicht wahr, daß wir vergessen haben,
und wir begreifen nicht.

***

Wir kehren zurück auf dem bitteren Weg der Heimkehr
und hatten ihn erst seit kurzem beschritten.
Und ihn – ohne zu zweifeln – ›Weg der Ruhe‹ genannt.
Wir gingen ihn mit dem Gefühl, Frieden in uns zu finden,
Der Weg nahm uns bei der Hand,
streckte uns alle Dinge, die wir sahen, als leitende Hand entgegen
und leitet uns sicher in ein ungewisses Morgen,

mit Minuten, die das Schicksal gesponnen.
Wir hatten ihn ohne Zweifel ›Weg der Hoffnung‹ genannt,
Wie also konnte es geschehen, daß plötzlich sein Duft entschwand?
und aus Hoffnung wieder Zweifel und Verdruß wurde?
In Zweifel gingen wir weiter,
die nächste Biegung zeigte uns
erneut Beklemmung und Bedrückung
und alles, was wir sahen,
nahm uns jede Hoffnung, trieb uns zur völligen Verzweiflung
und wir fühlten, daß endloser Kummer uns quälte und quälte,
Das Leben uns verhaßt war
Und es von Verzweiflung überschwemmt wurde.

***

Warum kehren wir zurück?
Gibt es nicht einen Ort jenseits des Daseins,
zu dem wir stets unterwegs sind,
ohne ihn je zu erreichen?
Ein ferner Ort, zu dem ein langer Weg uns führt,
den wir beharrlich gehen und gehen,
endlos, ohne ein Zurück?
Ohne, daß sich der Anblick der Mauer wiederholt
und nicht die Form dieses Vorhanges,
Ohne die unerträgliche Monotonie des Lebensflusses
dem wir angstvoller Verachtung lauschen
Doch der Weg ist der Weg der Rückkehr und Zuflucht.
Denn wir hatten das Ende des Weges erreicht, der uns entfernte.
Und unausweichlich mußten wir nun die Wunden schmecken,
während wir gingen und den Rückweg zurücklegten,
mit Tränen durch ihn durchschritten.

***

Müssen wir denn zurückkehren,
getrieben von der inneren Bitterkeit ohne Gnade?
Zerrann nicht jeder Traum wie Sand zwischen den Händen,
wenn wir sicher glaubten, wir hätten den Gipfel erreicht?
Auf und ab – Mal erklommen wir Höhen, dann kam der Abstieg
und wieder schleppten wir die Ketten des Schmerzes

und erkannten, wie sich selbst der Staub verwandelte,
sich selbst der Weg verwandelte.
Er versagte sich uns, haltlos und beklommen,
und warf uns zurück in tiefe Agonie.

***

Und doch weiter gingen wir,
schleppten unsere erstarrten Empfindungen
und stoßen auf zu Stein gewordene Erinnerungen und Gesichter,
gingen und gingen,
starrten alles an, was wir sahen,
den niedergerissenen Zaun an und alles, was sich uns darbot.
starrten wir an, teilnahmslos, ohne Ziel.
Aber dennoch ... wir wendeten uns nicht ab, denn wir haben Augen.
Den Blick gebannt, keine Sehnsucht trieb uns.
Doch uns zermürbte der furchtbare Stillstand.
So gingen wir gleichmäßigen, schwerfälligen Schrittes über das Pflaster.
Müde sind wir, doch wohin entrinnen?
Ohne Freiheit zur Wahl müssen wir zurückkehren.
Denn es gibt keinen Ort jenseits des Daseins,
zu dem wir stets unterwegs sind,
ohne ihn je zu erreichen.

Nazik al-Mala'Aika (1949 – verfaßt im Irak)
Übertragung aus dem Arabischen: Regina Werner

Einleitung

Ich erinnere mich an einen Gestalttherapieworkshop, der kurz nach dem »Ausbruch« des Golfkrieges stattfand.
Während dort Menschen sauber und fernsehgerecht gemordet wurden, arbeiteten wir hier daran, wie sehr es uns doch immer noch schmerzt, kein Lob für die ›3‹ in der Klassenarbeit im vierten Schuljahr bekommen zu haben.

Was sollte das Ganze?
Wir hatten eine schwere Zeit in diesem Workshop. Unsere Maßstäbe waren kräftig durcheinander geraten. Wo nahmen wir das Recht her, angesichts des Tötens, angesichts der Menschenverachtung am Golf Therapie für unsere Wehwehchen zu machen? War das nicht weltfremde Arroganz der Im-Boot-Sitzenden? Zudem kam in vielen von uns die alte Kindheitsleier mit der Suppe hoch: »Du willst Deine Suppe nicht aufessen, und in Afrika verhungern die armen Heidenkinder.« (Wieso eigentlich immer nur die Kinder, frage ich mich heute noch.) Unsere Eltern schienen wohl zu glauben, daß der Gedanke an die verhungernden Kinder in Afrika unseren Appetit anregen würde. Nicht etwa Solidarität und Mitgefühl mit den Hungernden, sondern in uns Schuldgefühle im Angesicht der nicht aufgegessenen Suppe zu erzeugen, waren meist das Ziel der elterlichen Ermahnungen.

Gleichzeitig einte uns bei aller Agonie ein Gefühl des (Mit-)Schuldigseins. Das Kriegsgeschehen am Golf war uns allen plötzlich sehr nahe; näher vielleicht, als es ohne diesen Rahmen mit all seinen Fragen und Sprachlosigkeiten gewesen wäre. Viele erinnerten sich an die – nicht nur elterlichen – Tricks, mit denen vermeintliche Anteilnahme und vermeintliche Solidarität mit den »armen hungernden Heidenkindern« zu ausagierenden Handlangern elterlichen Machtanspruches gemacht worden sind. Im Gegensatz zur damaligen Anteilnahme auf Befehl versetzte uns unsere heutige Betroffenheit aus uns selbst heraus in die Lage, die therapeutische Arbeit in Frage zu stellen:

Was machen wir hier eigentlich...?
Was soll das Ganze?

Auch heute (im Sommer 1993) geht es mir angesichts des Mordens und der Menschenverachtung in Jugoslawien, aber auch angesichts der rechtsradikalen Gewalt und meiner Hilfs- und durchaus auch Tatenlosigkeit ähnlich. Ich fühle mich mit meiner psychotherapeutischen Arbeit dann oft so, wie jemand, der in einer Gruppe von todkranken Menschen sagt. » ... Krankheit und Leiden? Davon verstehe ich auch etwas; ich bin auch manchmal richtig erkältet!«

Ein anderes Beispiel: Ich habe einen Therapiebericht gelesen, in dem beschrieben wurde, wie jemand über 30 Einzelstunden hinweg versucht hat, einem geistig und körperlich behinderten Menschen beizubringen, wie er sich die Schuhe zubinden kann! Ich bewundere diese Leistung sehr, da ich sehr bezweifle, ob ich diese Geduld und diese Ausdauer aufbringen würde. Das Ergebnis dieser Arbeit war – laut Bericht –, daß der Behinderte nunmehr in der Lage war, mit Hilfe seine Schuhe zu binden. **Warum** hat dieser Therapeut die Zeit, die Energie, die Geduld aufgebracht? Welches implizite oder explizite Menschenbild macht eine solche Arbeit sinnvoll, möglich? Darauf hoffe ich eine Antwort zu finden ...

»Welches ist der Sinn unseres Lebens, welches der Sinn aller Lebewesen überhaupt? Eine Antwort auf diese Frage zu wissen, heißt religiös sein. Du fragst: Hat es denn überhaupt einen Sinn, diese Frage zu stellen? Ich antworte: Wer sein eigenes Leben und das seiner Mitmenschen als sinnlos empfindet, der ist nicht nur unglücklich, sondern auch kaum lebensfähig.«[1]

»Im Moment, da man nach Sinn und Wert des Lebens fragt, ist man krank, denn beides gibt es ja in objektiver Weise nicht!«[2]

Ich wünsche mir, im Verlaufe des Buches mehr als dieses resignative Statement zu finden.

1 A. Einstein – zitiert in: N. Pesechkian: Auf der Suche nach dem Sinn, S. 61
2 S. Freud in einem Brief an M. Bonaparte vom 1. Mai 1937, zitiert in: R. Krisch u. M. Ulbing (Hrsg.): Zum Leben finden, S. 113

Paul Goodman: »Wir müssen davon ausgehen, daß sich diese Frage (Was ist der Sinn des Lebens?) für den glücklichen Menschen nicht stellen würde. Denn jede Aktivität, der er sich widmet oder die ihm auferlegt ist, sei es aus eigenem Antrieb oder aufgrund der Situation, sei es zur Freude oder zum Kummer, wird um ihrer selbst willen betrachtet; ihre Herausforderungen, ihre Mittel und ihre Nützlichkeit werden von ihm in spezieller Weise im Hinblick auf einen besonderen Zweck eingeschätzt. Wenn er also gefragt wird: »Was ist der Sinn des Leben?«, dann sagt er: »Ich nagle diesen Tisch zusammen; es wäre gut, ihn mit Zapfen und Schlitz zusammenzufügen, oder sollte ich besser eine Schwalbenschwanzüberblattung verwenden?« ... Sehr wenige von uns sind in einer solchen Weise glücklich, daß sich die Frage nicht stellt. Viele, denen sich diese Frage nicht stellt, sind auch nicht glücklich, aber sie stellen die Frage aus anderen Gründen nicht.«[3] In diesem Zitat sind bereits alle Bestandteile einer Antwort, oder zumindest eines Versuches einer Antwort, enthalten. Es ist sinnvoll, sich im Laufe des Buches ab und zu an dieses Zitat zu erinnern.

Es soll in diesem Buch um Ethik und um Werte – implizite und explizite – der Gestalttherapie gehen.
Bei allen Gedanken soll der Schwerpunkt auf der Handlungsrelevanz der Werte liegen, denn was ist der Nutzen selbst der schönsten und edelsten Wertvorstellungen, wenn sie sich nicht im *konkreten Alltag* niederschlagen – »Es gibt nichts Gutes – außer man tut es!«

Autonomie, Freiheit und ähnliche Werte mögen zwar aus sich heraus einen Wert haben; ihre reale Bedeutung erfahren sie jedoch erst dadurch, daß sie durch Menschen erstrebt oder gar erkämpft werden.

Hierzu ist auch das Gedankengut von Friedrich Nietzsche von wegweisender Bedeutung. Er »sieht mit voller Klarheit die Fragwürdigkeit der landläufigen Moral: daß sie sittliche Grundsätze verkündet, daß aber das Handeln sich nicht danach richtet. Dadurch, daß man die alten Werte fallen läßt, das aber nicht als Verlust empfindet,

3 P. Goodman, Was ist der Sinn des Lebens?, S. 13

kann man an die ›absolute Wertlosigkeit‹, an die absolute ›Sinnlosigkeit‹ sogar ›glauben‹. Die Moral selbst hat dieses Umstürzen notwendig gemacht: Sie hat sich gegen das Leben gewendet; sie ist zur ›Widernatur‹ geworden. Leben und Natur rebellieren nun um der Wahrhaftigkeit willen gegen die Moral.«[4]
Es geht also um die Suche nach einer Ethik, einer Werthaltung, die es dem Individuum ermöglicht, moralisch, wertbezogen zu sein, zu handeln **und** die eigenen Anlagen zu entwickeln und zu fördern.

Dieses Buch wird keine Antworten geben, *dies* ist jedenfalls nicht mein Ziel. Mein Ziel ist es eher, mit Fragen, vor allem mit unbeantworteten, mehr noch mit unbeantwortbaren, (über-)leben zu lernen. Es ist meine Überzeugung, daß (wirkliche) Antworten oft schwerer auszuhalten sind als (unbeantwortete) Fragen. Ehrliche Fragen werden u.a. darum so selten gestellt, weil der Fragende eine ehrliche Antwort befürchtet. Aber »zum Glück« sind ehrliche Antworten genauso schwer wie ehrliche Fragen.
»Liebst Du mich?«
»Nein!«

Ich möchte Mosaiksteine ausschütten, die sich im besten Fall in Kopf und Herz des Lesers zu einem Bild zusammenfügen. Es ist eine Einladung, an meiner Suche, an meinen Fragen – und vielleicht auch an meinen Antworten – teilzuhaben. Ich möchte Anstöße geben; Anstöße zu Widerspruch, Anstöße zu Zustimmung. Beides ist mir gleich willkommen. Weiß ist mir lieber als grau und schwarz ist mir lieber als grau.
Ich möchte und ich kann kein fertiges Lehrgebäude liefern. Sokrates: »Unergründlich bin ich und ich bringe es dahin, daß die Menschen nicht mehr weiter wissen.« Hinter dieser Grenze sind neue Erkenntnisse und dadurch Reifung möglich. Ich hoffe, daß es mir – und damit dem Leser – im Laufe des Buches öfters gelingt, diese Grenze zu erreichen oder gar zu überschreiten.

4 F. Nietzsche, zitiert in K. Stoffl-Höll in: Zum Leben finden, S. 58 f

»Ich versuche das, was ich erkenne und was ich denke, auszusprechen. Aber ich kann es nicht danach einrichten, was man damit anfangen kann und was daraus wird.«
(Theodor W. Adorno)

Ein längeres Zitat von Oskar Wilde soll zum Abschluß der Einleitung die Denkrichtung dieses Buches beschreiben:
»Sie wird etwas wunderbares sein – die eigentliche Persönlichkeit des Menschen – wenn sie sich uns zeigen wird. Sie wird in natürlicher und einfacher Art wachsen, wie eine Blume oder ein Baum wächst. Sie wird nicht im Streit liegen. Sie wird nie argumentieren oder disputieren. Sie wird nichts in der Welt beweisen. Sie wird alles wissen. Und doch keinen Wissenschaftsbetrieb kennen. Sie wird weise sein. Ihr Wert wird nicht mit materiellen Dingen meßbar sein. Sie wird nichts haben. Und wird doch alles haben, und soviel man ihr auch nimmt, sie hat noch immer, so reich ist sie. Sie wird sich nicht immer um andere kümmern oder von ihnen verlangen, sie sollen ebenso sein, wie sie selbst. Sie wird sie lieben, weil sie anders sind. Und doch, während sie sich um andere nicht kümmert, wird sie allen helfen, wie etwas Schönes uns hilft, indem es so ist, wie es ist.«[5]
Ich gebe gerne zu, daß dieser Text beim ersten Lesen wie eine etwas blauäugige Vermischung von Esoterik, Wandervogelromantik und paradiesischer Schwärmerei wirkt.
Aber das sollte seiner Zielkraft keinen Abbruch tun.

Es gibt viele Bilder, Analogien, Allegorien und Metaphern des Suchens, des Unterwegsseins und des Findens. Das inzwischen bekannteste Bild ist wohl die Geschichte der zehn Bilder »Der Ochs und sein Hirte«. Diese Bilder entstammen der chinesischen Chan-Tradition. Sie sind heute Leitfaden einer jeden Zen-Schulung.[6]

5 O. Wilde: Der Sozialismus und die Seele des Menschen, S. 22
6 Die Geschichte vom Ochsen und seinem Hirten gibt es in vielen verschiedenen Ausgaben; empfehlen möchte ich zwei:
- Der Ochs und sein Hirte – Zen Augenblicke. Mit Kommentaren und ausgewählten Texten von Hugo M. Lassalle, München 1990
- Der Ochs und sein Hirte – Zen Geschichte aus dem alten China, Pfullingen 1958

Ein anderes, sehr bekanntes Bild ist das der ›Inneren Burg‹ von Teresa von Avila (1515-1582). Sie beschreibt die Suche (nach Gott) mit einem Weg durch eine Burg, in der der Suchende sieben Wohnungen durchqueren muß, um ans Ziel zu gelangen.[7]

Ich möchte die Suche und das Finden in diesem Buch durch eine weniger bekannte Analogie des persischen Mystikers und Dichters Attar begleiten lassen. Fariduddin Attar wurde etwa 1150 in der Gegend von Nishapur geboren. Er hat zahlreiche Werke verfaßt, in denen er immer wieder den sufischen Weg, die Reise der Seele zu Gott, das Vernichten der eigenen Persönlichkeit und die Leiden des Sufis während seiner Umformung zum Mystiker beschreibt. In seinem bekanntesten Werk, den »Vogelgesprächen«,[8] beschreibt er den Weg des Suchens in einer Tierfabel. Die Vögel haben sich den Wiedehopf zum Führer gewählt, der sie auf einen langen Flug durch sieben Täler zum König der Vögel bringen will. Jedes Tal hat seine besonderen Beschwernisse, seine besonderen Themen. Das wunderbare Ende der Geschichte bildet ein Wortspiel: Die dreißig Vögel, die die mühsame Reise unternommen haben, um den König der Vögel, den Si-murgh zu finden, entdecken schließlich, daß sie selbst – ›dreißig Vögel‹, si murgh – der Si-murgh sind. Jedem Kapitel dieses Buches möchte ich – kommentarlos – die Beschreibung eines Tals voranstellen. Vielleicht wird der eine oder andere Leser dadurch angeregt, sich mit der Fabel insgesamt zu beschäftigen.
Eine sehr informative Abhandlung zum Thema ›Unterwegssein‹ im islamischen Denken gibt es von Annemarie Schimmel.[9] Auch dort habe ich viele Parallelen zu gestalttherapeutischen Gedanken gefunden.

---

7 Teresa von Avila: Die innere Burg, Zürich 1979; es gibt viele Kommentare zu diesem Werk, als Einstieg ist sehr zu empfehlen: Raschen, Klaus: Krankheit und Ekstase dargestellt am Leben der Teresa von Avila, Stuttgart 1992

8 F. Attar: Vogelgespräche, S. 119 ff

9 Annemarie Schimmel: Das Thema des Weges und der Reise im Islam; herausgegeben von der Nordrhein-Westfälischen Akademie der Wissenschaften, 371. Sitzung am 19.01.1994, Opladen 1994

Das erste Tal

Es ist das Tal der Suche und der Gefahren, der Änderungen des Lebens und der Aufgabe von Begierden und Wünschen:

Wenn ihr das erste Tal, das Tal der Suche, betretet, werden euch hundert Schwierigkeiten entgegentreten; ihr werdet hundert Prüfungen erdulden müssen. Dort ist der Papagei des Himmels nicht mehr als eine Fliege. Ihr werdet mehrere Jahre dort verbringen müssen, euch großen Mühen unterziehen und euren Zustand ändern müssen. Ihr werdet alles aufgeben müssen, was euch wertvoll erschien und alles, was ihr besitzt, für nichts erachten. Wenn ihr dann sicher seid, daß ihr nichts besitzt, werdet ihr euch noch von allem lösen müssen, was existiert. Dann wird euer Herz vor der Verdammnis bewahrt werden, ihr werdet das reine Licht der göttlichen Majestät erblicken, und eure wahren Wünsche werden sich bis ins Unendliche vervielfachen. Wer hier Eingang findet, den wird eine solche Sehnsucht erfüllen, daß er sich ganz der Suche hingibt, die dieses Tal symbolisiert. Er wird seinen Mundschenk um einen Schluck Wein bitten, und wenn er ihn getrunken hat, wird ihm nichts mehr wichtig sein außer der Verfolgung seines wahren Ziels. Dann wird er die Drachen, die ihn zu verschlingen suchen, nicht mehr fürchten. Wenn das Tor aufgeht und er eintritt, werden Dogma, Glaube und Unglaube zu existieren aufhören.[10]

---

10 F. Attar: Vogelgespräche, S. 119 f

Und wozu das Ganze?

Das menschliche Dasein bedeutet Leiden. Das ist so. Die Überwindung des Leidens bedeutet noch mehr Leiden. Jeder Zen-Schüler weiß das. Er weiß, wieviel physische und psychische Schmerzen auf dem WEG zu erdulden sind. Die Knie, der Rücken schmerzen so sehr, daß jeder Schritt eine Qual ist.
Das Gefühl des Alleinseins, der Einsamkeit, welches in der Meditation immer wieder auftaucht, ist so umfassend, derart abgrundtief, daß ganze Wochen des Sitzens nur weinend verbracht werden; es ist ein langer, schmerzhafter Weg zur Erleuchtung. Und es ist ein ebenso langer und schmerzhafter Weg in der Therapie oder in der Therapieausbildung. Und das für den Übenden zunächst so triviale und daher Enttäuschende ist das jeweilige Ergebnis: In der (Zen-)Meditation geht es um die Erkenntnis, daß Berge Berge sind und in der Therapieausbildung geht es darum, »Ich höre Dich/Sie« sagen zu lernen! Der gemeinsame Nenner besteht darin, die Dinge **so** sehen zu können, wie sie sind, und – das ist meist noch schwieriger als das erste – sie auch so **lassen** zu können. Um etwas so wahrnehmen zu können, wie es ist, ist es weder erforderlich, daß der Betrachter sich ändert, noch daß sich der Gegenstand der Betrachtung ändert. Gleichzeitig bemühen sich beide Wege um die Vermittlung des Unterschiedes zwischen der Realität der Erfahrung und der Erfahrung der Realität. Auch das Erlernen dieses Unterschiedes ist ein langwieriger und oft schmerzvoller Prozeß, den zu durchlaufen uns niemand abnehmen kann.

In der Psychotherapie ist es ähnlich wie oben beschrieben: Schmerzen über alte und neue Verletzungen, Verzweiflung und das Gefühl, ›nie fertig zu werden‹, sind immer wieder neu auftretende Begleiter auf dem Weg des Wachstums durch Therapie. Es gibt die Redewendung vom ›leidgeprüften‹ Menschen; meist meint man damit einen durch Leid, in Leid gereiften und abgeklärten Menschen. Es lohnt sich, die Implikationen des Satzes vom leidgeprüften Menschen näher zu untersuchen. Leiden bedeutet Not ertragen zu müssen, bedeutet aber auch, sich der Weiterentwicklung zu stellen. Perls spricht hier vom ›gefahrlosen Notstand‹, einer Situation also, die einerseits neu ist und daher Unsicherheit hervorruft, andererseits aber gerade noch ›schaff- und überwindbar‹ ist. Das Sprichwort: »Wer nichts wagt, der nichts gewinnt« meint genau diesen Zustand. Wachsen zu wollen, setzt immer auch die Bereitschaft, ein Stück der gewohnten Sicherheit aufgeben zu wollen, voraus. Ausgerechnet auf einer Packung Zigarettenpapier steht der Satz: »Schiffe sind im Hafen sicher – aber das ist nicht das, wozu sie gebaut worden sind.« Wachsen bedeutet ›Arbeit‹; in Gestalttherapiegruppen kommt dies auch durch den Satz: »... wer möchte *arbeiten* ...?« zum Ausdruck. Wachstum geschieht in einem Prozeß, der Raum, Unterstützung, Begleitung und vor allem Zeit braucht. Das erinnert mich an einen amerikanischen Therapeuten, der anstelle der sonst üblichen Frage »Who wants to work?« die Frage »Who wants to process something?« benutzte.

Leid und Leiden sind wichtige Motoren des Wachstums. Es gibt für mich im wesentlichen zwei Gründe, die jemanden dazu bringen, eine Therapie zu beginnen: Zum einen ist jemand zu der Einsicht gelangt, daß er seine Geschichte, seine Biographie näher kennen und verstehen lernen möchte; zum anderen haben ihn Schicksalsschläge und das damit verbundene Leiden zu der Einsicht gebracht: »So kann es nicht weitergehen...«; »ich brauche Hilfe...«. Beide Wege beinhalten *auch* die Bereitschaft, Schmerzen und Leiden auszuhalten und anzunehmen.

(Schicksals-)Schläge/Niederlagen sind ein sehr sinnvoller Motor des Wachstums. Es ist meine Überzeugung, daß Wachstum auf die Dauer nur durch Schicksalsschläge und Niederlagen möglich ist. Die Aussage »... ich möchte wachsen ...« ist daher nur dann wirklich sinnvoll, wenn sie mit der Aussage » ... ich bin bereit, Schmerzen zu spüren ...« verbunden ist. Was ich meine, ist die Bereitschaft, sich dem Zyklus von Fallen und Aufrichten auszuliefern. »Ohne Fleiß kein Preis« heißt es – und das stimmt. Das Problem mit diesem und ähnlichen Sprichwörtern ist jedoch, daß sie nur allzu häufig **gegen** uns instrumentalisiert worden sind, indem jemand unter dem Deckmantel eines solchen Satzes **für uns** entschieden hat, *wofür* wir zu schwitzen haben. Es war nicht unsere freie Entscheidung, für welches Ziel wir aus **uns selbst** heraus Energie investieren.

Ich möchte noch weitere Sprichwörter dieser Kategorie nennen:

- Ohne Schweiß kein Preis
- Vor den Preis haben die Götter den Fleiß gesetzt
- Quod licet Jovis – non licet bovis
- Durch Schaden wird man klug

Es ist sinnvoll, hier ab und zu inne zu halten und sich zu fragen: » ... für **wen** tue ich das eigentlich alles ...?«

Es gibt, das ist meine Überzeugung, kein Wachstum ohne Schmerz, ohne Leiden; kein **Weg** ohne Leiden. Aber, und das ist mindestens genauso wichtig, es sollte auch kein »Leiden ohne Weg«, d. h. Leiden um seiner selbst willen geben. Dies würde lediglich zu jener zwanghaften, narzißtischen Verklärung des Leidens führen, wie sie im Mittelalter in der fanatischen Selbstkasteiung einiger Orden üblich war. Der japanische Samurai-Ehrenkodex z.B. ist stark von dieser – teilweise fast krankhaften, auf jeden Fall aber krankmachenden – Grundhaltung durchsetzt.
Leiden oder besser Leidensfähigkeit ist eine Voraussetzung zur Fähigkeit des Mitleids. Dieses Mitleid spielt nach A. Brenner in der Ethik Schopenhauers eine zentrale Rolle. »In seiner Auseinandersetzung mit Kant kritisiert Schopenhauer, daß dieser in seiner Ethik keine Motivation für moralisches Handeln habe angeben können, ein Defizit, das aus dem Begründungsgang seine Knüpfung an die Vernunft mit Notwendigkeit folge. Demgegenüber baut Schopenhauer seine Ethikkonzeption auf ein empirisches Element, welches seiner Meinung nach ein anthropologisches Faktum ist, den Affekt des Mitleids. Seine Entdeckung des Mitleids als Motivation zum ethischen Handeln führt Schopenhauer zu dem Moralprinzip des *neminem laede*, das auch das Tier miteinschließt.«[11]

Die Weigerung, sich dem Leiden auszuliefern, ist daher auch eine Weigerung zu Mitleid. D.h.: ohne Leid kein Mit-leid. Sie macht sich in der therapeutischen Arbeit bereits an – zunächst – kleinen, äußeren Dingen fest: Da möchte z.B. jemand eine Therapie beginnen, aber es ist kaum möglich, einen Termin zu vereinbaren: »An diesem Termin kann der Babysitter nicht«, an jenem Termin ist

11 A. Brenner: Streit um die ökologische Zukunft, S. 128

Opernabo, an jenem Sportgruppe ... u.s.f. . In einem solchen Fall hält sich meine Bereitschaft, die Therapie überhaupt erst anzufangen, in sehr engen Grenzen!

»Ein Mensch, der wirklich auf dem WEG ist und in Weltnot gerät, sucht nicht immer den, der ihn befähigt, als der alte zu ›überstehen‹. Er sucht vielmehr den, der ihm unerbittlich und treu hilft, sich zu wagen, eine Not auszuhalten und das Leiden als ›Furt zum anderen Ufer‹ mit Tapferkeit zu durchschreiten. ...So geht es in aller Übung auch nie darum, daß der Mensch eine Verfassung ausbildet, die ihn zu »Gleichgewicht und Ruhe« kommen läßt, in der ihn nichts mehr berührt, sondern umgekehrt darum, daß er es lernt, sich angreifen, berühren, treffen, kränken, sprengen, zerschlagen zu lassen, mit einem Wort, daß er es wagt, von seinem falschen Verlangen nach schmerzloser Harmonie und glatter Oberfläche zu lassen.«[12]

Die Fabel von der Ameise und der Grille:
Der Winter war sehr kalt und sehr hart. Da drohte die Grille zu verhungern. In ihrer Not ging die Grille zur Ameise und bat diese um Essen, da sie wußte, daß die Ameise im Sommer große Vorräte angelegt hatte.
»Was hast Du denn im Sommer gemacht, während ich gearbeitet und Vorräte gesammelt habe?« fragte die Ameise.
»Da«, so die Grille, »habe ich durch meinen Gesang die Natur erfreut.«
»Wunderbar« war die Antwort der Ameise, »wenn Du im Sommer gesungen hast, so kannst Du ja jetzt tanzen!«

Diese Fabel ist nach wie vor für mich ein ›harter Brocken‹! Tagaus tagein gehe ich arbeiten – oft ohne jede Lust. Ich sichere so meinen Lebensunterhalt, meine Altersversorgung, und dann kommen irgendwelche ›Lebenskünstler‹ daher, die das alles nicht nötig haben, und machen sich auf ›meine Kosten‹ einen schönen Lenz. Das kann mich verbittern.
Andererseits bin ich immer wieder eifersüchtig auf die Freiheiten und die Lebenslust der Grille. Das hätte ich auch gerne! In diesem

12 Karlfried Graf Dürkheim: Der Alltag als Übung, S. 100

Dilemma suche ich immer wieder den Sinn meiner Mühen, den Sinn meiner alltäglichen Arbeit.
Offensichtlich stehe ich mit diesem Problem nicht allein; denn es gibt in »Psychokreisen« ein modifiziertes »Update«, in der die Grille dann tanzt und singt, um auf diese Weise die Ameisen zu erfreuen. Im Gegenzug bekommt sie etwas zu Essen. Eine ähnliche Geschichte gibt es von einer Maus (Frederick)[13], die sich mit Geschichtenerzählen durchschlägt.
Die zweite Geschichte ist wegen ihres Happyends ganz nett, aber die Wirklichkeit spiegelt doch wohl die Urfassung von der Grille und der Ameise wider, auch wenn sie schwerer zu verdauen ist.

Es ist für mich *unvorstellbar,* daß die Ameise bei ihrer Tätigkeit, bei ihrer Arbeit die gleiche Lebendigkeit, das gleiche Erfülltsein finden kann, wie die Grille es beim Singen und Tanzen erfährt. Warum heißt es denn schließlich: »... im Schweiße deines Angesichts sollst du dein Brot verdienen«? Aber nur in der Balance zwischen Grille und Ameise scheint mir die »Lösung« dieser geradezu »koan«-artigen Fabel zu liegen.

Ich habe von einem Hilfsprogramm für Suizidgefährdete in Kalifornien gehört. Die Teilnehmer dieses Programms wurden eingesetzt, um Ertrinkende oder in Seenot geratene zu retten. Über diesen Umweg sollten sie lernen, welchen Wert, welchen Sinn das Leben haben kann. Eine sehr **sinn**-volle Aufgabe! Angeblich soll dieses Hilfsprogramm sehr erfolgreich sein. Doch sollten wir es uns nicht zu einfach machen; die Grundidee ist schlicht und plausibel. Die Aufgabe ist *in sich* sinnvoll und kann daher auch Sinn geben. Wie jedoch sieht es aus mit der mechanischen, mechanisierten Tätigkeit z.B. eines Fließbandarbeiters? Wir müssen also auch über Entfremdung und deren Auswirkungen sprechen.

Entfremdung ist zunächst eine Kategorie der marxistischen Philosophie. Ihr liegt die Auffassung zugrunde, daß sich der Mensch erst in seiner gesellschaftlichen Arbeit verwirklicht. Im Produkt seiner Arbeit findet sich der Mensch wieder; sie wird dadurch zu einem

13 L. Lionni: Frederick, Köln 1967

Teil von ihm. Diese Beziehung wird durch die moderne Produktionsweise zutiefst gestört. Der Mensch tritt nur noch verdinglicht, d.h. als Sache, nämlich bezahlte, beliebig austauschbare Arbeits-(Erfüllungs-)kraft in Erscheinung.

Marx' Begriff der Entfremdung verbindet die vier folgenden Hauptaspekte:[14]

- der Mensch ist von der **Natur** entfremdet;
- er ist **sich selbst** (seiner Tätigkeit) entfremdet:
- er ist seinem »**Gattungswesen**« (seiner Zugehörigkeit zur menschlichen Gattung) entfremdet;
- der Mensch ist dem **Menschen** (den Mitmenschen) entfremdet.

Für unsere Diskussion dürften besonders der dritte und der vierte Aspekt von Interesse sein; sie beide befassen sich mit dem Sinn menschlicher Beziehungen. Während jedoch im dritten Aspekt das Verhältnis des Menschen zur Menschheit im Vordergrund steht, geht es im letzten Aspekt um die zwischenmenschliche Beziehung. Marx drückt das so aus: »Eine unmittelbare Konsequenz davon, daß der Mensch dem Produkt seiner Arbeit, seiner Lebenstätigkeit, seinem Gattungswesen entfremdet ist, ist die Entfremdung des Menschen von dem Menschen. Wenn der Mensch sich selbst gegenübersteht, so steht ihm der **andere** Mensch gegenüber. Was von dem Verhältnis des Menschen zu seiner Arbeit, zum Produkt seiner Arbeit und zu sich selbst gilt, das gilt von dem Verhältnis des Menschen zu anderen Menschen, wie zu der Arbeit und dem Gegenstand der Arbeit des anderen Menschen. Überhaupt, der Satz, daß dem Menschen sein Gattungswesen entfremdet ist, heißt, daß ein Mensch dem anderen, wie jeder von ihnen dem menschlichen Wesen entfremdet ist.«[15]

Diese kurzen Ausführungen zeigen bereits, daß es um so schwieriger ist, Sinnerfüllung in der (Berufs-)Tätigkeit zu finden, je entfremdeter die Tätigkeit als solche ist. Ich bin der Meinung, daß die Diskussion über Entfremdung auch für soziale Berufe sehr sinnvoll ist. Die Problematik des Burn-Out ist z.B. *auch* unter dem Aspekt der Entfremdung zu sehen. Allerdings müssen wir hier

---

14 Vgl. I. Mészáros: Der Entfremdungsbegriff bei Marx, S. 17

15 K. Marx, zitiert in I. Mészáros: Der Entfremdungbegriff bei Marx, S. 18

den Entfremdungsbegriff weiter fassen. Erich Fromm hat in seinen Werken ausführlich über diesen Themenbereich geschrieben: »Ich gebrauche ›Entfremdung‹ so, wie dieser Begriff von Hegel und später von Marx gebraucht wurde: Anstatt seine eigenen menschlichen Kräfte zu erfahren – z.B. Liebe und Weisheit, Denken oder Vernunft, gerechtes Handeln – überträgt der Mensch diese Kräfte auf irgendein Idol, auf eine Macht oder auf Mächte außerhalb seiner selbst. Um dann wieder in Berührung mit seiner eigenen menschlichen Kraft zu gelangen, muß ein solcher Mensch sich völlig diesem Idol unterwerfen.«[16] Hier wird das bipolare Paar Entfremdung – Autonomie gut erkenn- und verstehbar.

Paul Goodman, ein Freund und Mitarbeiter von Perls, der in seiner politischen Einstellung eher als anarchistisch bezeichnet werden kann, betont die Autonomie des Menschen. Diese Autonomie macht sich für ihn auch daran fest, daß es **die** richtige Praxis nicht gibt. Wenn es gemeinsame Auffassung der Neomarxisten ist, daß der mündige und reife Mensch sich zu **einer** gemeinsamen, wahren und harmonischen Gesellschaftspraxis zusammenschließt, so sieht Goodman gerade darin eine Basis der Entfremdung: »Konflikt ist hier nicht nur in der Auseinandersetzung mit dem herrschenden Zustand gefordert, sondern, zum Prinzip der richtigen Vergesellschaftung selbst erhoben. Schon die Bestimmung der nicht-entfremdeten Gesellschaft als die selbst-geschaffene weist darauf hin, daß Goodman keine harmonistische und konfliktfreie Utopie verfocht. Er bekämpfte nicht, wie es sozialistischen und technokratischen Kritikern gemeinsam ist, die Unvollkommenheit der Gesellschaft, sondern im Gegenteil ihre Vollkommenheit und die Tendenz zu ihrer Vervollkommnung. Es ist alles bereits zu gut organisiert, zu perfekt.«[17]

Das Ziel der sozialen, politischen, aber auch therapeutischen Bemühungen sollte der nicht entfremdete, autonome Mensch sein; d. h. der Mensch, der weiß, was er tut, Einfluß hat auf das, was geschieht und sich mit seinen Mitmenschen eher vereint als von ihnen getrennt fühlt. Der nicht entfremdete Mensch ist

16 E. Fromm, zitiert in: R. Funk: Mut zum Menschen, S. 107
17 St. Blankertz: Der Pragmatismus Paul Goodmans, S. 84

derjenige, der »sich zur Welt liebend in Beziehung setzt und seine Vernunft gebraucht, um die Wirklichkeit objektiv zu erfassen; der sich selbst als eine einmalige individuelle Wesenseinheit (entity) erfährt und sich zugleich eins fühlt mit seinen Mitmenschen; der nicht irrationaler Autorität unterworfen ist und der willentlich die rationale Autorität des Gewissens und der Vernunft akzeptiert; der Zeit seines Lebens im Prozeß des Geborenwerdens steht und das Geschenk des Lebens als die wesentlichste Chance, die er besitzt, betrachtet.«[18]

Ich glaube, genau so könnten wir den Menschen, der ›erfolgreich‹ eine (Gestalt-)Therapie hinter sich gebracht hat, beschreiben: gelebte Ethik, Soziabilität, Verantwortlichkeit und Autonomie, dies sind Ziele, die sowohl in der Therapie als auch im politischen Alltag erstrebenswert sind.

Im Zusammenhang mit der Diskussion um Entfremdung und deren Überwindung ist es im Rahmen der ›Unterhaltungs-Ethnologie‹ der letzten Zeit Mode geworden, den ›Naturvölkern‹, den Indianern oder in zunehmendem Maße auch den Aborigines als älteste kontinuierliche Kultur als Beispiel nachzueifern, zumindest aber, sie als erstrebenswertes Beispiel auszumalen. Dem stimme ich so in keiner Weise zu. Zum einen gilt es auf der Basis dessen, was **hier** und **jetzt** in **unserer** Kultur geschieht, zu handeln und zu verändern. Zum anderen meine ich, daß eine solche Grundauffassung im negativen Sinne zutiefst konservativ ist: »Ein Leben im Einklang mit der Natur, wie es Jäger, Sammler und Bauern (und Indianer, so möchte ich hier ergänzen) führten, mußte stets konservative Züge tragen. Ihre Mythen kannten alle nur ein Thema: Folge in allem, was du tust, den Regeln deiner Vorväter und den Gesetzen der Natur. Versuche dich nicht an Neuem! Frühe Stammesgesellschaften und bäuerlich organisierte Völker lebten relativ harmonisch, weil ihnen nichts mehr galt als Tradition und Konformität. Hier hatte jeder seinen festen Platz, aber durfte ihn auch nicht zugunsten eigener Vorstellungen verlassen.«[19]

---

18 E. Fromm, zitiert in: R. Funk: Mut zum Menschen, S. 111 f
19 S. Keen: Feuer im Bauch, S. 135

Kaum eine psychologische/therapeutische Diskussion, in der nicht nach einiger Zeit der ›Joker‹ gezogen wird: »... bei dem Indianerstamm XY, dem Naturvolk YX ist es überlieferter Brauch, daß ...«, und schon hat der Jokerzieher recht, denn gegen ein solches »Argument« kann – darf keiner mehr anstinken, es sei denn, man wolle sich der vorsätzlichen Verunglimpfung natürlicher Unschuld schuldig machen – des Kaisers neue Kleider – Teil II!
Wir brauchen alle nur schön ›primitiv‹ zu werden, die Ratschläge des Papalagi zu beherzigen (insbesondere z.B die große Krankheit des Denkens aufzugeben), und schon wird alles wieder gut. **So** sind wir dann »Auf der Suche nach dem verlorenen Glück«.[20] In *diese* Richtung die Entfremdung überwinden zu wollen, wäre wohl eher ein Rück- als ein Fortschritt!

C.G. Jung, häufig als Ahnherr des New Age oder Wegbereiter neuer Religiosität mißbraucht, bezieht hier klar und unmißverständlich Stellung: »Der gewöhnliche Irrtum des westlichen Menschen ist, daß er der Wissenschaft verächtlich den Rücken kehrt und östliche Ekstatik anempfindet, Yogapraktiken wortwörtlich übernimmt und kläglich imitiert. Dabei verläßt er den einzig sicheren Boden des westlichen Geistes und verliert sich in einem Dunst von Wörtern und Begriffen, die niemals aus europäischen Gehirnen entstanden wären und die auch niemals auf solche mit Nutzen aufgepfropft werden können. ... Westliche Nachahmung ist tragisches, weil unpsychologisches Mißverständnis, ebenso steril wie die modernen Eskapaden nach Neu-Mexico, seligen Südseeinseln und Zentralafrika, wo mit Ernst ›primitiv‹ gespielt wird, wobei unterdessen der abendländische Kulturmensch seinen drohenden Aufgaben, seinem ›Hic Rhodos ,hic salta‹ heimlich entwichen ist. Nicht darum handelt es sich, daß man unorganisch Fremdes imitiert oder gar missioniert, sondern, daß man die abendländische Kultur, die an tausend Übeln krankt, an Ort und Stelle aufbaut und dazu den wirklichen Europäer herbeiholt in seiner westlichen Alltäglichkeit mit seinen Eheproblemen, seinen Neurosen, seinen sozialen und politischen Wahnvorstellungen und seiner ganzen

20 Das gleichnamige Buch von J. L. Liedloff unterstützt genau diese Einstellung, indem es die Vorstellungen vom einfachen, aber glücklichen, unschuldigen Naturvolk suggeriert.

weltanschaulichen Desorientiertheit.«[21] Dies hat Jung bereits in den dreißiger Jahren geschrieben! Wir sind nun einmal Mitteleuropäer mit mitteleuropäischer Tradition; wir sind weder Chinesen noch Japaner, noch Indianer (mit Vorliebe Hopis). Daran können auch noch so innig vorgetragene Zeremonien nichts ändern.

»Ich weiß, daß einige Leute Schwitzhütten praktizieren ... . Bei uns jedoch werden die indianischen Schwitzhütten noch immer wie vor hunderten von Jahren geleitet, daran hat sich nichts geändert. Es kommen jedoch Leute hierher, die Schwitzhütten gegen einen bestimmten Geldbetrag leiten und für die Teilnahme Geld verlangen ... der Verkauf von Pfeifen, der Verkauf einer Schwitzhütte oder einer Zeremonie ist gegen die Tradition unserer Völker; so etwas ist nicht käuflich, deshalb ist es gegen unsere Religion. ... Ich habe bemerkt, daß viele Europäer, die in unser Land kommen, Indianer sein wollen, Federn tragen, Kleidungsstücke in indianischer Art – das sind nur Kleider, das ist wie bei mir, ich trage ein europäisches Gewand, aber das macht mich nicht zum Europäer. Ich betrachte das genauso: Sie können jede Aufmachung tragen, die sie wollen, aber das macht sie nicht zu Indianern. ... wir müssen daran festhalten, daß der indianische Lebensstil allein dich nicht zum Indianer macht, genauso wie diese Zeremonien, etwa Schwitzhütten – oder was auch immer, dich nie zu einem Indianer machen können. Du bist, der **Du** bist.«[22]

Wenn aber ein verkehrter Mann die rechten Mittel gebraucht,
so wirkt das rechte Mittel verkehrt.
(China)

Ich möchte mich damit nicht gegen irgendwelche Zeremonien oder ähnliches aussprechen. Wohl aber möchte ich betonen, daß fremde Zeremonien für uns immer fremde Zeremonien bleiben werden. Es ist eine Illusion, zu denken, zusammen mit einer Zeremonie hätten wir auch schon die ihr innewohnenden Traditionen und Wurzeln übernommen oder diese gar an die Stelle

21 C.G. Jung und R. Wilhelm: Das Geheimnis der Goldenen Blüte, S. 4 f
22 Der Indianer Phillip Deere, zitiert in: A. Buschmeier: Unser Ende ist euer Untergang, S. 291

der eigenen Traditionen gesetzt, die uns unlieb oder fremd – oft fremder als die anderer Kulturen – geworden sind. Es lohnt sich, einmal kurz darüber nachzudenken, wie es eigentlich kommt, daß es denselben Menschen, die mit großer Selbstverständlichkeit an einer indianischen Medizinradzeremonie oder einem japanischen Rohatzu teilnehmen, nie in den Sinn kommen würde, an einer traditionellen westlichen Zeremonie – um das Wort ›heilige Messe‹ zu vermeiden – teilzunehmen. Irgend etwas stimmt doch da nicht ... .

An einer Karikatur möchte ich verdeutlichen, was ich meine:

Wie würde sich ein überzeugter und gläubiger Christ wohl fühlen, wenn er Zeuge folgender Szenerie wäre: Als krönender Abschluß eines großen indianischen Pow Pow's wird ein hoher Gast angekündigt. Dieser Gast ist der oberste Medizinmann, der oberste Schamane eines anderen Stammes; er wird – so der Ankündiger feierlich – eine Zeremonie, wie sie in dieser anderen Gemeinschaft zu Ehren des großen Geistes gefeiert wird, zelebrieren. Als einen Höhepunkt dieser Vorführung wird er einen ›großen Zauber‹ veranstalten, nämlich Wasser in Wein verwandeln. Ein weiterer Höhepunkt wird etwas kannibalisch und blutrünstig sein, wenn nämlich der oberste Schamane das Fleisch von seinem Gott essen und dessen Blut trinken wird. Das Besondere an diesem Teil der Zeremonie wird aber sein, daß er das ganze Publikum bitten wird, es ihm gleich zu tun, also auch den Gott zu essen und sein Blut zu trinken. Besonders stolz wird der Indianer, der die ganze Zeremonie ankündigt, wenn er den Namen des Gastschamanen nennt: »Karol Woityla!«

Das Publikum ist begeistert, und als Zugabe gibt es dann noch eine kleine Taufe!

Während z.B. indianische Gebräuche und Zeremonien integraler Bestandteil des indianischen Alltags sind, während buddhistische oder shintoistische Riten integraler Bestandteil des japanischen Alltags sind – ein kleiner Hausaltar z.B. ist in nahezu jeder japanischen Familie eine Selbstverständlichkeit –, entsteht der Eindruck, daß gerade die großen kirchlichen Organisationen sehr viel Energie darauf verwenden, sich vom normalen Alltagsleben der ›Mitglieder‹ zu entfernen.

Doch:

»Der Mensch, der sich von dem Zwang der Religion befreit,
wird frei für die Gnade der Religion.«
(Paul Tillich)

Es *kann* durchaus sinnvoll sein, in anderen Kulturen zu suchen, andere Zeremonien offenen Herzens mitzumachen. Dies ist nach meiner Meinung dann und solange sinnvoll, wie es mir gelingt, diese Erfahrungen zu integrieren; in welches System auch immer. Solange diese Erfahrungen jedoch losgelöst, quasi frei schwebend im Raum bleiben, ist ihr Sinn eher fragwürdig. Besser als ich es jemals könnte, hat dies Peter L. Berger beschrieben: »Im Bestreben, andere Religionen kennenzulernen, kann man durchaus aufs Theoretisieren verzichten und statt dessen versuchen, soweit wie möglich an ihrer religiösen Praxis teilzunehmen. Das ist kein sinnloses Experiment, sondern ein in vielen Fällen erfolgreiches Unternehmen mit dem bisweilen beunruhigenden Ergebnis, daß die andere Erfahrung den, der sich ihr aussetzt, so stark berührt, daß er einige, vielleicht sogar sämtliche seiner früheren religiösen Überzeugungen revidiert.
So kann ich mich den Pilgern zugesellen, die sich in der Morgendämmerung am Fluß in Benares zusammenscharen, um in eine göttliche Unendlichkeit einzutauchen. Dabei kann ich zumindest schemenhaft von einer Welt Kenntnis erlangen, in der jeder Felsen, jeder Baum und jeder Wassertropfen von übernatürlichen Wesen durchdrungen ist. Ich kann mich an Meditationsübungen beteiligen, in denen die Erfahrung vom verlöschenden Selbst, wie die großen Mystiker sie gemacht haben, und sei es in abgeschwächter Form, nacherlebt wird von Menschen, die sich eingesogen fühlen in ein Meer von Herrlichkeit und Vollkommenheit, in eine endlose Stille, in der es kein Selbst und keine Götter gibt. Es ist ein heiliger Feigenbaum in jedem von uns – oder in der Sprache jener Tradition: Jeder von uns kann den Körper Buddhas in sich selbst spüren. Ich kann mich auch jenen zugesellen, die in einer Moschee beten, und mich, und sei es noch so unzureichend, an der Unterwerfung unter die gebieterische Majestät jenes einen Gottes beteiligen, der unbarmherzig ist in seiner Rede, in seinem Willen und in seinen Geboten. Ich kann, während ich all das

tue, jedes Reflektieren und Theoretisieren sein lassen. Ich möchte sogar noch weitergehen und sagen, daß es Anlässe gibt, bei denen die Aussetzung aller intellektuellen Aktivität genau das ist, was verlangt wird. Aber auch in diesen Fällen gibt es den Morgen danach. Die Reflexion ist nun nicht mehr eine Option, sondern eine Pflicht, ein Muß. Ich erinnere noch einmal an Al-Ghazalis wundervolle Kennzeichnung der Vernunft als das Maß Gottes auf Erden: Ausgestattet mit der Gabe der Vernunft sind wir verpflichtet, sie zu gebrauchen. Am Morgen danach, wenn ich mich an die auf jenen anderen Pfaden zur transzendenten Realität gemachten Erfahrungen erinnere, komme ich nicht darum herum, mir meine alten Wahrheitsüberzeugungen ins Gedächtnis zu rufen, Vergleiche anzustellen und Bewertungen vorzunehmen. Im Klartext: Ich theoretisiere und ›korreliere‹, ganz wie Paul Tillich gesagt hat.«[23]

»Es wird zu Recht empfunden, daß in solchen alten Kulturen wie etwa der indischen oder der tibetischen, daß in solchen Naturvölkern wie bei den Indianerin und bei solchen religiösen Innengruppen wie den Sufis eine geistgetragene Weltanschauung und ein geistgetragener Lebensimpuls leben, wie sie die offiziell westliche Zivilisation nicht mehr erkennen läßt. Aber es liegt eine Gefahr auf diesen Wegen, und wir erkennen dies daran, daß immer wieder andere Wegstücke gegangen werden, sprunghaft, ohne daß sich zunächst eine gesunde Entwicklung zeigen würde. Diese Gefahr ergibt sich daraus, daß man wiederum mit dem materialistischen Denken, in dem man ja immerhin aufgewachsen ist und das sozusagen die Muttersprache darstellt, an die spirituellen Schätze der alten Kulturen und vergangenen Zeiten heranzugehen versucht bzw. herangeführt wird. Dadurch aber werden sie zu etwas ganz Unspirituellem. ... Der spirituell suchende Westler findet sich deshalb oft genau an dem Punkt wieder, von dem er eigentlich loskommen wollte. Er verschafft sich angenehme Selbst-Erlebnisse durch bestimmte Verrichtungen, auch durch den Gebrauch bestimmter Substanzen wie Räucherstäbchen und Edelsteine und meint, indische Weisheit zu haben, wenn er eine Sandelholzkerze anzündet und dazu eine Yogastellung einnimmt. Und doch schleicht sich binnen kurzem wiederum das Empfinden

23 P.L. Berger: Sehnsucht nach Sinn, S. 158 f

ein, daß sich ja letztlich doch nichts geändert hat. Wenn der Reiz des Neuen und vielleicht auch ›Gegenkulturellen‹ verflogen ist, dann sind die Welt und ich auch wieder die gleichen, die wir schon vor dem Trip nach Indien oder vor dem Gang in den Esoterikladen waren. Die ersehnte Wandlung hat nicht stattgefunden.«[24]

Auf leichten Schwingen frei und flink
Zum Lindenwipfel flog der Fink
Und sang an dieser hohen Stelle
Sein Morgenlied so glockenhelle

Ein Frosch, ein dicker, der im Grase
Am Boden hockt, erhob die Nase,
Strich selbstgefällig seinen Bauch
Und denkt: Die Künste kann ich auch.

Alsbald am rauhen Stamm der Linde
Begann er, wenn auch nicht geschwinde,
Doch mit Erfolg, emporzusteigen,
Bis er zuletzt von Zweig zu Zweigen,
Wobei er freilich etwas keucht,
Den höchsten Wipfelpunkt erreicht
Und hier sein allerschönstes Quacken
Ertönen läßt aus vollen Backen

Der Fink, dem dieser Wettgesang
Nicht recht gefällt, entfloh und schwang
Sich auf das steile Kirchendach.

»Wart«, rief der Frosch, »ich komme nach.«
Und richtig ist der fortgeflogen,
Das heißt, nach unten hin im Bogen
So daß er schnell und ohne Säumen,
Nach mehr als zwanzig Purzelbäumen,
Zur Erde kam mit lautem Quack,
Nicht ohne großes Unbehagen

24 M. Wais: Biographie Arbeit, S. 137 ff

Er fiel zum Glück auf seinen Magen,
Den dicken, weichen Futtersack,
Sonst hätt' er sicher sich verletzt.
Heil ihm! Er hat es durchgesetzt.
Wenn einer, der mit Mühe kaum
Gekrochen ist auf einen Baum
Schon meint, daß er ein Vogel wär
So irrt sich der!

(Wilhelm Busch)

Der grundsätzlich stimmigen Aussage »das Sein bestimmt das Bewußtsein« sind halt Grenzen gesetzt. Ein Frosch kann nicht fliegen und Europäer sind weder Indianer noch Aborigines. Und auch der Wolf, der sich einen Schafspelz umlegte, wurde bekanntermaßen dadurch nicht zum Schaf. Der Wolf aber aus einer anderen Fabel, der sich solange ein Schafsfell umlegte, bis er schließlich selbst davon überzeugt war, ein Schaf zu sein, wurde von den anderen Wölfen gefressen.

Stuart Alpert erzählte von einem Gespräch mit einem Indianer; es ging auch um's Wetter; der Indianer sagte, daß das Wetter in den nächsten Tagen sonnig und schön werden würde. In der Hoffnung, von einem Naturverbundenen Hinweise zu bekommen, wie man die Sprache des Wetters zu lesen habe, fragte Stuart ihn, woher er das wohl sagen könne. »Das stand heute morgen in der Zeitung!«

Zur Zeit kommt es immer mehr in Mode, das »Innere Kind« zu entdecken oder zu »befreien«. Ich bin da eher skeptisch:
Auf der einen Seite ist es bestimmt sinnvoll, verschüttete Potentiale, zerstörte Kreativität und wegerzogene Spontaneität (wieder) zu entdecken. Auf der anderen Seite befürchte ich jedoch, daß hier ein inneres Pendant zu der oben beschriebenen Ethnomystifizierung geschaffen wird: Ähnlich wie oft nach außen Naturvölker (Indianer, Aborigines) naiv verklärt und als die Erlösung von allen (Zivilisations-)Übeln angesehen werden, so wird hier nach innen kindliche Unschuld (»Kindermund tut Weisheit kund«) naiv verklärt. Einer der gemeinsamen Nenner beider (Flucht-)Wege ist der Versuch des Rückzugs aus der Komplexität des Lebens in eine

Scheinreduktion durch verklärende Überhöhung des ›Primitiven‹. Genauso, wie es lange Zeit ausreichte, einen Satz als indianische Weisheit zu apostrophieren, um sich Gehör, Aufmerksamkeit und Zustimmung zu verschaffen, genauso ist jetzt der Kindermund zu einer Quelle unbestechlicher Weisheit geworden. Doch sowohl Kinder als auch Indianer verzapfen zuweilen ganz schönen Blödsinn.

Ich finde es erstaunlich, daß gerade Therapeuten einer Therapierichtung, die die Autonomie so sehr in den Vordergrund stellt, derart schnell der Faszination solcher ›primitiver‹ Kulturen erliegen. Gerade in Kulturen, die sich Mythen erschaffen, herrscht nahezu vollständiger Determinismus: Nichts geschieht ohne Grund, und alles läßt sich deuten. Wenn der Regentanz getanzt wird, regnet es, wenn den Fruchtbarkeitsgöttern geopfert wird, ergibt sich reiche Ernte, und ein dem Kriegsgott geweihtes Fest bringt den Sieg über die Feinde. Solche einfachen, in mythischen Kulturen gängigen Formeln bezeugen einen festen, wenn auch unangebrachten Glauben an eine geordnete und vorhersagbare Welt, in der bestimmte Handlungen unweigerlich zu bestimmten Wirkungen führen. Für Autonomie und individuelle bzw. subjektive Entfaltung ist in einer solchen Denkungsart kein Raum.

Ich glaube, daß die Situation vieler (westlicher) Menschen der des Esels gleicht, der, zwischen zwei Heuhaufen stehend, verhungert, weil er sich nicht entscheiden kann, *irgendwo* einfach einmal anzufangen. Es scheint die Angst vor der Festlegung zu sein und die noch größere Angst, dann das falsche zu machen, die solche Entscheidungen offensichtlich schwer macht. Wissenschaftliche Wege erkennen nicht nur mehr und mehr ihre Grenzen an – ich glaube, das haben sie schon immer getan – sie sind mehr und mehr in der Lage, diese auch einzugestehen. Die ›alten‹ Wege der Spiritualität, der Mystik und der Religionen sind oft so weit entfremdet, daß ihre Befolgung oft etwas peinliches an sich hat.
»Der ichbewußte Mensch hat sich die Erde untertan gemacht, die Götter entthront, eine Trennung zwischen sich (Ich) und allem anderen (Welt) gesetzt, die scheinbar allen Verbindungsversuchen widersteht. Er findet in der Natur keine belebenden Götter mehr und in sich keinen Glauben an den begriffenen Gott. Die Natur

scheint erforscht, Gott zum Begriff erstarrt. Die Ich-Macht wird extrem genutzt zur Ausbeutung der Natur durch den Menschen und des Menschen durch sich selbst. Im Zeitalter der Egozentrik projiziert sich der ichmächtige Mensch einerseits im Glauben ›alles ist möglich‹ – dem sogenannten blinden Fortschrittsglauben: Naturausbeutung, Leibtraining –, sucht andererseits eine Rückwendung im Glauben ›nichts geht mehr‹ – der ebenso blinde Rückschrittsglaube: Wiederfinden einer Einheit durch die Rückkehr zum Natürlichen (bio-logischen), bzw. Einheitssuche durch bewußtseinstrübende Mittel oder althergebrachte religiöse Praktiken.«[25]

Es stimmt, wenn gesagt wird, daß alle Wege *letztlich* dem gleichen Ziel dienen mögen, von Bedeutung sei ›nur‹, den Weg auch wirklich zu gehen, sich wirklich einzulassen und nicht bei den ersten Rückenschmerzen die Meditation abzubrechen, bei der ersten Frustration die Therapie zu beenden. Aber genauso stimmt es auch, daß die verschiedenen Wege sich unterscheiden – und ich halte es für sehr wichtig, neben der Betonung der Gemeinsamkeiten auch die Unterschiede zu betonen; es ist eben **nicht** gleichbedeutend, ob sich jemand in therapeutische Behandlung begibt oder ob er zu meditieren beginnt. Die Betonung der Gemeinsamkeiten verursacht nach meiner Meinung auch, daß so viele Dinge *gleichzeitig* oder gar *vermischt* angeboten werden. Ein Zazen **und** Schwitzhütten – Workshop ist Entertainment und nicht Bestandteil irgendeines Wegs. Die Betonung der Unterschiede kann auch zur Klärung des jeweils eigenen Weges führen; indem ich nämlich im Sinne von Ausdifferenzierung die Unterschiede betone, gewinnt meine eigene Sache mehr Kontur, mehr Gestalt: Je klarer ich den Grund beschreibe, desto klarer wird auch die Figur.

Am Beginn von Fortschritt und Wachstum steht immer ein ›Nein‹, steht ein Widerspruch. Ein solcher Widerspruch ist eine nicht zu unterschätzende Leistung. Der wirklich Nein-Sagende sieht sich plötzlich mit der Angst, sein Nein würde ihn isolieren, konfrontiert. Wir können dies – so meine ich – besser würdigen, wenn wir uns die Schwierigkeiten des Nicht-Nein-Sagers genauer ansehen:

---

25 C. Braun: Buddhistische Erziehung, S. 194 f

»Er will niemand vor den Kopf stoßen, denn auch er will nicht verstoßen sein. Nicht nein sagend identifiziert er sich mit allem und jedem. Doch er kann sich nicht mit allem und jedem identifizieren. Die Mächte, von denen verstoßen zu werden ihm Angst bereitet, stehen untereinander im Konflikt. Sie würden den, der zu keiner Nein sagt, unter sich zerreißen. Aber ist der Nein-sagende gegen das Zerrissenwerden gefeit? Kann er sich nein sagend auch nur von einer lösen? ... Er versucht, dem Konflikt der Mächte ganz zu entgehen: keinen Widerstand zu bieten, ein Niemand zu sein. Aber er ist nicht niemand. Die Anstrengung, es zu sein, entlarvt ihn. Er versucht, sich einer auszuliefern mit Haut und Haar, aber sie ist nicht Schutz, sie droht ihn zu verschlingen, und auf der Flucht vor der einen taumelt er in den Bannkreis der anderen. Er versucht, aus seinem Taumeln ein System zu machen. Er beginnt zu ›springen‹, von einer zur anderen. Doch nun braucht er eine, die ihm die Kraft zu springen gibt. Er versucht sich über alle zu erheben, zu allen nein zu sagen, nicht nur zu dieser und jener. Aber die Erhebung gelingt nur zum Schein. Er muß sich ihrer versichern, er braucht eine Macht, die ihm die Versicherung gibt, sich erhoben zu haben. Er fällt zurück unter die Konkurrenz der Mächte. Er muß nein sagen unter den Mächten, zu den Mächten. Er muß nein sagen, in sich, zu sich. Er muß seine Identität gewinnen, indem er sich identifiziert. Doch jede Identifizierung kommt der Auslieferung gleich, sie bedroht den, der sich identifiziert, mit Identitätsverlust. Nichtidentität, freiwillig auf sich genommen, soll vor dem Identitätsverlust bewahren. Der Opfernde kommt den Zwängen zuvor. Doch auch er entrinnt nicht den Zwängen. Plötzlich hat alles ein anderes Gesicht. Wovor er davonlief, ist jetzt das Gesuchte. Nichts habend, woran er sich halten kann, sucht er den Zwang. Begrenzung, und sei es zerstörerische Begrenzung, ist jetzt die Rettung vor dem zerstörerischen Grenzenlosen. Kann der Sich-Identifizierende seine Identität bewahren? Kann der Sich-nicht-Identifizierende sich vor der Zerreißung retten? Nein-sagend zur formzerstörenden Vielheit der Formen sucht er vergeblich nach einer Form, die ihn vor formzerstörender Formlosigkeit bewahrt. Die Schwierigkeit nein zu sagen, anfangs eine kleine Schwierigkeit des Umgangs, die den Ton nicht verletzt, erscheint jetzt als das Problem der Identität unter der Drohung des Identitätsverlustes. Nein sagen ist schwierig, denn es ist ein Protest gegen Identitätsverlust, der die Identität des Protestierenden selbst bedroht, und die Angst, mit nichts mehr identisch zu sein, auch wenn der Sich-Ängstigende sich in dieses Nichts flüchtet, ist eine der großen Ängste dieser Zeit.«[26]

Diese beeindruckenden Ausführungen machen die Leistung des wirklich Nein-Sagenden deutlich. Sie zeigen auch, daß derjenige, der Neues findet, indem er zu Altem nein sagt, über ein Fundament, über eine Basis verfügen muß, welche/s ihn stark genug macht, dieses Wagnis einzugehen. Diese Basis kann nur der unbeugsame Wille zum Suchen sein, kombiniert mit der überwundenen Angst, haltlos – in des Wortes wahrster Bedeutung – zu sein. Nur wer bereit ist, haltlos zu werden, Altes nicht mehr festzuhalten, wird *wirklich* Neues finden können. Wir wissen alle, wie schwierig es ist, alte Überzeugungen, alte Glaubenssätze, die uns Halt geben, loszulassen. Zum Suchen gehört Selbst-Sicherheit; d. h. sich sein**er** und sein**es** Selbst sicher zu sein. Oder, anders formuliert: Je mehr ich mich selbst ernst-, annehme, desto unwichtiger wird es für mich, ob andere Menschen dies tun. Hier wird also deutlich, daß Autonomie eine Voraussetzung des Suchens, des Unterwegsseins ist. Thema der Therapie ist in diesem Zusammenhang die Balance zwischen Autonomie einerseits und der auf dieser Autonomie basierenden sozialen Vernetztheit andererseits.

Es waren in der Geschichte der Menschheit stets die Sich-Auflehnenden, die Bestehendes in Frage gestellt haben und so Motor für Neues waren (Sokrates, Jesus, Galilei, Giordano Bruno, Freud, um nur einige zu nennen). Hier wird sichtbar, wie wichtig ein Nein für die Entwicklung bzw. das Wachstum eines Menschen ist.

Der Nein-Sagende hat, so lehrt die Geschichte, meist die Mehrheit gegen sich. Wahrheit war noch nie eine quantitative Dimension.

Schiller: Verstand ist stets bei wenigen nur gewesen.

Goethe: Alles Große und Gescheite existiert nur in der Minorität.

Ibsen: Denn die Wahrheiten, um die sich die Mehrheit zu scharen pflegt, das sind so alt gewordene Wahrheiten, daß sie auf dem besten Wege sind, Lügen zu werden.

---

26 K. Heinrich: Versuch über die Schwierigkeit nein zu sagen, S. 39 ff

Doch ist hier der Umkehrschluß nicht zulässig: Nicht jeder, der ›nein‹ sagt, nicht jeder, der sich gegen die Mehrheit stellt, vermittelt dadurch automatisch die Wahrheit.
Ein Nein ist – gestalttherapeutisch gesprochen – die Schließung einer bis dahin offenen Gestalt, die es möglich macht, zum nächsten Entwicklungsschritt, zur nächsten Gestalt überzugehen. Diese Gedanken beinhalten für den therapeutischen Prozeß ein paradoxes Dilemma: Einerseits wird deutlich, daß es *auch* die Aufgabe des Therapeuten ist, den Klienten zu einem so verstandenen Nein zu (beg-)leiten, andererseits ist jedoch ein in gegenseitiger Akzeptanz ausgesprochenes Ja eine unbedingt notwendige Arbeits- und Kontraktgrundlage zwischen Therapeut und Klient. Dieses Dilemma führt dann oft zu solchen abstrusen Satzschöpfungen wie »... ich habe ein volles Ja für dein Nein ...« oder: »... sag Ja zu deinem Nein ...« Was in aller Welt soll ein so aufgeforderter Klient nur machen; er sitzt in der Falle: Sagt er Nein, so kommt er der Aufforderung des Therapeuten nach und sagt somit letztlich Ja; wirklicher Protest, wirkliches Abgrenzen bedarf weder der Aufforderung noch der Erlaubnis, denn ein erlaubtes oder gar ein nach Aufforderung gegebenes Nein ist kein wirkliches Nein. Wo keine Grenze ist, da ist auch keine Abgrenzung möglich. Und wo keine Abgrenzung – in Form eines Neins, in Form eines ›damit bin ich nicht einverstanden‹ – ist, da ist auch kein Wachstum möglich.

Nein sagen ist eine Form des Ungehorsams gegenüber dem Bestehenden. Nein sagen ist die Anwendung von Freiheit und Autonomie. Diese Art des Ungehorsams ist Voraussetzung, einen eigenen Weg des Wachstums zu finden – insofern ist es auch Aufgabe der Therapie, Mut zum Nein-Sagen zu machen. Hierzu gibt es die schöne Rätselgeschichte von dem Entchen:
Eine kleine Ente sitzt auf der einen Seite eines Baches und möchte auf die andere Seite; es darf aber weder schwimmen, noch fliegen, noch darf es eine Brücke benutzen. Es darf sich auch nicht über den Bach tragen lassen. Wie kommt das Entchen auf die andere Seite des Baches?[27]
Aufgabe der Gestalttherapie ist es, den Klienten darin zu unterstützen, *seinen* Weg in *seiner* Welt zu finden. Hier liegt auch

27 Indem es ungehorsam ist und einfach 'rüberschwimmt.

ein Unterschied zur klassischen Psychoanalyse. Bevor die Proteste der Anhänger der Psychoanalyse hier zu laut werden, nenne ich als Zeugen Otto Rank. Dieser war zunächst einer der treuesten Schüler Freuds; später ging er seine eigenen Wege und wuchs in mancherlei Hinsicht über die orthodoxe Psychoanalyse hinaus, indem er geisteswissenschaftliche Konzepte für seine »Ich- und Willenspsychologie« nutzbar machte: » ... die Psychoanalyse will alle Menschen einander ähnlich machen. Ich betone ihre Unterschiede. Sie (die Psychoanalytiker) wollen alle Menschen zu einer gewissen Normalität hinführen. Ich möchte jeden in seine eigene Welt einpassen!«[28]

Rank war es auch, der noch vor Perls den Begriff des Hier und Jetzt in seine therapeutische Arbeit einführte.

Es ist die Aufgabe von Eltern, Grenzen zu setzen. Es ist die Aufgabe von Kindern, sich dagegen aufzulehnen. Die oft zitierte Inschrift auf einer alten ägyptischen Steintafel des Mittleren Reiches (2100 – 1700 v.Chr.) zeigt sehr schön, daß dies schon immer so war:

»Wir leben in einem lügenhaften, sehr heruntergekommenen Zeitalter. Die heutige Jugend zeigt kaum noch Respekt vor den Eltern. Sie ist von Grund aus verdorben, voller Ungeduld und ohne jede Selbstbeherrschung. Über die Erfahrungen und Weisheiten der Älteren spottet sie. Das sind sehr bedenkliche Zeichen, und man muß vermuten, daß sich darin Verderben und Untergang des Menschengeschlechts drohend ankündigen.«

Letztlich sagt diese Inschrift nichts anderes, als daß sowohl damalige Eltern – genau wie heutige Eltern – und damalige Kinder – genau wie heutige Kinder – ihrer oben beschriebenen Aufgabe nachgekommen sind; also besteht kein Grund zur Beunruhigung. Der Grund zur Beunruhigung besteht eher in der Spirale, die hier entstehen kann: Eltern müssen Grenzen setzen, Kinder müssen – schon allein, damit sie eine eigene Identität entwickeln können – sich auflehnen. Je verhärteter, je unsensibler jedoch die Welt der Eltern ist, desto stärker und radikaler muß die Auflehnung der nächsten Generation ausfallen, damit diese auch als solche wahrgenommen wird.

28 Otto Rank: zitiert in: G. Stuhlmann (Hrsg.): Die Tagebücher der Anaïs Nin, S. 276

Ich erinnere mich an einen Besuch eines Heavy Metal Konzerts; ich – als Cream-, Grateful Dead- und Rolling Stones Fan – war zusammen mit 14 – 17 jährigen Jugendlichen. Es war furchtbar! Die Musik – wenn man es überhaupt so nennen kann – viel zu laut, nur Radau und Rumgeschreie, die »Musiker« verdreckt und ungepflegt .... Bestürzt-, Betroffen-, Erschrocken-, Belustigt-Sein, das waren – in dieser Reihenfolge – meine Gefühle, als mir plötzlich klar wurde, daß ich nahezu dieselben Sätze benutzte, die vor ungefähr 30 Jahren mein Vater zu mir über *meine* Musik gesagt hatte. Ich stellte fest, daß ich, oder zumindest Teile von mir, ab jetzt wohl ›auf der anderen Seite‹ bin/sind. Ich bin überzeugt, daß ich mit dieser Ablehnung – solange ich sie nicht ausagiere – den Jugendlichen eine Hilfe auf dem Weg der Individualisierung gebe: Ich habe etwas ›geliefert‹ (im Sinne einer Figur-Grunddifferenzierung und damit einem Zugewinn an Selbst-Kontur), wogegen sie sich auflehnen, sich absetzen können, was sie natürlich auch kräftig getan haben!

Aus eigener Erfahrung als Therapeut weiß ich, wie schwer es ist, ein so gemeintes Nein – etwa in der Form, daß der Klient sauer auf den Therapeuten ist – wirklich als solches stehen zu lassen, es nicht therapeutisch auszubeuten oder es durch Deutungen und Begründungen zu einem Psycho-Spiel zu degradieren. Ich meine Sätze wie: »Schön, welche Power Du in Deinem Nein hast...«. Sie sind nach meiner Überzeugung nichts anderes als eine (pseudo-)therapeutisch maskierte Enteignung der Gefühle des Klienten. Ein Nein, welches die Genehmigung des Gegenüber braucht, ist ja kein Nein, denn das Nein setzt ja per Definition zwei unterschiedliche, gegensätzliche Standpunkte voraus. Oder anders formuliert: Wenn ich für mein Nein das Ja des Adressaten brauche, ist dies wohl kaum noch als ein Nein zu bezeichnen. Hierbei möchte ich jedoch unterscheiden, ob mir daran gelegen ist, daß der andere mein Nein *nachvollziehen* kann oder ob er damit *einverstanden* ist.

Wenn ich den Klienten auffordere, »Nein« zu mir als Therapeuten zu sagen, ist das sinnvollste, was der Klient dann auf eine solche paradoxe Aufforderung hin machen kann, *nichts* zu tun, denn *dies* wäre dann ein tatsächliches Nein auf meine Aufforderung.

Das Nein, das ich endlich sagen will,
ist hundertmal gedacht,
still formuliert, nie ausgesprochen.
Es brennt mir im Magen,
nimmt mir den Atem,
wird zwischen meinen Zähnen zermalmt
und verläßt als freundliches Ja
meinen Mund.
(Peter Turrini)

Dieses Dilemma, welches hier am Thema ›Nein‹ besonders deutlich sichtbar wird, ist ein durchaus typisches Problem der Gestalttherapie, welches sich schon am therapeutischen Setting festmachen läßt: »Doch in einer unterhalb der Technik, unter dem Imperativ, Verantwortung zu übernehmen, liegenden Schicht bringt der Gestalttherapeut ein verwirrendes Paradoxon hervor: Einerseits appelliert er an den Patienten, er selbst zu sein und als er selbst zu handeln, aber andererseits signalisiert er ihm durch seinen Führungsstil: ›Ich übernehme die Führung, ich geleite dich. Verlaß dich darauf, daß ich Energie und raffinierte Techniken zur Verfügung stelle‹.«[29]

Der Klient gibt dem Therapeuten, die Gruppe dem Leiter Macht, das ist so, und anders ist sinnvolle therapeutische Arbeit wohl auch nicht möglich. Es ist für beide Seiten nicht hilfreich, so zu tun, als sei dies nicht so, als sei hier keine Hierarchie.

An dieser Stelle ist es mir wichtig zu betonen, daß Entfremdung als Entwicklungs- und Durchgangsphase sinn- und wertvoll ist. Denn nur aus der **bewußten** Rückkehr aus der als solche identifizierten und erlebten Entfremdung entstehen integrierte, bewußt erschaffene Sinnhaftigkeit und Reife. Hier wird das gestaltpsychologische Figur-Grundprinzip als Wachstumsmotor deutlich: Nur indem ich bewußt Figur und Grund unterscheide, bzw. trenne, erfahre ich Identität, gewinne ich Kontur; um es gestalttherapeutisch auszudrücken: werde ich zu einer kompletten Gestalt. Oder anders formuliert: Die Antwort auf die Frage ›Was bin ich‹ läßt sich

29 I.D. Yalom, zitiert in: H. Zygowski: Psychotherapie und Gesellschaft, S. 111

sinnvoll finden, indem ich *auch* darüber nachdenke, was ich **nicht** bin.

Ein weiteres Beispiel: Die Sterne am Himmel kann ich am Tage nicht sehen, da keine Figur/Grunddifferenz besteht. Erst wenn es dunkel ist, d. h. die Figur (heller Stern) sich von dem Grund (dunkler Himmel) abhebt, kann ich die Sterne wahrnehmen. »Gute« Atheisten wissen meist mehr über das Christentum als die Christen selber. Paulus wurde zum 150 % igen Christ, nachdem er zuvor ein 150 % iger Christenverfolger war!
In der Aufarbeitung von Trennungen wird oft deutlich, daß das Nein zu einer Beziehung darum so schwierig ist, weil auch nie eine richtiges Ja da war.
Nur wer Nein sagen kann, kann auch wirklich Ja sagen. Richtig zu Hause bin ich nur, wenn ich zuvor in der Fremde war. Wenn ich etwas wirklich haben will, muß ich es loslassen; wenn es dann nicht zu mir zurückkommt, habe ich es eh' nie gehabt. Jede Entscheidung **für** etwas ist zugleich auch eine Entscheidung **gegen** etwas. Dies sind nur einige Beispiele für das Figur-Grundprinzip in seiner alltäglichen Bedeutung.

Ein Test: Ist Deine Aufgabe auf dieser Welt erfüllt?
Lebst Du noch?
Dann ist Deine Aufgabe auf dieser Welt noch nicht erfüllt!

Dies ist eine etwas lockere Formulierung für das zentrale Anliegen dieses Buches: Wie kann ich dem, was ich tue, einen Sinn geben? Victor Chu beschreibt dieses Thema in seinem Buch »Krisenzeit – Nach Tschernobyl: Meditationen eines Psychotherapeuten« sehr klar: »Dieses Buch ruft jeden Leser auf, nur eine Kleinigkeit zu tun: Die ureigene Aufgabe zu finden, die jeder auf dieser Welt hat, und sie zu erfüllen. Das würde reichen, denn das ist Glück. Mehr braucht der Mensch nicht von sich zu verlangen. Doch diese ureigene Aufgabe nicht zu finden, bedeutet ein verschwendetes Leben.«[30]

30 V. Chu: Krisenzeit – Nach Tschernobyl, siehe Klappentext dieses Buches

Ich möchte von zwei Beispielen zum Thema ›seine Aufgabe finden‹ erzählen:
Die Akropolis in Athen ist zerstört und soll seit einigen Jahren mit finanzieller Unterstützung aus aller Welt restauriert werden. Der Leiter dieses spannenden, kostspieligen und langwierigen Projektes ist ein Franzose, der seit vielen Jahren sich mit der Rekonstruktion der Akropolis befaßt. Er sieht diese Arbeit so sehr als *seine* Aufgabe an, daß er inzwischen in der Lage ist, jeden der ungefähr 32000 Steine zu erkennen und jeweils seinem Platz in der fertigen Rekonstruktion zuzuordnen.

Während eines Fluges nach New York habe ich einen Japaner kennengelernt, der irgendwo in Amerika – ich habe vergessen wo – in einer Bibliothek eine angebliche Originalhandschrift/Partitur von Johann Sebastian Bach in Augenschein nehmen wollte. Er hatte den Auftrag, diese Handschrift auf ihre Echtheit zu überprüfen. Wie selbstverständlich erzählte er mir, daß er durchaus in der Lage sei, die Handschrift – so sie denn echt sei – auf zwei bis drei Jahre genau zu datieren; darüber hinaus könne er auch feststellen, von welchem der vielen Bachs die Handschrift sei. Dieser Mann hatte offensichtlich *seine* Aufgabe gefunden!

Solche Aufgaben machen unsere Individualität aus, sie sind oft Kennzeichen unserer ganz spezifischen Fähigkeiten. Eine beeindruckende Geschichte hierzu habe ich bei Sheldon Kopp gefunden:[31]
Der blinde Jazzpianist Art Tatum sitzt in einer Kneipe und trinkt in Ruhe sein Bier, als ein Prediger sich zu ihm an den Tisch setzt und ihn anspricht: »Mitglied der Herde Gottes zu werden ist die einzige Erlösung!« Ohne zu antworten trinkt Art in Ruhe sein Bier weiter. »Wenn Du Dich nicht der Herde Gottes anschließt, gehörst Du zu den verlorenen Kindern Gottes!« Art trinkt weiter sein Bier. Nach einiger Zeit hat er offensichtlich genug von dem Gerede des Predigers und antwortet ihm freundlich: »*Alle* Kinder Gottes sind verloren, aber nur *wenige* können Klavier spielen!«

---

31 S. Kopp: All God's Children are lost, but only a few can play the piano, S. 4

Eine Frau kommt in Therapie; sie beklagt sich, daß ihr Alltag keinerlei Sinn habe: »Immer nur Haushalt, immer nur bügeln, das kann doch nicht alles sein ...«. Am Ende der Therapie erzählt sie, daß sie gerne den Haushalt erledigen würde, gerne bügeln würde. Was hat sich geändert: »Wer da bügelt, das *bin ich*«.
(Bevor jetzt die Schmährufe, Therapie leiste nur Anpassungshilfe, an dieser Stelle zu laut werden, hier meine »Präventiventgegnung«: Ich halte es für Anpassung im negativen Sinne, diese oder andere Tätigkeiten rollenhaft auszuführen, ohne daß klar/bewußt ist, *wer* der Handelnde ist, und ohne daß klar/ bewußt ist, wofür all das geschieht. Inhaltsleere unpersönliche, also entfremdete Arbeit ist die Voraussetzung negativer Anpassung, wer weiß, *was* er tut und *wer* der Handelnde ist, ist in diesem negativem Sinne nicht mehr anpassbar.)

Ich habe eine Vielzahl von Büchern gesehen, in denen – oft herzzerreißend auf Niveau Hans Meiser, Ilona Christen oder wie sonst noch all' diese Talkshowtherapeuten heißen mögen, die allnachmittäglich bundesdeutschen Hausfrauen ihr anbiederndes Verständnis um die Ohren hauen – geschildert wird, wie irgendwer irgendein schweres Schicksal, eine schwere Krankheit bekämpft bzw. überwunden hat. Ich will nicht das sicherlich oft schwere Schicksal der Betroffenen gering achten. Wohl aber meine ich, daß man *auch* sagen kann, daß solche Menschen es ›gut‹ haben: Sie haben eine Aufgabe, sie haben etwas, das sie fordert, ja erfordert, womit oder auch wogegen sie kämpfen können, sie haben etwas, worüber sie sich definieren können. Ich halte es aber auch für eine besondere Leistung, sein Leben ohne all dies zu leben und einfach nur jeden Morgen aufzustehen, zur Arbeit zu gehen, nach Hause zu gehen, zu schlafen, um am nächsten Morgen wieder zur Arbeit zu gehen – und das tagaus, tagein, jahraus, jahrein gleich Millionen anderer Menschen. **Auch das** ist eine besondere Leistung!

Die Realisation, der konkrete Handlungsbezug einer sinngebenden Aufgabe – wie oben beschrieben – können nur im Hier und Jetzt liegen. Ich erinnere mich an eine Klientin, die immer wieder ihr gegenwärtiges Unglück beklagte, weil sie sich einsam und verlassen fühlte: »Wenn ich doch einen Mann finden würde, der mich wirklich liebt, eine Familie gründen könnte, *dann* könnte ich glücklich und zufrieden sein.« Ich stimme dem so nicht zu. Natürlich kann ich die Sehnsucht, die aus einem solchen Statement spricht, sehr gut verstehen und nachvollziehen; doch es ist meine Überzeugung, daß auch Hier und Jetzt Erfüllung stattfinden kann. Oder andersherum formuliert: Wenn es in der *augenblicklichen* Situation Gründe gibt, die mich daran hindern, mich voll zu fühlen, Erfüllung zu finden, so werden die gleichen Mechanismen auch in der sehnlichst herbeigewünschten Situation wirksam sein.

Wer nicht zufrieden ist mit dem,
was er hat, ist auch nicht zufrieden
mit dem, was er haben möchte.
(Bertold Auerbach)

Eine Taube wechselte ständig ihr Nest. Der scharfe Geruch, den die Nester im Laufe der Zeit entwickelten, war für sie unerträglich. Darüber beklagte sie sich bitter bei einer weisen, alten erfahrenen Taube. Diese nickte mehrmals mit dem Kopf und sagte: »Durch den ständigen Wechsel der Nester änderst Du nichts. Der Geruch, der Dich stört, kommt nicht von den Nestern, sondern von Dir selbst.«

»Wohin des Weges?« fragte die Turteltaube eine vorüberfliegende Eule. »Ach, ich möchte auswandern«, antwortete diese. »Ich fliege nach Osten.« »Ja, weshalb denn?« erkundigte sich die Turteltaube. »Den Leuten hier gefällt mein Gesang nicht«, erwiderte die Eule betrübt. »Wäre es da nicht besser, Du würdest Deinen Gesang ändern?« meinte die Turteltaube, »Bei den Leuten im Osten wird er vielleicht auch keinen Anklang finden«.

Ich kann den Ehepartner wechseln, eine neue Arbeitsstelle annehmen, einen anderen Therapeuten aufsuchen, in aller Regel werde ich jedoch auch in der neuen Situation recht bald auf »alte Bekannte« treffen.

In der therapeutischen Arbeit tauchen immer wieder Themen und Probleme auf, die sehr dazu angetan sind, diesen Blick – die Dinge sehen, wie sie sind – zu verstellen, und zwar solange sie als Themen, nicht aber als a-thematisches Problem bzw. a-thematische Gesetzmäßigkeit behandelt werden. Ich möchte erklären, was damit gemeint ist:

»Ich verliebe mich immer wieder in die falschen Partner, nie werde ich in einer Beziehung wirklich satt. Ich wünsche mir so sehr, endlich den richtigen Partner zu finden!«

»An meiner Arbeitsstelle bin ich derart überlastet, nie ist Land in Sicht, ich wünschte, ich hätte endlich eine Stelle, wo ich tatsächlich in Ruhe meine Sachen zu Ende bringen und meine Kompetenz unter Beweis stellen kann!«

Diese und ähnliche Aussagen haben eines gemeinsam: Sie beschreiben das oberflächliche, aktuelle Problem und sehen nicht die Gesetzmäßigkeit, die – inzwischen – habitualisierte Problemkette: Unabhängig vom jeweiligen Partner erschaffe ich immer wieder Beziehungsstrukturen, die sicherstellen, daß ich nicht satt werde. Dabei ist der jeweilige Partner auswechselbar. Das Thema ist also nicht die aktuelle Beziehung und deren Probleme! Dies mag vielleicht interessant, nicht aber ergiebig sein. Das Thema ist vielmehr der Basiskonflikt, der durch Fragen ›Wie kommt es, daß ich mich immer wieder in solche Menschen verliebe, bei denen von vornherein klar ist, daß die Beziehung keine Chance hat, mich satt zu machen? Der/die andere ist bereits in einer festen Beziehung, er/sie wohnt viel zu weit weg, ich verliebe mich in den Pfarrer ... welche Gesetzmäßigkeiten stehen dahinter?

Auch in einer neuen Arbeitsstelle werde ich recht bald meine Arbeit, meine Umwelt so strukturiert haben, daß ich mich immer wieder überlastet fühle. Hier wäre ein weites Betätigungsfeld für sinnvolle Supervisionsarbeit: Liegt es tatsächlich an meiner *konkreten, aktuellen* Arbeitssituation, daß ich mich ständig überfordert fühle, oder »bin ich so gestrickt«, daß ich meine Umwelt immer wieder neu so gestalte und mich unzufrieden *mache*?

Die Motte, die sich immer wieder am Licht verbrennt, sollte aufhören, über das Licht zu schimpfen, sondern sich einmal fragen, wie es kommt, daß sie sich immer wieder aufs neue von dem Licht angezogen fühlt. In der Therapie brauche ich zu diesem Thema das Bild eines Restaurants: Wie kommt es, daß jemand immer wieder und mit geradezu beängstigender Konstanz vor einem Restaurant wartet, vor dem ein großes Schild

hängt: »Wegen Geschäftsaufgabe geschlossen!«? Was macht es ihm oder ihr unmöglich, zu einem anderen, geöffneten Restaurant zu gehen? Denn soviel ist sicher – und das versichere ich in der Therapie auch immer wieder: Es gibt in dieser Stadt, auf dieser Welt *mehr* als nur *ein* Restaurant!
Hier ist viel Ehrlichkeit sich selbst gegenüber notwendig!

Daß sich im Zuge einer Veränderung der Randbedingungen automatisch auch eine innere Heilung einstellt, ist in doppelter Hinsicht eine Illusion: Zum einen siedelt sie den Ort des Problems außerhalb des Selbst an und schafft von daher durch illusionäre Heilserwartungen genährte Abhängigkeiten. Eine meiner ›Lieblingsfragen‹ «... und wo ist das Problem?« heißt sowohl «... wo ist das **Problem?**« als auch »... **wo** ist das Problem?«, d. h. wo siedle ich den Ort des Problems und damit auch den Ort der Heilung an? Zum anderen täuscht sie vor, daß eine Änderung der *äußeren* Randbedingungen *innere* Wunden heilen könnte. Ich möchte ein Beispiel nennen:
Es ist für mich sehr schwierig, weil angstbesetzt, mich voll und ganz auf eine Beziehung einzulassen. Dazu bin ich offensichtlich zu mißtrauisch und zu ängstlich. Lange Zeit habe ich jedoch in der oben beschriebenen Illusion gelebt und gedacht: »Wenn ich erst die ›richtige‹ Partnerin gefunden habe, dann kann ich mich voll und ganz einlassen.« Dies ist jedoch – wie ich oben schon beschrieben habe – falsch, denn die alte Wunde, die offensichtlich zu dem Entschluß, niemandem mehr zu trauen, geführt hat, trage ich weiter in mir. Meine Sicherheit, mit der ich immer wieder gut erspüren und ›begründen‹ konnte, warum gerade *diese* Frau nicht *wirklich* zu mir paßt, diente letztendlich nicht der Suche nach dem Idealpartner, sondern als Futter für die alte Wunde und als ›Legitimation‹ für deren Folgen *in mir.*
»Wenn (erst einmal) ..., dann (wird) ...« -sätze sind – meist sehr attraktive – Fallen der Selbsttäuschung, die nie heilsam wirken können, schon alleine, weil sie von dem, was hier und jetzt ist, wegziehen. Heilung, auch der alten Wunden, geschieht nicht in einem »Wenn ..., dann ...« Schema, sondern ausschließlich im Hier und Jetzt. »Hinter der Selbstbezogenheit findet sich die Sehnsucht nach einer restlosen Verschmelzung mit einem anderen, nach dem völligen Aufgehen in einem Wir, und zwar immer

mit dem Nebengedanken, daß dann endlich alle Not und Unruhe ein Ende habe und daß man am Ziel aller Wünsche angelangt sei.«[32] So braucht jemand mit solch einer Wunde immer drei Beziehungen:

Eine – gegenwärtige –, die das Gefühl der Einsamkeit und des Alleinseins vergessen machen soll; auf diese Beziehung kann er/sie sich jedoch aufgrund der oben beschriebenen Dynamik nicht oder nur teilweise einlassen. Der/die Betroffene wird daher niemals »satt« werden; die Angst, *wirklich* zu ›essen‹, ist zu groß.

Um den Resthunger, das Restvakuum zu kompensieren, bedarf es der nächsten Beziehung, die am Horizont schon lockt, schon aufleuchtet, auf die alle Wünsche, alle Phantasien projiziert werden können. Diese Beziehung muß dann, zumindest in der Phantasie, alles das einlösen, was in der gegenwärtigen Beziehung angeblich fehlt (aber, und das ist ja das Dilemma: Das, was fehlt, fehlt ja aufgrund des Sich-nicht-einlassens). Doch auch diese »Wenn erst ..., dann ...« – Beziehung verliert ihre Funktion, ihre Faszination, wenn sie real wird. Da die alte Wunde fortbesteht, bleibt auch der alte Hunger.

Dieses Dilemma wird, so weit als möglich, durch regressives, verklärendes Festhalten an einer ehemaligen Beziehung kompensiert, der sogenannten »Erinnerung-an-schöne-Zeiten« – Beziehung«. Doch auch hier entsteht nichts anderes als ein, diesmal allerdings rückwärts gewandtes »wenn ..., dann ... « Muster: »Wenn ich die Beziehung zu XY noch hätte, *dann* könnte ich mich voll und ganz einlassen, *dann* könnte ich satt werden.«

Sowohl die Beziehung in der Zukunft als auch die der Vergangenheit werfen Schatten, gegen die die Beziehung der Gegenwart ankämpfen muß und chancenlos ist; chancenlos gemacht wird. Die vergangene, aber auch die zukünftige werden zu unerreichbaren Meßlatten verklärt. In diesem Szenario sind die jeweils Beteiligten vollkommen austauschbar!

An diesem Beispiel läßt sich auch noch einmal gut verdeutlichen, was ich an anderer Stelle schon beschrieben habe: Der Weg des Suchens hat kein Ende; der Normalsterbliche wird nicht irgendwann fertig. Wir sind ständig unterwegs; ständig suchen wir

---

32 Fritz Künkel: Charakter, Wachstum und Erziehung, S. 23

das ›missing piece‹, und wenn wir es gefunden haben, auch dann ist die Suche nicht beendet, dann suchen wir das nächste ›missing piece‹.
Wilhelm Busch: »Ein jeder Wunsch, wenn er erfüllt, bekommt augenblicklich Junge!«

Es ist nicht gut, wenn ein Wunsch sich vollendet:
Das vollgeschriebene Blatt wird umgewendet!
(Quadsi)

»Wenn ich diese oder jene Arbeit vom Tisch habe, dann habe ich endlich den Kopf frei, dann kann ich mich in Ruhe der nächsten wichtigen Arbeit widmen«
»Wenn ich dieses oder jenes Problem in meiner Beziehung gelöst habe, dann kann ich mich einlassen, dann werde ich die Beziehung haben, nach der ich mich schon immer gesehnt habe!«
Diese und ähnliche Gedanken sind Trugschlüsse. Wenn ich diese oder jene Arbeit erledigt habe, dann kommt die nächste, die auch am besten gestern schon fertig geworden sein sollte. Wenn ich diesen oder jenen Konflikt geklärt habe, dann bin ich nicht am Ziel meiner Träume, sondern mit an Sicherheit grenzender Wahrscheinlichkeit am Beginn des nächsten Problems.

Wir müssen simpel erkennen, daß dies Teil unseres Daseins zu sein scheint. Das Problem besteht nach meiner Überzeugung daher auch nicht in der Tatsache, daß wir uns immer wieder aufs neue neuen Fragestellungen und Problemen gegenübersehen, sondern in der Illusion, daß wir versucht sind, so zu leben, als sei das nächste Problem, die nächste Aufgabe das/die letzte. Ich möchte zwei Arten des Suchens unterscheiden:
Das Suchen ohne Ende und das endlose Suchen. Mit Suchen ohne Ende meine ich die simple Tatsache menschlichen Daseins, die darin besteht, daß wir immer weiter fragen und suchen (müssen), daß wir zwar Antworten auf *eine* Frage finden können, die nächste Frage ist dann wieder erneut präsent.
Mit endlosem Suchen meine ich die Illusion, die aus der Summe von Scheinlösungen besteht. Wenn ich z.B. eine Beziehung aufgebe und eine neue anfange, weil ich dort genau das vorfinde, was

ich in der alten Beziehung vermißt habe, werde ich bald merken, daß mir nun andere Dinge fehlen. Diese Art des Suchens verkennt, daß das Leben von ständigen ›missing pieces‹ begleitet wird.
In der ersten Art des Suchens ändert sich von Fragestellung zu Fragestellung die Thematik, in der zweiten Art bleiben Thematik und Fragestellung immer die gleichen, da es noch nicht einmal, im Unterschied zur ersten Art, vorläufige Antworten, vorläufiges satt werden gibt:
Die erste Aussage lautet: »Ich habe etwas bekommen und ich möchte mehr!« Dies ist gleichbedeutend mit einem Von-Stufe-zu-Stufe-Wachstum.
Hingegen ist die zweite Aussage: »Ich bin und bleibe hungrig!« Dies bedeutet Stehenbleiben auf ein- und derselben Entwicklungsstufe. Es ist ein Unterschied, ob mein Leben von einer Folge von Fragen, Antworten und wieder neuen Fragen oder von einer Folge von Fragen begleitet wird. Um es in der Sprache der Gestalttherapie auszudrücken: Eine Folge von sich immer wieder aufs neue schließenden und öffnenden Gestalten oder einer ständig offenen Gestalt.

Ein anderes Beispiel: Manchmal habe ich das Gefühl oder den Wunsch, etwas »wirklich« Großes, »Sinnvolles« zu tun. Dann habe ich die Vorstellung, ich müßte z.B. nach Kalkutta gehen und dort mein ganzes Tun und Schaffen in den Dienst der Ärmsten stellen. All meine Besitztümer müßte ich weggeben und mich nur noch dieser Aufgabe widmen. Meist komme ich jedoch recht bald von dieser Gigantomanie wieder ab, denn schließlich bin ich hier und jetzt und habe meine Aufgabe hier und jetzt zu erfüllen, muß den Sinn hier und jetzt realisieren. Und das (das Erfüllen der alltäglichen Pflichten) ist oft schwieriger als das Versinken oder Kokettieren in und mit den *großen* Dingen.

›Wirkliche‹ Wirklichkeit ist nur hier und jetzt. Als die Vergangenheit das Wirkliche war, war sie nicht Vergangenheit, sondern Gegenwart. Wenn die Zukunft wirklich sein wird, wird sie nicht Zukunft sein, sondern Jetzt. Das Hier und Jetzt liegt unmeßbar zwischen der Grenze, die das Nicht-mehr-sein der Vergangenheit von dem Noch-nicht-sein der Zukunft trennt. Weil seelisches Sein, weil Persönlichkeit bis ins letzte zeitlich ist, ist es/sie ständig durchsetzt von dem Noch nicht und dem Nicht mehr und von der Flüchtigkeit des Augenblicks. Das alles macht das Sein im Hier und Jetzt, wie es die Gestalttherapie und nicht nur sie immer wieder fordert, so schwer.

Du sagst, du gehst nach Fez.
Wenn du aber sagst, du gehst nach Fez,
so bedeutet das, daß du nicht hingehst.
Ich weiß aber, daß du wirklich nach Fez gehst.
Warum belügst du mich, deinen Freund?
(Sprichwort aus Marokko)

»Iß, wenn du hungrig bist, und schlafe, wenn du müde bist«, dieser Zen-Satz meint nichts anderes als Hier und Jetzt das und **nur das**, was hier und jetzt getan werden muß, zu tun – und dies ist oft nicht einfach. Jeder kann das recht einfach überprüfen und z.B. darüber nachdenken, wann er das letzte mal gefrühstückt und **nur** gefrühstückt hat. Normalerweise lese ich Zeitung, unterhalte mich, das Radio läuft, und ich denke darüber nach, was ich heute alles zu tun habe.

Ein in Meditation erfahrener Mann wurde einmal gefragt, warum er trotz seiner vielen Beschäftigungen immer so gesammelt sein könne. Er sagte:
Wenn ich stehe, dann stehe ich
Wenn ich gehe, dann gehe ich
Wenn ich sitze, dann sitze ich
Wenn ich spreche, dann spreche ich
Da fielen ihm die Fragesteller ins Wort und sagten: »Das tun wir auch, aber was tust du darüber hinaus?«
Er sagte wiederum:
Wenn ich stehe, dann stehe ich
Wenn ich gehe, dann gehe ich
Wenn ich sitze, dann sitze ich
Wenn ich spreche, dann spreche ich
Wieder sagten die Leute: »Das tun wir doch auch«. Er aber sagte zu ihnen:
Wenn Ihr sitzt, dann steht Ihr schon

Wenn ihr steht, dann lauft ihr schon
Wenn ihr lauft, dann seid ihr schon am Ziel ...

Sheldon Kopp beschreibt in einem schönen Beispiel, wie er in die Meditation eingeführt worden ist. Sein Lehrer instruierte ihn: »Du mußt lediglich ruhig ein- und ausatmen; immer, wenn du ausatmest, zählst du – eins, zwei, drei ... und so weiter bis zehn. Dann fängst du wieder von vorne an.« Sheldon Kopp war – so schreibt er – überrascht, wie einfach es zu sein schien. Allerdings machte der Lehrer eine ›kleine‹ Einschränkung, immer dann nämlich, wenn ein störender Gedanke sich dazwischen drängt, solle er wieder bei eins beginnen.
Es klappt nicht, wann komme ich endlich weiter, meine Beine tun weh, mein Rücken juckt, was mache ich hier überhaupt – diese und ähnliche Gedanken tauchen immer wieder auf und machen es sehr schwer, **nur** zu meditieren.

»Als ich ein Kind war, sagte meine Mutter zu mir:
›Wirst Du Soldat, so wirst Du General werden.
Wirst Du Mönch, so wirst Du Papst werden.‹
Ich wollte Maler werden und ich bin Picasso geworden.«
(Pablo Picasso)

Eins und **nur** eins zur gleichen Zeit zu tun – und nach Möglichkeit auch zu beenden – , das ist ein Teil dessen, was in der Gestalttherapie mit Wachstums**prozeß** bezeichnet wird. Das Leben wird als eine Abfolge ständigen neuen Öffnens und Schließens von Gestalten gesehen. Manche offenen Gestalten – unerledigte Geschäfte – halten uns länger, andere kürzer gefangen. Der Prozeß des Weitergehens, des tatsächlichen Abschließens einer alten und Annehmens einer neuen Gestalt, muß erlernt werden. Oft geschieht es, daß wir – auch wenn das Ereignis als solches vorbei ist – an einer Gestalt festhalten und so unseren Entwicklungsprozeß blockieren. Besonders in Kämpfen darüber, wer nun Recht hat (hatte), oder wer nun was gesagt oder nicht gesagt hat, ist dieses Festhalten sichtbar. Ein sehr schönes Beispiel hierzu stammt von A. Adler:
Adler erzählt von einer Reisegesellschaft in den Alpen, die in einer Almhütte übernachten muß, aber am nächsten Morgen sich recht

früh wieder auf den Weg machen will. Im Laufe der Nacht wird eine Frau wach und sagt immer wieder «... Gott, hab' ich einen Durst ... Gott, hab' ich einen Durst ...« . Das geht so lange weiter, bis jemand aus der Gruppe dieser Frau etwas zu trinken holt, damit »die liebe Seele Ruh' hat« und alle weiter schlafen können. Zunächst ist auch Ruhe; nach ungefähr einer halben Stunde geht das Theater doch wieder los: »... Gott, hab' ich einen Durst gehabt ... Gott, hab' ich einen Durst gehabt ...«.

Eins und nur eins gleichzeitig zu erledigen, dies ist auch mit dem schon an anderer Stelle zitierten Satz »Iß, wenn Du hungrig bist, und schlafe, wenn Du müde bist.« gemeint. Ein simples Beispiel: Oft kommen Klienten in Therapie und – kaum, daß sie mein Büro betreten haben – ›legen los‹; in einem solchen Fall unterbreche ich meist den Redefluß und fordere den Klienten auf, erst einmal sich einen Augenblick Zeit zum Ankommen zu gönnen.

Es hat alles seine Zeit

Es hat alles seine Zeit, und alles Tun
unter dem Himmel hat seine Stunde.
Geborenwerden hat seine Zeit.
Sterben hat seine Zeit.
Pflanzen hat seine Zeit und Ausreißen hat seine Zeit.
Töten und Heilen – Einreißen und Bauen.
Weinen hat seine Zeit und Lachen hat seine Zeit.
Klagen und tanzen.
Steine wegwerfen und Steine sammeln.
Umarmen und Getrenntsein – Suchen und Verlieren.
Behalten und Wegwerfen.
Zerreißen und Nähen.
Schweigen hat seine Zeit und Reden hat seine Zeit.
Lieben und Hassen – Streit und Frieden.
(Prediger 3, 1 – 8)

Alles hat seine Zeit, das heißt auch: Es geht immer weiter; nichts läßt sich festhalten. Ein Moment, den ich festhalte, wird wie ein Tier im Zoo: Er ist zwar rein äußerlich gesehen noch präsent, aber das Leben, die Freiheit sind ihm genommen. Genausowenig wie das Tier, welches ich im Zoo besichtigen kann, nicht einen Eindruck über das wirkliche Tier vermittelt, genausowenig ist der festgehaltene Moment mit dem, was ich gerne festhalten möchte, identisch.

Werd' ich zum Augenblicke sagen:
Verweile doch! Du bist so schön!
Dann magst Du mich in Fesseln schlagen,
Dann will ich gern zugrunde gehn!
Dann mag die Totenglocke schallen,
Dann bist Du Deines Dienstes frei,
Die Uhr mag stehn, der Zeiger fallen,
Es sei die Zeit für mich vorbei.
(Goethe: Faust, 1. Akt, Studierzimmer)

Prozeßhaftes Wachstum wird durch ständig neue Aufgaben, durch das allem Seienden innewohnende Gesetz des Werdens und Vergehens immer weiter vorangetrieben. Alles, was entsteht, verfällt auch. Das Bedürfnis des Festhaltenwollens drängt uns jedoch dazu, den zweiten Teil, nämlich den des Vergehens, zu ignorieren. Ein ›beliebter‹ Trick des Festhaltens ist das Nicht-aufessen, sowohl im wörtlichen als auch im übertragenen Sinne: Wenn ich die letzten Bissen eines schmackhaften Essens nicht aufesse, dann dauert dies ewig, wenn ich immer ein Stück meiner alltäglichen Arbeit unerledigt lasse, dann kann ich nie richtig Feierabend, geschweige denn Urlaub machen. Aufessen und Loslassen hat also auch mit Zu-Ende-bringen zu tun. In der Gestalttherapie ist dies ein ganz zentraler Gedanke: Es sind die sogenannten ›unerledigten Geschäfte‹ oder »nicht geschlossenen Gestalten«, die uns blockieren, die uns am Voranschreiten hindern. Z.B. hindert mich der fehlende Abschluß der einen Beziehung daran, daß ich mich *wirklich* auf eine neue Beziehung einlassen kann. An anderer Stelle habe ich von der Art und Weise gesprochen, eines nach dem anderen zu erledigen.

»Bei der Arbeit denkst du an die Kinder, die du zu Hause zurückgelassen hast. Zu Hause denkst Du an die Arbeit,

die unerledigt liegengeblieben ist. Dieser Kampf tobt so in deinem Innern, daß es dir das Herz zerreißt.«
(Golda Meir)

Dieses Immer-Unterwegs-sein, von dem hier die Rede ist, hat jedoch nichts mit jenem Getriebensein, jener Rastlosigkeit zu tun, das/die es uns immer schwerer macht, nicht nur eins nach dem anderen zu tun, sondern vor allem auch eins nach dem anderen **zu Ende** zu bringen. Es ist eine regelrechte ›Thrill-Sucht‹, die uns immer wieder weiter treibt, die aber wirkliches Suchen und wirkliches Finden unmöglich macht. Sie verhindert das eigentliche Suchen, weil sie ja die Funktion erfüllt, das Gefühl des Leer-Seins (welches immer Ausgangspunkt des wirklichen Suchens ist) abzuwenden. Sie verhindert aber auch, daß wir tatsächlichen Kontakt zu etwas aufbauen können. Kinder werden z.B. häufig mit Spielzeug derart ›zugepflastert‹, daß sie das Spielen verlernen. Gerade weil wir immer weniger berührbar werden, bedarf es zunehmend stärkerer Mittel, um uns zu erreichen. Ich erinnere in diesem Zusammenhang daran, zu welchen Mitteln Fernsehanstalten inzwischen greifen (müssen), um gesehen zu werden. Doch auf die Dauer werden wir dadurch nur immer mehr zu folgenlosen Zeugen folgenschwerer Ereignisse!

Die Rastlosigkeit ist das Gegenteil des Unterwegsseins, von dem hier die Rede ist. Sie ist eher Flucht, d. h. eine Art existentieller Flucht, die uns dazu drängt, uns in den Dingen der Welt zu verlieren. Jede Art von Flucht hat zwei Komponenten: eine Furcht, **vor der** wir fliehen, und einen, von der Bedrohung freien Ort, **zu dem** wir fliehen. Beides ist bei der existentiellen Flucht nicht der Fall. Darum bringt sie weder Befreiung noch Erlösung, sondern mündet in eine ›Schraube ohne Ende‹; sie ist ziellos in des Wortes wahrster Bedeutung. Die existentielle Flucht ist keine Reaktion auf ein Phänomen der Welt, oder deren Personen, sondern eine dem Menschen eigene Form der Reaktion auf seine Existenz als solche. Dies macht es auch so schwierig, den ›Gegner‹, der mich zur Flucht veranlaßt, mich in die Flucht schlägt, auszumachen. Je mehr es uns jedoch gelingt, das *Wovor* und *Wohin* zu benennen, desto eher kann Loslösung aus dieser Spirale geschehen. Unterwegssein im hier gemeinten Sinne weiß um das Wovor und Wohin, weiß aber auch um die dauerhafte Vorläufigkeit des Wovor und Wohin.

Ich habe eine interessante Statistik gelesen, derzufolge es vor ungefähr 30 Jahren durchaus normal war, daß sich in den amerikanischen Hitparaden die jeweilige ›Nummer Eins‹ vier bis fünf Wochen hielt, während heute schon zwei Wochen auf Platz Eins eine bemerkenswerte Sensation darstellen.

Der Magnolienbaum ist ein wunderschöner Baum. Ihm verdanke ich eine wichtige Lektion: Früher betrachtete ich den blühenden Baum in all seiner Pracht und dachte – fast automatisch –: »Schade um diese Pracht, in zwei, drei Tagen ist sie weg, schade.« Heute bin ich in der Lage zu sagen: »Wunderschöner Magnolienbaum ...«.
Ich habe eine riesige Sammlung bespielter Videobänder, und ich kaufe mir lieber immer wieder neue Bänder anstatt alte zu überspielen. Auch das ist für mich eine Form des Nicht-loslassenkönnens. Ich weiß, daß ich all' diese gesammelten Bänder, die ich ja schon gesehen habe, wohl nie mehr ansehen werde. Wenn ich dann die Größe meiner Videosammlung sehe, wird mir klar, daß ich in Sachen Loslassen-können wohl noch einiges zu lernen habe.

In der Therapie taucht immer wieder die Frage »... und dann ...?« bzw. »... was bringt mir das ...?« auf. Dies ist auch eine Form des Weggehens von dem, was hier und jetzt ist. Hier und jetzt ist z.B. die Angst, daß mein Hunger unstillbar, meine Sehnsucht unerfüllbar ist. Wenn ich als Therapeut den Klienten auffordere, sich selbst einmal die Erlaubnis zu geben, Bedürfnisse zu haben, etwas zu brauchen, dann sind Äußerungen wie: »... und dann ...?« oder »was bringt mir das?« immer ein Hinweis darauf, daß die entsprechende Übung, das entsprechende Experiment nicht wirklich gemacht wurde.

Es ist immer wieder erstaunlich, wie schnell ich satt werden kann, wenn ich mir *wirklich* die Freiheit für das Gefühl »ich werde niemals satt« nehmen kann, oder wie bald ich doch gehen kann, sobald ich mir das Gefühl »hier möchte ich für immer bleiben« gestatte. Die Panik, nicht satt zu werden, oder die Angst,

weggeschickt zu werden, hindern uns oft daran, das anzunehmen, was *real* da ist.
Ich möchte in diesem Zusammenhang kurz den Unterschied zwischen Panik und Angst beschreiben: Angst ist ein normaler Begleiter unseres Lebens. Dieser normale Begleiter läßt sich am besten mit dem ›Rezept‹, die Dinge sehen, wie sie sind, bearbeiten. Erst in dem Augenblick, in dem es mir nicht mehr möglich ist, die Angst als zwar nicht gerade besonders attraktiv , so aber doch als normal zu akzeptieren, entsteht aus dieser Angst Panik. In der Therapie ist es möglich, Panik in Angst zu wenden. Nicht möglich ist es jedoch, Angst ›weg zu therapieren‹.

Das zweite Tal

Das Tal der sehnsüchtigen Liebe zum angestrebten Ziel:

Das nächste Tal ist das Tal der Liebe. Um es betreten zu können, muß man ein flammendes Feuer sein – was soll ich sagen? Ein Mensch muß wie das Feuer selbst sein. Das Gesicht des Liebenden muß entflammt sein, er muß lodernd und ungestüm sein wie das Feuer. Wahre Liebe kennt keine Hintergedanken. Mit der Liebe hören Gut und Böse auf zu existieren ... In diesem Tal steht das Feuer für die Liebe und der Rauch für die Vernunft. wenn die Liebe kommt, verschwindet die Vernunft. Der Verstand kann mit der Torheit der Liebe nicht leben; Liebe hat nichts mit dem menschlichen Verstand zu tun.[33]

33 F. Attar: Vogelgespräche, S. 123 f

On the road again: Warum, Warum und kein Ende

Ich gehe oft recht lieblos – sehenden Auges – mit mir um: Als Beispiel hierfür fällt mir ein, daß ich oft meine Post nicht öffne, was mich schon einiges an Mahnungen und Unsummen Geld gekostet hat. Trotzdem tue ich es immer wieder, und ich weiß das! Als Therapeut habe ich natürlich hierfür meine (Pseudo-)Erklärungen: Das ist alles ausagierter Trotz, ausagiertes ›Nein‹ gegen meinen Vater, der ein geradezu zwanghafter Ordnungshüter war, aber diese Erklärung reicht mir nicht. Insbesondere hat sie mir bisher nicht bei irgendeiner Veränderung geholfen.

Nach Perls gibt es auf die Frage »Warum?« nur eine sinnvolle Antwort: »Darum!«. Alles weitere, so Perls, ist ›bullshit‹. Hier stänkert Perls mal wieder gegen die Psychoanalyse und ihr endloses Suchen nach Erklärungen und die fruchtlose Suche nach Beurteilungen neurotischer Verhaltensweisen. Perls fragte anstatt ›Warum?‹ ›Wie?‹. So soll nach Perls das Hier und Jetzt im Blickwinkel der gemeinsamen Arbeit stehen.
»Es ist besser und erbringt ausgezeichnete Ergebnisse, auf kausale Erklärungen von Ereignissen zu verzichten und sich statt dessen auf ihre Beschreibung zu beschränken – ›Wie?‹ zu fragen statt ›Warum?‹.«[34]

Kinder haben, obwohl sie selber die größten Warumfrager sind, auch nur eine Antwort auf das Warum:
»Warum?«
»Darum!«
Ich möchte hier eine Anregung des Gestalttherapeuten Paul Rebillot wiedergeben.[35] Er setzt an die Stelle des ›Darum‹ die Antwort:
»Warum?«
»Warum nicht?«

34 F. Perls: Das Ich, der Hunger und die Aggression, S. 26
35 P. Rebillot: The call to adventure, S. 338 ff

Dieses befreiende ›Warum nicht?‹ läßt uns einen Schritt aus unserem alten System tun. In dieser Richtung ist die Erprobung neuen Verhaltens, neuer Wege, die uns – ebenfalls neue – Aspekte unserer Persönlichkeit kennenlernen lassen.
Die oft in verschiedener Form und mit verschiedenem Inhalt auftauchende Frage: »Warum soll ich nicht einmal etwas ganz neues (oder ganz ›verrücktes‹) tun?« kann jetzt lauten: »Warum nicht?«

Sheldon Kopp begab sich, als er an einem Tumor erkrankte, erneut in therapeutische Behandlung. Er erinnert sich: »Als ich zum ersten Mal in die Therapie ging, lautete meine Frage: ›Warum bin ich so ein schrecklicher Mensch?‹ Die Antwort lautete schließlich: ›Du bist kein schrecklicher Mensch. Du fühlst Dich jetzt nur so, weil Du als Kind behandelt wurdest, als ob Du schlecht wärest.‹ Diesmal lautete meine Frage: ›Warum gerade ich?‹ Als Antwort ergab sich: ›Wieso denn nicht?‹
Diese unbeschwerte Antwort verschaffte mir Platz für ein fröhlicheres Leben, das durch Hoffnung auf Sinn, Vernunft und Fairneß weniger belastet war.«[36]

Question: Why does a chicken cross the road?
Answer: To get to the other side![37]

Warum behandeln wir uns oft so lieblos?
Weil unsere Eltern uns lieblos behandelt haben.
Warum haben unsere Eltern uns lieblos behandelt?
Weil auch sie Eltern hatten, die sie lieblos behandelt haben ...
Warum ...?
Bis zu Adam, der sich lieblos behandelt hat, weil er von seinen Eltern – von Gott – lieblos behandelt worden ist?

---

36 Sh. Kopp: Das Ende der Unschuld, S. 108

37 I. Oyle und S. Jean: The Wizdom within, S. 105
»When trying to understand what's happening in the world, looking for a purpose (guidance) makes more sense than hunting for a cause (blame). Maybe we could cope more effectively with disease entities, evil spirits, or whatever it is that makes us sick if we knew what they were trying to tell us or what they were trying to get us to do«. (a.a.O.)

Warum ›würgen‹ wir uns immer wieder ›einen 'rein‹? Warum tun Menschen Dinge, von denen sie genau wissen, daß sie nicht gut für sie sind? Jeder Raucher *weiß*, daß Rauchen krebserregend ist. Warum geht die Frau, die sich gerade vor den Schlägen ihres gewalttätigen Mannes ins Frauenhaus gerettet hat, immer wieder zu ihrem Mann zurück? In der Therapie interessiert mich zwar auch, warum eine Frau sich schlagen läßt, mehr noch interessiert es mich, warum sie sich zum *zweiten,* ***dritten*** ... Mal schlagen läßt. Wenn wir nun diesen oft sehr wenig liebevollen Umgang mit uns selbst in Verbindung setzen mit dem Gebot ›Liebe Deinen Nächsten wie Dich selbst‹, dann wäre wirklich wenig Unterstützung, wenig Liebe zueinander vorhanden.
Mit diesem giftigen Umgang mit uns selbst sind wir nicht geboren worden; niemand wird als ›Scheiße – Fresser‹ geboren, sondern man wird dazu gemacht. Im Laufe der Biographie gibt es immer wieder äußere Einflüsse, die die klare Vorstellung des Kindes über Dinge, die gut, und Dinge, die schädlich sind, mehr und mehr verwässern. Hier erinnere ich mich an eine Arbeit, in der der Therapeut dem Klienten Papierschnitzel und einen Becher mit Joghurt vorlegte. Der Klient sollte herausfinden, was »gut für ihn« sei, indem er von beidem probiere. Dies war eine sehr basale Arbeit zur Wiedergewinnung der Unterscheidungsfähigkeit zwischen: »Was ist gut für mich« und »Was ist die Mogelpackung, die mir jemand meist aus eigenem Interesse als gut für mich aufschwatzen möchte«?

»Was brauche Ich?« – eine Frage, auf die ich in der Therapie immer wieder zurückkomme. »Was brauche ich?«, »Hier und Jetzt?«, »Von wem?«, »Was kann ich dazu tun?« – und dies so konkret wie möglich. Was heißt das **konkret**, wenn ich sage »ich möchte gesehen werden«, »Ich möchte Kontakt haben«? Was **genau** und was **konkret** muß jemand, muß mein Gegenüber tun, damit ich das Gefühl von ›Kontakt‹ habe? Dies **genau** herauszufinden **und** mitzuteilen, heißt auch Verantwortung für ein Bedürfnis zu übernehmen. So wird aus dem Bedürfnis »ich habe Hunger« konkret: **Was** möchte ich von **wem**? Die Weigerung, dieses Bedürfnis zu konkretisieren, zu operationalisieren, ist gleichbedeutend mit dem Festhalten – aus welchen Gründen auch immer – am Hunger.
Bei aller Unterschiedlichkeit der therapeutischen Ansätze, bei aller

Unterschiedlichkeit der menschlichen Bedürfnisse: Wer sich in Therapie begibt, hat einerseits ein Bedürfnis, andererseits hat er festgestellt, daß er dieses Bedürfnis mit seinen eigenen Ressourcen nicht befriedigen kann.
Neben der Klärung der Arbeitsbeziehung sind diese beiden Punkte Themen der ersten Sitzungen in meiner therapeutischen Arbeit: Was genau ist das Bedürfnis des Klienten, und was ist mit seinen eigenen Ressourcen geschehen, daß sie als nicht ausreichend erlebt werden? Die letzte Fragestellung folgt aus der Grundüberzeugung, daß im normalen, ungestörten Entwicklungs- und Wachstumsprozeß eine Balance zwischen Themen, Problemen und (entwicklungspsychologisch) erforderlichen Wachstumsschritten auf der einen Seite und den Mitteln, die das Individuum zur Verfügung hat, auf der anderen Seite besteht. Diese Balance wird jedoch häufig von außen zerstört.
Diese Überzeugung spiegelt sich auch in der Grundannahme wider, nach der in der Therapie nichts Neues erschaffen wird, sondern verschüttete Fähigkeiten der Selbstregulation wiederbelebt werden.

Es ist die Aufgabe der Eltern – oder sonstiger Erzieher –, die Kinder erst dann mit Entwicklungsaufgaben zu konfrontieren, wenn klar ist, daß die kindlichen Ressourcen eine Bewältigung der jeweiligen Aufgabe überhaupt ermöglichen. Genau dies *nicht* zu tun, ist eines der Merkmale der sogenannten »schwarzen Pädagogik«, die die Kinder nicht als Kinder, sondern als kleine Erwachsene sah/sieht. Das krasseste Beispiel hierzu ist die sogenannte Reinlichkeitserziehung. Der von manchen Eltern oft stolz vorgebrachte Satz »unser Kind war schon sehr früh ›sauber‹ «, ist verräterisch: Sagt er doch nichts anderes, als daß das Kind wahrscheinlich zu einer Anpassungsleistung gezwungen worden ist, für die es weder psychologisch noch biologisch reif war. Doch auch die heutige Entwicklungspsychologie hat hier durchaus schwarze Anteile, wenn sie nämlich Meßlatten erstellt, aus denen hervorgehen soll, in *welchem* Alter ein Kind *was* zu können hat und so den individuellen Charakter des Entwicklungspotentials und des Entwicklungstempos negiert. Auch sonst durchaus lesenswerte Autoren wie Alfred Adler oder Fritz Künkel verfallen in diesen schwarzen Fehler. Dieter Tenbrink nennt diese Tendenz in einem sehr

lesenswerten Aufsatz »Adultomorphismus« und versteht darunter die Tendenz, Aspekte der Erwachsenenpsyche unreflektiert in Annahmen über die kindliche Psyche zu projizieren.[38] Von den vielen Beispielen, die Tenbrink anführt, möchte ich zwei zitieren:
»Ein Kind z.B., das sich fügsam benimmt, aber des Nachts das Bett näßt, gibt dadurch deutlich seine Meinung kund, sich der angeordneten Kultur nicht fügen zu wollen.«[39]
»Das seelisch gesunde Kind entwickelt Mut, allgemeine Vernunft und aktive Anpassungsfähigkeit. Das verwöhnte Kind hat nichts oder wenig von all diesem, dafür Feigheit und Tricks.«[40]
Der von mir verehrte Zen-Meister Teisen Deshimaru antwortete auf die Frage, ob man Kinder zur Zazen Meditation anleiten solle: »Man kann sie mit dazu nehmen, aber besser wäre es wohl, ihnen Kekse zu geben.«

»You can't get what you want – 'till you know what you want«
(Joe Jackson)

Es gibt verschiedene Wege, die Klarheit der Unterscheidung zu zerstören. Viele von uns hatten Eltern, die immer genau – und meist besser – wußten, was gut für uns war. Sicherlich haben Eltern mehr Erfahrung sammeln können, und es ist ein Teil des Erziehungsprozesses, diese Erfahrung an die nächste Generation weiterzugeben. Genau 98,8 % des menschlichen Erbgutes sind mit dem der Schimpansen identisch. Die restlichen 1,2 %, die den Unterschied ausmachen, reichen aus, um den Menschen die einzige Spezies sein zu lassen, die aus Erfahrung **nicht** unbedingt lernt; das nennt man ›Freiheit‹. Wir können uns neben uns stellen und uns von außen betrachten; das nennt man ›reflektieren‹. Durch diese Fähigkeit können wir aus dem Hier und Jetzt heraustreten, wir können uns erinnern und gleichzeitig – je nach Bedarf – diese Erinnerung verbiegen; das nennt man ›werten‹. Wir können antizipieren und so Angst vor der Zukunft, Angst vor dem Tod haben, weil nur wir wissen, daß wir sterben werden. Die Weitergabe von (Lebens-) Erfahrungen sollte diese Einzigartigkeit mit

38 D. Tenbrink: Zum Verständnis der persönlichen Finalität in der Neurose bei Adler und Künkel, S. 10 ff
39 A. Adler, zitiert in: Tenbrink, S. 9
40 A. Adler, zitiert in: Tenbrink, S. 9

berücksichtigen und darum mehr Angebot als Diktat sein. Es ist ein Unterschied, ob Eltern von ihren Erfahrungen berichten und die Kinder daran teilhaben lassen, oder ob sie ihnen vermitteln: »Wir wissen – besser –, was gut für dich ist.« Eine oft praktizierte Variante dieser Botschaft lautet: »Wir und **nur wir** wissen, was gut für dich ist.« Eine solche Botschaft findet in dem dogmatischen Kirchensatz »Außerhalb der Kirche kein Heil« ihre unheilvolle Fortsetzung. Da wir gerade bei einem meiner Lieblingsthemen sind (gemeint ist das Thema der unheilvollen Folgen kirchlicher Sozialisation), noch ein weiteres Beispiel: *Dies ist der schönste Tag in meinem Leben* – Dieses Schild, welches auch heute noch die Türen vieler Erstkommunikanten schmückt, ist noch eine Stufe schlimmer: Da weiß offensichtlich jemand nicht nur, was schön für mich ist, nein, er weiß sogar, was das Schönste für mich ist – und zwar nicht nur, was das Schönste hier und heute für mich ist, sondern der Einfachheit halber gleich für mein ganzes Leben, und das, obwohl ich gerade erst acht, neun Jahre alt bin!
»Die Kenntnis des Mitmenschen entsteht langsam, Tag für Tag. Sie schlägt sich in dünnsten Schichten wie ein unangreifbarer Staub auf unserem Grund nieder. Da wir sie so langsam erwerben, merken wir nicht, wie sie in uns wächst. Sie muß sich in großer Menge angehäuft haben, so daß die feinen übereinander ruhenden Schichten ein Lager von beträchtlicher Dicke bilden, bis wir eines Tages, wenn das Leben schon vorgerückt ist, auf einmal ihr Gewicht spüren. Dann wenden wir den Blick auf diesen unerwarteten unterirdischen Schatz, und der plötzliche Reichtum ängstigt uns mehr, als daß er uns freut. Denn wie sollen wir ihn ausmünzen? Es handelt sich um äußerst individuelle Erkenntnisse, zu deren Formulierung es unzähliger Worte bedürfte. Und wäre es auch nur aus diesem Grund, der bloße Gedanke, sie mitzuteilen, ist tödlich. Wir erlahmen schon bei dem Versuch ... und ziehen es vor, zu schweigen. Nur von Zeit zu Zeit, an unserem eigenen Überfluß erstickend, beginnen wir vielleicht mit unserem besten Freund, von dem wir am wenigsten Mißverständnisse und Verwechslungen befürchten, von unserer Menschenerfahrung zu sprechen; aber zugleich verzagen wir wieder und sinken in unsere Stummheit zurück.«[41] Dieser Erklärung des Schweigens ist nichts

41 J. O. y Gasset: Über die Liebe, S. 192 f

hinzuzufügen. Doch Ortega y Gasset sieht auch die andere Seite der Medaille, wenn er an anderer Stelle fortfährt: »Das Schweigen, das wir wahren, hat ernste Folgen. Ich halte es für die Ursache der normalen, aber darum nicht weniger sonderbaren Tatsache, daß wir voneinander, je älter wir werden, um so weiter entfernt, um so abgründiger getrennt sind, bis zur schmerzlichen Vereinsamung. ... Je mehr wir wissen, um so tiefer schweigen wir und um so hoffnungsloser vereinsamen wir. ... Wir schreiben Bücher über dies und jenes, über die Sterne oder die Azteken. Und wir schweigen von den Erkenntnissen, die uns das Leben schenkte, indem wir es lebten. Ich finde es wenig großherzig, das Leben nicht mit dem Leben zurückzugeben. Darum meine ich, es sollte ein jeder, der zum Denken berufen ist, außer seinen fachlichen Büchern auch eines schreiben, das von seinem Lebenswissen handelt.«[42] Aber mit wem und in welcher Sprache können wir über das, was unser Lebenswissen ausmacht, sprechen? Die Gespräche, die ich in meinem bisherigen Leben in diesem Sinne geführt habe, kann ich an zwei Händen abzählen. Es war nicht die Wahl der Worte, die ein solches Gespräch ermöglicht hat, sondern die Fülle des beredten Schweigens. Hier schließt sich der Kreis dann wieder mit dem ersten Zitat von Ortega y Gasset.

Doch zurück zum ›Warum‹: Nach meiner Überzeugung führt ein ›Warum‹ immer nur in eine endlose Warumkette. Es ist die Suche nach dem Grund des Grundes des Grundes des Grundes des Grundes ... .

If I had to explain
You wouldn't understand
(Grateful Dead Aufkleber)

Ich habe ungefähr 15 Jahre in einem Heim für schwererziehbare Kinder und Jugendliche gearbeitet. Diese Kinder und diese Jugendlichen »bauen immer wieder Mist« – sie stehlen, prügeln sich, zerstören Dinge, gehen nicht zur Schule, beschimpfen die Erzieher u.s.f.. Dann geschieht es häufig, daß die Jugendlichen nach dem

42 J. O. y Gasset: Über die Liebe, S. 198 f

›Warum‹ gefragt werden; z.B. »Warum hast Du denn jetzt Deinem Gruppenkameraden eins in die Schnauze gehauen?« Was soll denn jetzt der Ärmste sagen? »Weil ich ihm wehtun wollte!« »Weil es mir Spaß gemacht hat!« »Draufhauen ist geil!« »Weil der mich so blöd angemacht hat!« ... Solche oder ähnliche Antworten wären dann vielleicht noch die ehrlichsten. Und dann? Was bringen solche Antworten?

Ich erinnere mich an eine Geburtstagsfeier einer Kollegin; viele Freunde waren mit ihren Kindern gekommen. Auf einmal entstand ein Streit zwischen zwei Kindern, das eine schlug recht heftig auf das andere ein. »Warum schlägst du die ... denn, das tut ihr doch weh!?«, so die Mutter. Daraufhin das Kind – strahlend: »Das will ich ja auch!« Ich schlage den anderen, damit es ihm weh tut, warum denn schließlich auch sonst. Was also soll die überflüssige Warum-Frage?

Warum passiert mir das alles?
Warum gerade ich?

Mit diesen und ähnlichen Fragen läßt sich kein Sinn finden. Es entsteht meist ein kausales, vergangenheitsbezogenes Suchen ohne Ende. Dieses ›Warum‹ ist – bei Licht betrachtet – ja auch kein wirkliches warum, sondern ist von »ich möchte, daß es *nicht* so ist – sage mir, daß es nicht wahr ist« durchsetzt. Schon alleine aus diesem Grunde erfährt ein so gefragtes Warum nie Befriedigung. Hier liegt auch die Bedeutung des nicht wertenden Betrachtens, des »Sehens der Dinge, wie sie sind«. Ein sinnvolles Warum setzt die Akzeptanz des Vorhandenen voraus. Erst, wenn ich einen Teil oder Verhaltensweisen von mir als vorhanden akzeptiere, kann ich damit umgehen; kann ich nach dem Warum suchen; kann ich erklärende Randbedingungen ausmachen.
Nach Perls' Überzeugung sind die Mehrzahl der Fragen der Klienten Verführungen des Intellekts und entspringen der Überzeugung, verbale Erklärungen seien dasselbe wie Verstehen. »Solange man solche Patienten, vor allem emotional blockierte, mit Interpretationen füttert, werden sie sich immer behaglich in den Kokon ihrer Neurose einkuscheln und da unter friedlichem Schnurren

bleiben. Die Idee, Patientenfragen zu frustrieren, ist schon so alt wie die Psychotherapie ... wir wollen die Struktur der Patientenfrage hervorlocken, ihren Hintergrund; und möglicherweise können wir das Selbst in diesem Prozeß erreichen. Daher gehört zu unserer Technik, daß wir Patienten auffordern, ihre Fragen in Vorschläge und Feststellungen zu verwandeln. Gelingt dieses Unterfangen, so gibt es dem Patienten ein Stück mehr Selbst-Support, es vermittelt ihm ein Stück mehr Bewußtheit. Die Aussage und die Art, wie der Patient den Therapeuten manipuliert, geben ihm Hinweise auf die neurotischen Mechanismen, durch die sich der Patient vor dem vermeintlichen existentiellen Zusammenbruch schützt.«[43]

Wer weiß, der hat nicht zwangsläufig auch verstanden, geschweige denn emotional erfaßt. Wer weiß, aber nicht verstanden hat, der ist von sich selbst entzweit; andererseits: wer emotional erfaßt und nicht verstanden hat, der droht im Chaos der Gefühlsverstrickung unterzugehen. Es geht also wieder einmal um Balance. Wie es aussieht, wenn die hier gemeinte Balance fehlt, kann man oft in politischen Diskussionen sehen: Da ist auf der einen Seite der rationale Politiker, der sich auf einmal emotional echauffiert, oder zumindest meint dies zu tun. Auf der anderen Seite der emotionale, der eine rein sachliche Diskussion führen möchte. Beides wirkt oft eher peinlich, auf jeden Fall aber ohne Balance. Als stereotype Klischees betrachte man sich eine Diskussion bei der CDU, die plötzlich emotional wird, und auf der anderen Seite eine Diskussion bei fundamentalistischen Grünen, die angeblich rein sachlich sein soll. Beides ist unreif, weil unbalanciert.
C.G. Jung beschreibt diese Balance wie folgt: »Manche drängen nach dem denkerischen Begreifen und wollen das Stadium des reinen Geschehens ungeduldig überspringen. Und wenn sie verstanden haben, dann scheint es ihnen, als ob damit der Realisierung Genüge getan sei. Daß sie aber auch ein Gefühlsverhältnis zu ihren Inhalten haben sollten, kommt ihnen merkwürdig oder absurd vor. Das intellektuelle Verständnis sowohl wie der Ästhetizismus verschaffen das ebenso bestechende wie trügerische Gefühl von

43 F. Perls: Grundlagen der Gestalttherapie, S.37
Perls spricht von »Patienten«; ich selber halte es aus vielerlei Gründen für angemessener und sinnvoller von »Klienten« zu sprechen. Daher der manchmal uneinheitliche Sprachgebrauch.

Befreiung und Überlegenheit, das durch das Dazwischentreten der Gefühlsbetonung in die Brüche zu gehen droht. Letztere nämlich bedeutet eine gewisse Gebundenheit an Existenz und Sinn der symbolischen Inhalte und daher auch eine Verbindlichkeit derselben für das ethische Verhalten.«[44]

Ein Erzieher lehnte einen der Jugendlichen vollkommen ab; gleichzeitig war er jedoch Opfer einer falsch verstandenen Berufssozialisation, die ihm solche Gefühle verbot. Daher war er auch nicht in der Lage, seine Einstellung zu ändern. Sehr erfreut war ich, als es nach einiger Zeit der Zusammenarbeit möglich war, daß der betreffende Erzieher sagen konnte: «.... den kann ich nicht ab ...«. Das war dann schon die halbe Miete!
Der Weg aus der erstgenannten deterministischen, passiven (Warum-) Betrachtungsweise führt über die Änderung der Sichtweise: Vom Warum? zum Wer?, Was?, Wann?, Wie? ... Durch diese Art der Fragestellung ist eine aktive Konfrontation mit einer konkreten Situation und ihren Randbedingungen möglich. Auf **dieser** Ebene ist dann aktive Auseinandersetzung möglich. Die Antworten auf diese Fragen bahnen den Weg zu einem anderen, durchaus sinnvollen Warum, einem Warum nämlich, in dem die Wer-Was-Wann-Wo- Antworten in eine sinnvolle Beziehung zueinander gesetzt werden. So wird aus dem ersten Warum, welches meist Qualitäten von Beklagen, Leiden und Jammern hat, ein **aktives** und damit handlungsbezogenes, sinngebendes Warum.

Sobald jemand in der Lage ist, diese Fragen (in dieser Reihenfolge) zu stellen, zeigt er damit an, daß er den Mut gefunden hat, sein Geschick selbst in die Hand zu nehmen und damit auch die persönliche Antwort auf – und die Verantwortung für sein Tun und Handeln zu finden.

Mit der Frage nach dem Warum läßt sich kein Sinn ergründen, es läßt sich aber auch mit dieser Frage kein Konflikt lösen. »Warum hast Du mir das angetan?« ist genauso wenig hilfreich für die Lösung eines Konfliktes wie die Frage »Warum liebst Du mich?«

---

44 C.G. Jung: Gesammelte Werke, Bd. XVI, S. 298

hilfreich für die Liebe ist. Die Frage nach dem Warum als Konfliktlösungsstrategie gaukelt ja vor, daß es Gründe für das den Konflikt verursachende Verhalten zu geben scheint, die, so man sie *kennt*, den Konflikt lösen können. Doch die bloße Kenntnis eventueller Gründe ist noch keine Lösung eines Problems. Außerdem liegt in der Warumsuche keine Mitteilung, die eine Beziehung zwischen mir und meinem Gegenüber herstellen kann, sondern eher die Basis für Schuldvorwürfe und Manipulation. Hilfreicher erscheint es mir, dem jeweils anderen die eigene Befindlichkeit, die eigenen Gedanken mitzuteilen und auf *diese* dann eine Reaktion einzufordern. Im Gegensatz zur – oft inquisitorischen – Warumsuche sind hier zwei abgegrenzte Individuen, die sich jeweils in Eigenverantwortung **mit**-teilen.

Fools will give you reasons
wise men never try
(Philip Kapelau)

Die Frage nach dem Warum ist in der Gestalttherapie nicht sonderlich beliebt. »Mindfucking« nannte Perls sie verächtlich. Doch ganz so sinnlos kann die Warumfrage nicht sein. Auch in der Gestalttherapie muß der Mensch sich immer wieder neu entscheiden, etwas zu tun oder etwas nicht zu tun; wobei wir die eine Seite als Figur, die andere als Grund ansehen können.
Wenn der Wecker läutet, muß ich mich *dafür* entscheiden, aufzustehen, oder *dafür*, liegen zu bleiben. Den Fokus des doppelten *dafür* finde ich sehr wichtig, weil er den aktiv verantwortlichen Teil einer Handlung unterstreicht. Ich könnte auch sagen, daß ich mich *dagegen* entscheide, aufzustehen. Die aktive Eigenverantwortlichkeit wird meines Erachtens jedoch deutlicher hervorgehoben, wenn ich nicht aus dem Blickwinkel des Vermeidens, des Verneinens, sondern aus dem des Erreichenwollens, des Bejahens die jeweiligen Handlungsabfolgen betrachte. Es ist ein qualitativer Unterschied, ob ich im Bett liegen bleibe, weil ich es unterlasse, aufzustehen, oder ob ich mich aktiv, bewußt *für* das Liegenbleiben entscheide.
Unter Zugrundelegung intentionaler Handlungsmotivationen und Handlungsabläufe gibt es drei Klassen der Begründung, bzw. der –

wohlgemerkt nicht kausalen – Verknüpfung von Handlung und Ziel:

- Jemand ist der Überzeugung, daß eine und nur eine bestimmte Handlung zum Ziel führt;
- eine Handlung ist zwar weder notwendige noch hinreichende Vorbedingung zur Erreichung eines bestimmten Zieles, aber sie macht es wahrscheinlicher;
- Jemand wählt aus einer bestimmten Anzahl von Möglichkeiten eine bestimmte aus, um ein Ziel zu erreichen. Ich kann mit dem Zug oder auch mit dem eigenen Auto nach XY fahren – und entscheide mich für den Zug.

Die drei Modelle finden sich im Laufe eines Therapieprozesses immer wieder: Meist lebt der hilfesuchende Mensch so, als könne er ein bestimmtes Ziel so und nur so erreichen. Kreativität, Autonomie und Lebendigkeit sind derart eingeschränkt, daß er sich in einem Korsett der Wahlunfreiheit wähnt. Über Handlungsversuche und Handlungsexperimente, die oft zunächst nur den Charakter des ›als ob‹ haben, gelingt es, die Zahl der Freiheitsgrade, wie es in der Statistik heißt, zu erhöhen, d. h. die Vielzahl der Möglichkeiten bewußt zu erkennen und bewußt eine der Möglichkeiten zu wählen. In *diesem* Zusammenhang hat dann die Warumfrage wieder Sinn und Inhalt. Doch es ist zu bedenken, daß dieses Warum – oder besser die Antwort darauf – weder Auskunft über richtig und falsch noch über den – tieferen – Sinn geben kann.

Die andere Seite der – oft selbstquälerischen – Warumkette sind die einfachen Antworten, die eine vordergründige Kausalität vorgaukeln. Besonders deutlich wird dies in der rechtsradikalen Szene und ihrem Gedankengut, in dem vordergründige, populistische Erklärungsmodelle die Angst vor der Ohnmacht, vor der Hilflosigkeit kompensieren oder verdrängen sollen (Die Ausländer sind Schuld an der Rezession). Schnelle Kausalitäten knüpfen an der Angst vor Ohnmacht und Hilflosigkeit, aber auch an den Wunsch, die Fäden in der Hand zu halten, Herr des Geschehens zu sein, an. Gerade dieser Wunsch ist derartig stark, daß ihm viele andere Gefühle zum Opfer fallen können. Die Wurzeln hierzu sind in der frühen Kindheit zu suchen: »Kleinen Kindern ist es anscheinend unmöglich, die völlige Hilflosigkeit zu ertragen, die mit der Einsicht verbunden ist, daß sich ein großer Teil des elterlichen Verhaltens nicht auf ihre Person bezieht. Müßte ein Kind erkennen, daß man es unverdientermaßen und ohne ersichtlichen Grund schlecht behandelt, so würde etwas in diesem Kind absterben. Wenn das Kind jedoch das mangelhafte elterliche Verhalten an eigenen Fehlern oder Mißgeschicken festmacht, dann kann es sich vorstellen, diese Situation später einmal zu korrigieren.«[45] Es ist also offensichtlich immer noch einfacher, sich selbst als schlecht, fehlerhaft, als Ursache allen Übels anzusehen, als sich die eigene Ohnmacht eingestehen zu müssen. Hier ›helfen‹ die schnellen Erklärungen und – vermeintlichen Kausalitäten; bei näherem Hinsehen wird jetzt jedoch klar, daß sie nicht das Bedürfnis nach Wissen und Erklärung befriedigen, sondern die Angst vor Ohnmacht und Hilflosigkeit kompensieren sollen. Das Kind in einer solchen Situation überlebt, indem Liebe zu etwas wird, was es sich vormacht.

Die grübelnde, endlose Warumkette des Depressiv/Masochistischen, die der Zementierung der Hilflosigkeit dient, aber auch die vorschnellen Antworten des Zwanghaft/Rigiden, die dem Nichtspüren von Ohnmacht dienen, sind zwei Seiten der gleichen Medaille, sie verhindern beide wirkliche Erfahrung und wirkliches Ergründen von Ursachenzusammenhängen.

Es ist besser, einen Regenschirm aufzuspannen, als über den Regen zu lamentieren. Das Problem ist ja nicht der Regen, sondern die entsprechende Kleidung – auf das Wetter habe ich keinen Einfluß, wohl aber auf meine Kleidung.

Ich möchte an dieser Stelle aber auch sagen, daß ich mit der Behandlung der Warumfrage, wie es häufig in der Gestalttherapie gang und gäbe ist, **nicht** einverstanden bin. Ein Teil der in der Gestalttherapie so wichtigen Integration geschieht auch über die Suche nach dem Warum. Etwas verstehen, ergründen zu wollen, ist nicht immer und unbedingt mit mindfucking gleichzusetzen. So verächtlich sollte man mit dem Wunsch, Bescheid wissen zu wollen, nicht umgehen.

»Der Unterschied zwischen Psychoanalyse und Gestalttherapie besteht darin, daß in der Psychoanalyse der Patient alles genau

45 S. Kopp: Der Taschendieb und der Heilige, S. 86

verstanden, aber sich nichts geändert hat, während in der Gestalttherapie sich alles geändert, aber der Klient nichts verstanden hat.« Dieser ironische und im Grundsatz zutreffende Satz karikiert das Bedürfnis nach einer Struktur, nach Begründungszusammenhängen hier zu Unrecht.

Wenn jemand in Therapie kommt, habe ich häufig das Bild von einem Verwundeten: Die Wunde bedarf der Behandlung; dabei ist es zunächst egal, wie diese Wunde entstanden ist. Plakativ frage ich dann: »Willst Du heilen oder leiden?«. Damit ist der Blick nach vorne gemeint. »Wende Dein Antlitz der Sonne zu, dann fallen die Schatten hinter Dich« heißt ein mexikanisches Sprichwort. Das Wühlen in der Warumkette führt meist zu selbstquälerischem Leiden. Natürlich bin ich bereit, Ursachenzusammenhänge zu erforschen; doch ist es wichtig, aus welchem Blickwinkel dies geschieht.

Bei den Bedürfnissen des Erklärenwollens, des Verstehenwollens muß erkannt werden, daß Leben und Verstehen in unterschiedlichen Zeitrichtungen geschieht. S. Kierkegaard hat dies in seinem bekannten Satz mit »Wir leben vorwärts, aber wir verstehen rückwärts« beschrieben. Erklärungen sind nach meiner Überzeugung dann sinnvoll und förderlich, wenn sie diesem zeitlichen Gegensatzpaar Rechnung tragen.

Ich wehre mich nicht grundsätzlich gegen das Bedürfnis nach Erklärungen, nach Verstehenwollen. In der Therapie bin ich gerne bereit, zusammen mit dem Erleber das Erlebte zu verstehen und Erklärungen zu suchen. Dadurch kann das Erlebte besser integriert und für die Zukunft genutzt werden. Es ist in der Therapie sinnvoll, Erlebtes zu erklären, jedoch sinnlos, Erdachtes erklären zu wollen. Im letzten Fall begeben wir uns sehr schnell auf die Ebene ›Was wäre, wenn ...‹. Solches Denken haben wir als Kinder (noch) abgelehnt:

Wenn, wenn, wenn,
wenn das Wörtchen wenn nicht wär'
wär mein Vater Millionär!

Dies ist einer der Gründe, warum in der Gestalttherapie die Diagnose in ihrer Bedeutung hinter der Arbeit mit kleineren aktuellen Verhaltenseinheiten im Hier und Jetzt und deren Ergründung steht. »Warum sprichst du im Augenblick, bei diesem Thema so leise?« »Warum sitzt du im Augenblick so zusammengekauert da?« *Das* – d. h. ergründen, was aktuell da ist – ist in erster Linie gestalttherapeutisches Diagnostizieren. » ... und was ist mit der Diagnose? Nun, was ist damit? Eine Diagnose ist eine beschränkte Methode, einen Menschen auf einen Begriff zu reduzieren. Einen Menschen als schizophren, als zwanghaft oder als persönlichkeitsgestört zu bezeichnen, sagt mir kaum mehr, als wenn du ihn als Vater, Onkel, Arbeiter oder Freund bezeichnen würdest. Ja faktisch weniger, denn der Zwanghafte des einen ist das blockierte Gewohnheitsmuster des anderen; was für den einen eine Persönlichkeitsstörung, ist für den anderen eine Perversion und für den dritten nichts weiter als ein Privatvergnügen.«[46]

Diagnose in der Gestalttherapie muß sich immer wieder neu mit dem befassen, was im Augenblick vorhanden ist. »Arbeite mit dem Offensichtlichen«, sagte Perls immer wieder. Paul Goodman beschreibt den Hintergrund, vor dem gestalttherapeutisches Diagnostizieren möglich und sinnvoll sein kann: »Die gegenwärtige Situation ist *immer* ein Beispiel für *alles*, was je gewesen ist oder sein wird. Sie umfaßt einen Organismus, seine Umwelt und ein fortwirkendes Bedürfnis. Daher können wir unserem Klienten die übliche Frage zur Struktur seines Erlebens und Verhaltens stellen: Wie erlebt er oder sie seinen Organismus bzw. wird ihm gerecht? Wie wird er der Umwelt gerecht? Wie erfüllt er seine Bedürfnisse?«[47]
Den Satz »Arbeite mit dem Offensichtlichen« möchte ich etwas umformulieren: »Beginne mit dem Offensichtlichen«. Ein Beispiel: Ein Mann steht mit einem Schlüssel vor einer Türe; das ist das Offensichtliche. Was macht er da? Kehrt er heim und möchte die Türe aufschließen? Geht er fort und möchte die Türe verschließen? Probiert er einen Schlüssel aus? Ist es ein Einbrecher? Ist er überhaupt befugt, diese Türe auf- abzuschließen? Alle diese Fragen beantwortet mir das Offensichtliche nicht; andererseits sind Antworten auf diese Fragen wichtig für das weitere Vorgehen. »Beginne mit dem Offensichtlichen« heißt also auch: »Trenne das Offensichtliche von deinen weiteren Eindrücken!« Ich *sehe* also

46 D. Rosenblatt: Türen öffnen, S. 30
47 P. Goodman: Natur heilt, S. 152

den Mann mit dem Schlüssel und mein *Eindruck* ist, daß dieser Mann nach Hause kommt und in seine Wohnung möchte. Das, was ich sehe, brauche ich nicht zu überprüfen, weil ich es ja *sehe*; was ich jedoch überprüfen muß, ist mein *Eindruck*, ob dieser Mann nach Hause kommt und in seine Wohnung möchte.
Diagnostische Überlegungen befassen sich also mit den Rückschlüssen und Eindrücken, die ich aus dem, *was ist*, was ich sehe, was ich höre, folgere, oder mit der Bedeutung, die ich dem, was ich wahrnehme, verleihe. Und dies ist ein überaus subjektiver Prozeß. Wir reagieren nicht auf die Beobachtung, sondern auf die der Beobachtung zugemessene Bedeutung. Ich sehe die geschlossene Hand des Klienten. Ob ich nun daraus eine wütende, bedrohliche Faust oder eine geschlossene Hand, die einen Schlüssel hält, mache – dies ist **meine** Zuordnung (für die ich zweifelsohne jeweils Gründe habe). Die Figur der Beobachtung erhält durch die Zuordnung zu einem Grund (der Realität des Klienten) ihre Bedeutung. Die therapeutische Arbeit besteht unter anderem darin, diese Verknüpfungen zu erkennen und zu ändern, wenn sie sich als nicht adäquat herausstellen.

Jede Intervention, die ich als Therapeut mache, beinhaltet immer auch schon eine Diagnose, wenn sie Aussagen über den Klienten macht. Z.B. der anmaßende und autoritäre Satz des Gestalttherapeuten an den Klienten: »Du willst mich langweilen« würde besser ersetzt durch das, was der Therapeut mit Sicherheit weiß, nämlich, daß es ihm schwerfällt, zuzuhören. »Du willst mich langweilen« oder ähnliche Sätze machen nach meiner Überzeugung erst in zweiter Linie eine Aussage über den anderen; in erster Linie geben sie Auskunft über *meinen* Maßstab, was *ich* als langweilig empfinde. Wir alle kennen Sätze, deren Bedeutung und deren Verwendung recht einheitlich ist, die jedoch hinsichtlich ihrer Bedeutung nicht wort- wörtlich genommen werden: »Ich bin ganz Ohr.« »Ich habe ein Auge auf dich geworfen.« »Ich kehre mein Innerstes nach außen.« »Das haut mich vom Hocker!« usw. Diese Beispiele machen klar, daß es sehr wichtig ist, daß mein Gegenüber und ich, daß Klient und Therapeut mit gemeinsamen Begrifflichkeiten arbeiten. Bevor ich als Therapeut sage, daß ich einen Satz des Klienten nicht glauben kann, muß ich also zuerst wissen, wie er diesen oder jenen Satz verwendet:

»Ich hatte das Gefühl, aus meinem Körper auszutreten.«
»Wie verwenden *sie* diesen Satz, was heißt das für *Sie,* wenn sie sagen, daß sie sich so fühlten, als seien Sie aus ihrem Körper ausgetreten?«
»... Aber sogar Begriffe wie ›gesund‹ und ›krank‹ sind selbst Konstrukte, sowohl im sozialen als auch im psychologischen Sinn, und für dieses Individuum bleibt die persönliche Bedeutung dessen, was es heißt, krank oder gesund zu sein, etwas Einzigartiges.«[48]

Diagnosen sind statisch und stehen daher im Widerspruch zur Prozeßorientierung der Gestalttherapie; sie sind Definitionen und ähnlich wie diese lassen sie erstarren, denn »... sie führen das Neue auf das Alte zurück, ordnen das Hervorgebrachte dem Hervorbringenden unter, erhalten die Macht der Ursprünge durch Ketten der ›Geschlechter‹ hindurch. Sie werden auseinandergelegt, entfaltet, aber bleiben dieselben. Doch kein Wort, ausgesprochen, bleibt dasselbe auch nur im Zusammenhang des Satzes, in den es tritt.«[49]

K. Bessel beschreibt drei gestalttherapeutische Positionen zum Thema Diagnose:
»Über den praktischen und theoretischen Stellenwert einer gestalttherapeutischen Diagnostik kann ich bei Gestalttherapeuten, sicher vereinfachend, drei Positionen ausmachen:
a.) die Ablehnung jeglicher Diagnostik, da diese das vorurteilsfreie und unmittelbare Erleben des Klienten durch den Therapeuten behindere bzw. unmöglich mache. Ich sehe dahinter eine naive Theorie freiflottierender Aufmerksamkeit, die das Bedeutsame des Geschehens schon mitzubekommen meint; ... bzw. die gutgemeinte, aber unzureichende Abwehr der Verführung zum Introjizieren, die tatsächlich jeder Diagnostik innewohnt.
b.) die Auflösung jeglichen Erlebens und Verhaltens des Klienten in Prozesse (z.B. narzißtischer *Prozeß etc.*), verbunden mit einer Ablehnung eines Etikettes (Narzißt etc.).

48 M. Parlett: Wir erschaffen unsere System, unsere Systeme erschaffen uns, S. 125
49 K. Heinrich: Versuch über die Schwierigkeit nein zu sagen, S. 59

c.) die Gewichtung solcher Prozesse in ›grundlegende‹ und ›weniger grundlegende‹. Ich gehe dabei von der therapeutischen Erfahrung aus, daß sich Klienten in Krisen auf oft vorhersagbare Störungen des Kontakts zurückziehen (wie auch Therapeuten); daß es also eine den anderen Störungsformen zugrundeliegende spezifische Form der Unterbrechung spontaner Gestaltbildung und -zerstörung gibt, die sich zurückführen (und nachvollziehen!) läßt über den Zeitpunkt bzw. -abschnitt in der Biographie, in der diese grundlegende Störung entstand. Die therapeutische Kunst besteht dabei in dem fruchtbaren Wechselspiel zwischen therapeutischer Wahrnehmungsstrukturierung (Diagnostik) und dem Für-Wahr-Nehmen des unverwechselbaren Menschen, mit dem ich arbeite.«[50]

Ganz unabhängig davon, wie nun eine Diagnose zustande kommt, spezifisch gestalttherapeutisch wird sie dadurch, daß sie sich an dem Figur-Grund-Gedanken orientiert: Daß sie also einerseits eine Figur beschreibt, eine bestimmte phänomenologisch beschreibbare Thematik des Erlebens, des In-der-Welt-seins, die zur Zeit im Vordergrund steht **und** andererseits einen Grund, d. h. die »Rest-Persönlichkeit« mit ihren gesunden Anteilen.

»Ich bin mein Körper, und ich bin viel mehr als mein Körper. Ich bin meine Wut, und ich bin viel mehr als meine Wut. Ich bin meine Freude und ich bin viel mehr als meine Freude.«[51]

Die Suche nach einer Diagnose kann auch als eine Form der Warum-Frage gesehen werden. Wie oben beschrieben, kann diese Suche von unterschiedlichen Bedürfnissen geleitet werden: dem Bedürfnis zu verstehen, zu beherrschen, aber auch dem Bedürfnis, Ohnmacht bzw. Nicht – wissen zu vermeiden.

»Ich suche nicht – ich finde.«
(P. Picasso)

Das ist es! Finden ohne zu suchen. Offen sein für die Botschaft der Dinge – genau dann, wenn sie sich mir zeigt. Es ist ähnlich wie das dritte Tor in der bekannten »Unendlichen Geschichte«; ein Tor,

---

50 K. Bessel: Theorie als Praxishintergrund, S. 34 f

51 H. Beaumont: Einige Implikationen des »Dialogischen Prinzips«, S. 387

das sich nur dem öffnet, der **nicht** hindurch will. Das ist Finden ohne zu suchen. Dies hat nichts mit Inaktivität oder fatalistischer Passivität zu tun. In der altchinesischen Tradition finden wir hierzu den Begriff des »Wu Wei«, d.h. tun durch Nicht-tun; Meister Eckhard spricht vom »Sich-lassen«, im Buddhismus spricht man vom »Zufluchtnehmen«.

C.G. Jung hat sich bereits lange vor der New Age Welle mit dem Phänomen des Wu Wei auseinandergesetzt. Ich möchte hier einige seiner Gedanken wiedergeben:

»Man muß psychisch geschehen lassen können. Das ist eine wahre Kunst, von welcher unzählige Leute nichts verstehen, indem ihr Bewußtsein ständig helfend, korrigierend und negierend dazwischenspringt und auf alle Fälle das einfache Werden des psychischen Prozesses nicht in Ruhe lassen kann. Die Aufgabe wäre ja einfach genug – wenn nicht Einfachheit das Allerschwierigste wäre. Sie besteht einzig und allein darin, daß zunächst einmal irgendein Phantasiefragment in seiner Entwicklung beobachtet wird. Nichts wäre einfacher als das, aber schon hier beginnen die Schwierigkeiten. Man hat anscheinend keine Phantasiefragmente – oder doch – aber es ist zu dumm – tausend gute Gründe dagegen. Man kann sich nicht darauf konzentrieren – es ist langweilig – was sollte dabei herauskommen? – es ist ›nichts als‹ – usw. Das Bewußtsein erhebt ausgiebige Einwände, ja es zeigt sich öfters wie erpicht darauf, die spontane Phantasietätigkeit auszulöschen, trotzdem die höhere Einsicht und sogar die feste Absicht besteht, den psychischen Prozeß ohne Einmischung gewähren zu lassen. Zuweilen entsteht ein förmlicher Bewußtseinskrampf.
Es handelt sich um das Ja-sagen zu sich selbst – sich selbst als ernsthafteste Aufgabe sich vorsetzen, und sich dessen, was man tut, stets bewußt bleiben und es in allen zweifelhaften Aspekten sich stets vor Augen halten – wahrlich eine Aufgabe, die ans Mark geht.
Der Chinese kann sich auf die Autorität seiner ganzen Kultur berufen. Betritt er den langen Weg, so tut er das anerkannt Beste, das er überhaupt kann. Der Abendländer aber hat alle Autorität gegen sich, in intellektueller, moralischer und religiöser Hinsicht, vorausgesetzt, er wolle diesen Weg wirklich einschlagen. Darum

ist es so unendlich viel einfacher, den chinesischen Weg nachzuahmen und den mißlichen Europäer stehen zu lassen, oder weniger einfach, den Rückweg zum europäischen Mittelalter der christlichen Kirche wieder zu suchen und die europäische Mauer, welche die außen herum wohnenden armen Heiden und ethnographischen Kuriositäten vom wahren Christenmenschen scheiden soll, wieder aufzurichten. Der ästhetische oder intellektuelle Flirt mit Leben und Schicksal kommt hier zum jähen Ende. Der Schritt zum höheren Bewußtsein führt aus allen Rückendeckungen und Sicherungen heraus. Der Mensch muß sich ganz darangeben, denn nur aus seiner Integrität kann er weitergehen, und nur seine Integrität kann ihm Gewähr dafür sein, daß sein Weg nicht zum absurden Abenteuer wird.«[52]

Fragen und Suchen setzen eine große Ambiguitätstoleranz voraus; mehr noch: je klarer die Vorstellung dessen, was ich suche, ist, desto schwieriger wird es, die Spannung zwischen dem Wissen um das Ziel und dessen Ferne oder gar Unerreichbarkeit auszuhalten. Als Beispiel möchte ich hier die mittelalterlichen Mystiker nennen, deren »Seele sich in der Sehnsucht nach Gott verzehrte« – und dies um so mehr, je mehr sie sich auf die Suche einließen, je mehr sie Gott »kannten«. Es ist eine im ersten Augenblick paradox anmutende Gleichung: Je länger die Suche, desto größer die Sehnsucht, desto größer der Schmerz, – noch – nicht am Ziel zu sein. Momente dieser Art tauchen in der Therapie immer wieder auf und sind oft, da sie mit Verzweiflung einhergehen können, nur sehr schwer auszuhalten.

Wer sucht, findet entweder seinen Gott oder sein Unglück.
(Sufi Sprichwort)

«Wer sucht, der geht leicht selber verloren«
(Friedrich Nietzsche – Also sprach Zarathrustra)

Je mehr ich lerne, desto klarer wird die Erkenntnis, wie wenig ich weiß, je klarer die Erkenntnis nicht zu wissen ist, desto mehr möchte ich lernen. Dies ist ein schwieriger Zirkel.

52 C.G. Jung und R. Wilhelm: Das Geheimnis der Goldenen Blüte, S. 13 ff

Suchen ist immer auch mit einem Wagnis verbunden; ich muß bereit sein, Bekanntes, Sicheres aufzugeben oder zumindest in Frage zu stellen. Gleichzeitig kann mir niemand garantieren, daß das, was ich vielleicht finden werde, wirklich besser sein wird als das, was ich loslasse. Zu diesem Dilemma schreibt Kierkegaard:
»Es ist gefährlich zu wagen. Und warum? Weil man verlieren kann. Nicht zu wagen ist klug. Und doch, indem man nicht wagt, ist es so schrecklich einfach, das zu verlieren, was sogar im kühnsten aller Wagnisse schwierig wäre zu verlieren: sein Selbst. Denn wenn ich das Falsche gewagt habe, nun gut, dann hilft mir das Leben durch seine Bestrafung. Aber wenn ich überhaupt nicht gewagt habe, wer hilft mir dann? Und darüber hinaus habe ich, wenn ich nicht im allerhöchsten Sinn gewagt habe (und im höchsten Sinne zu wagen ist genau, sich seiner selbst bewußt zu werden), alle Vorteile diese Welt gewonnen und verliere mich selbst. Wie ist das?«[53]

Hoffnung ist die Triebfeder des Suchens; Hoffnung ist aber weder passives Warten noch unrealistisches Erzwingen von Umständen, die nicht eintreten können. Der wirklich Hoffende kennt das Ziel der Hoffnung, weiß aber auch um die Distanz, die ihn vom Ziel trennt. Das gleichzeitig Schmerzhafte wie Paradoxe ist, daß die Hoffnung sich aus Enttäuschung nährt. Daher ist es wichtig, hoffen zu lernen – oder anders ausgedrückt: mit Enttäuschungen leben zu können. Wer nicht hofft, hat keinen Grund zu suchen, wer nicht mit Enttäuschungen leben kann, kann es sich auf die Dauer nicht leisten zu hoffen.
»Die meisten von uns hofften, geliebt zu werden – nicht nur gehätschelt und gefüttert, sondern verstanden, umsorgt, respektiert zu werden. Die meisten von uns hofften vertrauen zu können. Als wir klein waren, wußten wir noch nichts von der menschlichen Erfindung des Lügens – des Lügens mit Worten genauso wie des Lügens mit der Stimme, einer Geste, den Augen, dem Gesichtsausdruck. Wie sollte das Kind auch vorbereitet sein auf diese spezifisch menschliche Raffinesse – die Lüge? Die meisten von uns werden mehr oder weniger unsanft darauf gestoßen, daß die Menschen häufig nicht meinen, was sie sagen, oder das Gegenteil dessen sagen, was sie meinen. Und zwar nicht nur ›die Menschen‹,

53 S. Kierkegaard, zitiert in: I. D. Yalom: Existentielle Psychotherapie, S. 160

sondern gerade die, denen wir am stärksten vertrauten – unsere Eltern, Lehrer oder Führer. Nur wenige Menschen entgehen dem Schicksal, an irgendeinem Punkt ihrer Entwicklung ihre Hoffnungen enttäuscht und mitunter völlig zunichte gemacht zu sehen. Vielleicht ist das gut so. Wenn der Mensch die Enttäuschung einer Hoffnung nicht erfahren würde, wie sollte dann seine Hoffnung stark und unstillbar werden?«[54]

»Hast Du jemals über die erstaunliche Struktur des Suchens nachgedacht? Wer sucht, der hat nicht; ja kennt nicht einmal das, was er sucht; und andererseits heißt etwas zu suchen, den gesuchten Gegenstand vorauszusetzen und ihn in der Vorschau tatsächlich schon zu haben.«[55]

Der Weg ist das Ziel – oder besser: das Ziel ist der Weg; das Ziel ist es, zu lernen, unterwegs zu sein; zu lernen, daß es wohl kaum das **endgültige** Ziel gibt. Es geschieht öfter, daß ich gefragt werde: »... hört das denn nie auf ... sie machen doch schon so lange Therapie ... irgendwann muß man doch mal fertig sein ...« Leider ist dies nicht der Fall – wir werden nicht »irgendwann fertig«. Ein Buch des faszinierenden Zen-Meisters und Jesuiten Hugo M. Lassalle hat den bezeichnenden Titel »Erleuchtung ist erst der Anfang«. Die daraus resultierende Erkenntnis, daß es nur vorläufige Antworten gibt, ist zunächst ernüchternd, danach – im positiven Fall – befreiend. Ich werde in der Therapie, auf meiner Suche nicht ›fertig‹; ich lerne, daß es **normal** ist, unterwegs zu sein. Die Themen bleiben, was sich – so ist zu hoffen – ändern wird, sind einerseits meine Ressourcen, mit ihnen umzugehen, andererseits meine Wahrnehmung, ob ich diese Themen als Schranken und Blockaden oder als Wegbegleiter auf einem lebenslangen Prozeß empfinde. Darin liegt das wirklich Neue, nämlich, etwas so sein zu lassen, wie es sich mir darbietet, wie es sich mir offenbart.

Ein Schüler fragt einen Zen-Meister: »Meister, ich weiß, ihr habt viele Schüler. Wenn ich aber härter als sie alle zusammen üben

---

54 E. Fromm: Die Revolution der Hoffnung, S. 24 f
55 Ortega y Gasset, zitiert in: D. Connelly: Alles Weh ist Heimweh, S. 85

würde, wie lange würde es dauern, bis ich die Erleuchtung erlange?« »Zehn Jahre.« Der Schüler fährt fort: »Wenn ich aber Tag und Nacht arbeite und meine Anstrengungen noch verdoppeln würde, wie lange würde es dann dauern?« »Zwanzig Jahre.« »Und wie wäre es bei noch größerer Anstrengung und noch härterem Bemühen?« »Dreißig Jahre«, war die Antwort. »Warum bloß fügst du immer mehr Jahre hinzu«, fragt der nun schon recht verzweifelte Schüler. »Ganz einfach: Weil du ein Auge auf das Ziel gerichtet hast, bleibt dir nur ein Auge für die Arbeit, und dadurch wirst du so viel langsamer vorankommen.«

»Aber wenn du dich aufmachst und das Meer selbst fragst, was gibt es dann zur Antwort? Murmel, murmel, zisch, zisch. Es ist zu sehr damit beschäftigt, Meer zu sein, um irgend etwas über sich selbst mitzuteilen«.
(Ursula K. Le Guin)

Erich Fromm: »Die Geburt ist nicht ein augenblickliches Ereignis, sondern ein dauernder Vorgang. Das Ziel des Lebens ist es, ganz geboren zu werden, und seine Tragödie, daß die meisten von uns sterben, bevor sie ganz geboren sind. Zu leben bedeutet, jede Minute geboren zu werden. Der Tod tritt ein, wenn die Geburt aufhört«.

Wir werden nicht irgendwann ›fertig‹, das heißt auch, daß das Unterwegssein das Normale und Momente des Angekommen-Seins – des All-Eins-Gefühls – die Ausnahme sind. Wir sind – wie Schopenhauer sagt – wie wir nicht sein sollten, und tun darum notwendig, was wir nicht tun sollten. Die Befreiung aus diesem Zirkel ist eine der Aufgaben der Psychotherapie: »Darum bedürfen wir einer völligen Umgestaltung unseres Sinnes und Wesens, das ist die Wiedergeburt, als deren Folge die Erlösung eintritt.«[56] Wenngleich dies als eine grundsätzliche Aussage über die Natur des menschlichen Daseins Geltung hat – und dies ist meine Überzeugung –, so befreit uns dies zwar nicht von unserer Verantwortung für uns und der Arbeit an/mit uns, wohl aber

56 A. Schopenhauer, zitiert in: G. Siegmund: Buddhismus und Christentum, S. 87

von einer Art genuinen Schuld, denn im Klartext lautet die obige Aussage: Es ist ›natürlicher‹ Teil unseres Daseins, ›falsch‹ zu handeln. Für Sokrates bestand das Böse allein darin, daß die Menschen die Wahrheit, die in ihnen liegt, nicht zur Kenntnis nehmen, sondern sich ironischerweise anders verhalten, als sie es eigentlich für sich als richtig annehmen. Mit diesem vermeintlich falschen Teil gilt es sich zu versöhnen; sich immer und immer wieder neu anzunehmen, sich immer und immer wieder zu vergeben, sei es nun durch religiöse oder psychotherapeutische Wege. Die Sehnsucht nach dieser Art (religiöser) Urerfahrung bleibt aber in der westlichen Kultur im wesentlichen unbefriedigt. Kein geringerer als C.G. Jung klagt darüber, daß in unserer Kultur nichts dem Streben nach religiöser Urerfahrung entgegenkommt, »nicht einmal die Kirche, die Verwalterin religiöser Güter.«[57] Eine tiefe Verbitterung spricht aus ihm, wenn er fortfährt: »Es ist sogar ihr raison d'être, sich aller Urerfahrung entgegen zu stemmen, denn diese kann nur heterodox sein.«[58] Als einzige Bewegung innerhalb unserer Kultur, welche für dieses Streben Verständnis habe, läßt er die Psychotherapie gelten. Nimmt sich der Psychotherapeut »neben seiner hilfreichen Tätigkeit noch Zeit zu einigem Nachdenken, durchschaut er dabei die Illusion des westlichen Rationalismus, so bekommt er bald eine Ahnung, was es heißen will, jene Pforten aufzureißen, an denen jeder gern vorüberschleicht.«[59]
Wir sollten als Psychotherapeuten diese Grunddimension menschlichen Suchens in unserer psychotherapeutischen Arbeit immer im Hinterkopf behalten. Dieses existentielle Suchen ist auch einer der Gründe, warum ich mich mit den eher technischen Therapieverfahren wie Verhaltenstherapie, NLP oder systemischer Familientherapie nicht anfreunden kann, da – selbst nach noch so gelungener therapeutischer Intervention – der existentielle Rest hier besonders groß ist.

57 C.G. Jung, zitiert in: G. Siegmund: Buddhismus und Christentum, S. 195 f
58 C.G. Jung, zitiert in: G. Siegmund: Buddhismus und Christentum, S. 195 f
59 C.G. Jung, zitiert in: G. Siegmund: Buddhismus und Christentum, S. 195 f

Es gibt nach meiner Überzeugung zwei Arten des Suchens und Lernens:

- Neue Erfahrungen werden aufgenommen und in ein bestehendes System integriert;
- Neue Erfahrungen werden als solche belassen, sie sind und bleiben neu.

Die meisten von uns wollen in der ersten Art lernen; sie ist auch die sicherere; wir möchten weiter Karten spielen; zwar dürfen die Karten neu gemischt werden, aber das Spiel als solches soll bitte das gleiche bleiben. Im positiven Fall werden die Karten – um im Bild zu bleiben – neu gemischt und auch neu verteilt, manchmal aber muß ich mit dem spielen, was ich auf der Hand habe, auch, wenn es nur zum Karo Solo reicht.
»Ich tu am liebsten nur das, was ich kann«, dieser Weg führt zur Perfektion; »ich fange gerne neues an«, dieser Weg führt zu Wachstum. Ich glaube, daß diese Polarität auch eine Erklärung dafür ist, daß die Menschen, die es auf *einem* Gebiet zur Perfektion gebracht haben, häufig bei Betrachtung der Gesamtpersönlichkeit unreif, unfertig erscheinen; sowohl der zerstreute Professor als auch viele Spitzensportler können hier als Beispiel dienen. Hier fehlt die Balance.

»... ich hatte nämlich inzwischen einsehen gelernt, daß die größten und wichtigsten Lebensprobleme im Grunde genommen alle unlösbar sind; sie müssen es auch sein, denn sie drücken die notwendige Polarität, welche jedem selbstregulierenden System immanent ist, aus. Sie können nie gelöst, sondern nur überwachsen werden. Ich frage mich daher, ob diese Möglichkeit des Überwachsens, nämlich der weiteren seelischen Entwicklung, nicht überhaupt das normal Gegebene und drum das Steckenbleiben an oder in einem Konflikt das Krankhafte sei.«[60]

In dem Heim für schwererziehbare Kinder und Jugendliche, in dem ich viele Jahre gearbeitet habe, war es u.a. meine Aufgabe, die Erzieher zu beraten. Den Kindern und Jugendlichen gelang es immer wieder, uns an die Grenzen unserer Kompetenz, unserer

60 C.G. Jung und R. Wilhelm: Das Geheimnis der goldenen Blüte, S.12 f

Fähigkeit, etwas zu bewirken, aber auch an die Grenzen unserer Toleranz zu bringen. Oft wurde ich von Erziehern, die mit ihrem »Latein am Ende waren«, um einen Ratschlag, eine zündende Idee gebeten. Abgesehen davon, daß ich diese zündende Idee in den meisten Fällen gar nicht hatte, versuche ich in den letzten Jahren mehr und mehr, Unterstützung für die Tatsache, »mit dem Latein am Ende« zu sein, zu vermitteln, statt irgendwelche (Pseudo-) Antworten zu geben. Dies ist oft schwer, denn neben der Frustration der Erzieher, die ich aushalten mußte, entstanden auf diese Weise auch Zweifel an meiner Fachkompetenz – und dies ist schon weitaus schwieriger auszuhalten, da geht's an's Eingemachte, und der Gedanke, daß ich nur als Psychologe, nicht aber als Zauberer eingestellt worden bin, hilft dann auch nicht unbedingt weiter. Aber es ist meine Überzeugung, daß es lediglich einen quantitativen, nicht aber einen qualitativen Unterschied gibt: Es mag ja durchaus so sein, daß ich in einigen Fällen irgend etwas Neues, Sinnvolles oder Hilfreiches weiß. Aber auch ich habe eine Grenze meiner Kompetenz. Letztlich ist es nicht von Bedeutung, **wo** diese Grenze ist, sondern, **daß** sie **da** ist. »Dazu weiß ich nichts, und ich kann ihnen ihre/dir deine Enttäuschung lassen«, einer der schwierigsten Sätze, die es zu lernen gibt; wobei der zweite Teil der eigentlich schwierige ist: Nichts zu wissen mag ja noch angehen, aber die Versuchung, die Enttäuschung des anderen wegzubegründen, wegzuerklären, wegzutherapieren, sie zu *seinem* Problem zu machen (= ihn zu ›klientifizieren‹), ist doch sehr groß.
Viele vermeintliche Hilfsangebote und Klärungsversuche, die in solchen Situationen gemacht werden, haben lediglich das Ziel, ein Gefühl der Hilfs- und Ratlosigkeit seitens des Therapeuten zu verhindern, nicht aber den Klienten in *seiner* Situation zu begleiten. Der grundsätzliche Irrtum in diesem Zusammenhang ist die Gleichsetzung von ›die Dinge sehen, wie sie sind, und nicht weiter wissen‹ mit ›Hilflosigkeit‹.
»Aber irgendwie muß es doch weitergehen?!«
»Es geht weiter, indem wir dem Raum geben, was *jetzt* ist, nämlich: ›**Ich weiß es nicht**‹.«

Lernen unterwegs zu sein, heißt mit ›Warums‹ leben lernen, vor allem aber – und hier liegt das Hauptproblem – mit ›Warums‹, die

keiner beantworten, keiner uns abnehmen kann. Eines der Bücher, die eine ganze Generation mitgeprägt haben, heißt bezeichnenderweise: »Unterwegs« bzw. im amerikanischen Original »On the road«.[61]
Paul Goodman: »Ich bin gegenwärtig im folgenden, nicht ungewöhnlichen Dilemma: daß die Frage immer wieder und sogar in zwanghafter Weise auftaucht, ›Was ist der Sinn des Lebens?‹. Aber ich kann keine Antwort darauf finden; bzw. ich beweise mir selbst sogar, daß eine Antwort unmöglich ist ... Eine Frage ohne mögliche Antwort: Solch eine Frage ist sinnlos, sagen die Logiker. Trotzdem sind wir, wie der alte Kant uns vor langer Zeit nachwies, gezwungen, die Frage zu stellen.«[62]

Daß eine von *außen* gegebene Antwort auf die Warum-Frage das Problem nicht löst, sondern oft noch vergrößert, möchte ich mit folgendem Beispiel erläutern:
Im Verlauf seiner Schulung soll der Zen-Schüler eine Vielzahl sogenannter Koans lösen; dies sind Aufgaben, die mit den Mitteln des rationalen Verstandes nicht zu lösen sind, sondern von dem Schüler verlangen, daß er ›hinter‹ den Verstand geht. Nun gibt es Bücher, die die Lösungen der bekannten Koans beschreiben. Die ›Lösung‹ in einem Buch gelesen zu haben, ist jedoch eine Sache, und **seine eigene** Lösung nach vielem Suchen gefunden zu haben, eine ganz andere Sache. Das Lesen der Lösung verhindert geradezu das Finden der eigenen Lösung. Es engt sowohl die Kreativität als auch den Blickwinkel des Suchenden und des Suchens ein. Ein armer Schüler, der die Lösung *weiß*, sie aber nicht *gefunden* hat; es wäre besser für ihn, er würde um eine neue Aufgabe bitten.

Ein Zen-Meister erklärte seinen Schülern, daß er an der Art und Weise, wie sie ihre Schuhe vor der Meditationshalle abstellen würden, den Stand ihrer Übungen, ihres Wachstums erkennen könne. Von Stund an standen alle Schuhe schön sorgfältig in Reih' und Glied abgestellt vor der Türe. Das Problem war jedoch, daß sich der angebliche Meister nicht nur selber einer wichtigen

61 Jack Kerouac: Unterwegs, Hamburg 1968; im amerikanischen Original 1957 erschienen
62 P. Goodman: Über die Frage: Was ist der Sinn des Lebens?, S. 16

›Diagnosemöglichkeit‹ beraubt hatte, sondern er hatte auch den Schülern die Möglichkeit genommen, aus sich heraus den Zusammenhang zwischen außen und innen zu lernen. Die Tatsache, daß die Schuhe nun ordentlich vor der Meditationshalle standen, war ja nun nicht mehr Ausdruck einer inneren Entwicklung, sondern vielmehr Zeichen des Bedürfnisses, vom Meister anerkannt zu werden. Schade!

Der Teufel geht mit seinem Kameraden durch die Straßen einer großen Stadt. Der Freund des Teufels entdeckt einen Mann, der stehenbleibt und etwas aufhebt, das im Rinnstein lag. »Sieh dir nur mal diesen Mann dort an«, sagt der Freund, »wie fröhlich er plötzlich ist. Was mag er da nur aufgehoben haben?« Und der Teufel erwidert: »Ein Stück Wahrheit, er hat ein Stück von der Wahrheit gefunden. Aber mach dir deswegen keine Gedanken.« »Wie kannst du so sorglos sein?« fragt der Freund. »Ist das nicht gefährlich für dich? Wird es dich nicht bei der Arbeit behindern?« Der Teufel lächelt und geht weiter. »Überhaupt nicht«, sagt er »wenn er nach Hause kommt, werde ich ihm dabei helfen, es zu ordnen und anzuwenden.«

Es ist gut, wichtig und richtig, das Ende des Regenbogens zu suchen – letztlich tun wir alle nichts anderes –, und genau so gut, wichtig und richtig ist es aber auch zu wissen, daß es das Ende des Regenbogens nicht gibt. Dieses Paradoxon läßt sich nicht auflösen; aber die Kenntnis und die Akzeptanz **beider** Seiten des Paradoxons machen es uns möglich, den schmalen Grat zwischen Suchen und Hoffen und Verzweiflung und Panik ein- bzw. die Ambivalenz zwischen den beiden Seiten auszuhalten.

»Der Mensch unterscheidet sich in erster Linie dadurch vom Tier, daß er im reichen Überfluß über subjektive Neigungen verfügt. Die menschliche Überlegenheit über das Tier liegt ausschließlich in der Anzahl und in dem phantastischen und unnötigen Charakter seiner physischen, moralischen, ästhetischen und intellektuellen Bedürfnisse begründet. Wäre nicht sein ganzes Leben eine Jagd nach dem Überflüssigen gewesen, so hätte er sich im Notwendigen niemals so unausrottbar eingerichtet. Und aus diesem Bewußtsein sollte er lernen, daß er seinen Bedürfnissen trauen kann, daß, selbst wenn ihre Befriedigung in unerreichbarer Ferne zu liegen scheint, die Unruhe, die sie hervorrufen, der beste Wegweiser für sein Leben ist und ihn zu Ergebnissen führen wird, die die gegenwärtigen Grenzen seiner Vorstellungskraft weit überschreiten.«[63]

Wer rastet – der rostet

Wer aufhört, besser werden zu wollen, hat aufgehört, gut zu sein.
(Oliver Cromwell)

Fürchte dich nicht vor dem langsamen Vorwärtsschreiten,
fürchte dich nur vor dem Stehenbleiben.
(China)

Jeder Tag ist eine Reise
Die Reise selbst ist das Zuhause.
(Basho, 1689)

Das große Vorbild des Unterwegsseins ist wohl Sisyphos. Da allgemein nur das Ende vom Lied, die Bestrafung durch die Götter, bekannt ist, möchte ich kurz den Inhalt des Mythos widergeben:[64]
Sisyphos gründete die Stadt Korinth. Seine Schlauheit und Geschicklichkeit, aber auch sein Mut und sein Listenreichtum waren sprichwörtlich. Aus diesem Grunde brachte man ihn manchmal mit dem Meisterdieb Autolykos in Verbindung. Spätere Geschichtsschreiber behaupten, Autolykos habe ihm seine Herde gestohlen, doch er habe sie zurückgewonnen. Er hatte zuvor Kerben in die Hufe geritzt und konnte so den leugnenden Autolykos widerlegen. Dann rächte er sich an dem Dieb, indem er seine Tochter Antikleia verführte. So entstand das Gerücht, daß er – und nicht deren Gatte Laertes – der Vater des Odysseus war. Als Sisyphos Korinth errichtet hatte, sah er zufällig, wie Zeus, der ja ein rechter Frauenheld war, die Flußnymphe Ägina, die Tochter des Flußgottes Asopos, entführte. Asopos nahm die Verfolgung von Zeus auf und

63 J. Hillman, zitiert in: R. Bly: Eisenhans, S. 311
64 Nacherzählt nach: V. Kast: Sisyphos, S. 35 ff

bat Sisyphos um Auskunft. Der versprach zu sagen, was er wußte, wenn er dafür als Gegenleistung eine Frischwasserquelle auf dem Akrokorinth bekäme; so entstand die Quelle Pirene. Zeus aber war zornig über Sisyphos' Enthüllung und wollte ihn bestrafen; er schickte Tanatos (den Tod) aus, um ihn ins Haus des Hades zu bringen. Sisyphos überlistete aber Tanatos, fesselte ihn und warf ihn in ein Verließ, woraufhin die Sterblichen nicht mehr starben. Die Götter, von dieser unnatürlichen Erscheinung verunsichert und verärgert, schickten Ares zur Befreiung des Tanatos aus. Für diesen Fall hatte Sisyphos seiner Gemahlin genaue Anweisungen erteilt: Sie ließ seinen Körper unbeerdigt liegen und brachte auch keine der üblichen Opfer dar. Damit überlistete Sisyphos Hades erneut; denn der war über die Nachlässigkeit Meropes (der Frau des Sisyphos) derart erzürnt, daß er Sisyphos in die Oberwelt zurückkehren ließ, um Merope zu strafen und zur Beisetzung der Leiche zu veranlassen. Nach Korinth zurückgekehrt, tat Sisyphos jedoch nichts dergleichen, erfreute sich seines Lebens und wurde sehr alt, die Götter der Unterwelt verlachend. Wohl wegen dieser Gottlosigkeit, aber auch, weil er Zeus verpetzt hatte, wurde sein Schatten nach seinem Tod im Tartaros gepeinigt: Er mußte unablässig einen großen Stein einen Hügel hinaufrollen. Wenn er ihn fast bis zur Spitze gebracht hatte, rollte er immer wieder hinunter.
Sisyphos kennt also seine Strafe. Er weiß, daß er sein Ziel nie erreichen wird; dies ist sein Schicksal. Daher hat er das Unterwegssein als solches zum Gegenstand seiner Bemühungen gemacht. So wie die griechische Mythologie Sisyphos darstellt, entspricht er dem »Trickster« der indianischen Mythen; mehrfach ist es ihm gelungen, die Götter zu überlisten. Man kann also getrost annehmen, daß er, wenn er nur gewollt hätte, auch diesmal einen Trick auf Lager gehabt hätte. A. Camus geht in seinem bekannten Essay »Der Mythos vom Sisyphos« sogar noch einen Schritt weiter: Gerade indem er die Strafe der Götter als sein Schicksal, als seine Aufgabe annimmt, triumphiert er letztlich über die Götter. Er zeigt ihnen, daß sie ihn nicht bestrafen können, da er seine Strafe zu seiner Aufgabe umgewandelt hat.

Tagaus tagein seine Pflicht tun hat auch etwas Sisyphosartiges; trotz aller Widrigkeiten weitermachen: Der Etat ist schon wieder gekürzt worden, Personal fehlt und Erfolge sind auch kaum sichtbar: Dies alles sind Randbedingungen, mit denen sich jeder, der im sozialen Bereich arbeitet, konfrontiert sieht. Da bedarf es schon einer oftmals erheblichen Frustrationstoleranz – nichts anderes also als die Fähigkeit, Sisyphosarbeit verrichten zu können. Dies ist auch einer der Gründe, warum ich für Leute, die ein 25jähriges oder noch längeres Dienstjubiläum feiern, sehr große Hochachtung empfinde. Leider ist es jedoch oft so, daß ein solches Jubiläum eher Anlaß gibt zu Kommentaren, wie »... zu mehr hat es wohl nicht gereicht ... der wollte sich wohl gar nicht weiterentwickeln...«. Ich glaube im Gegenteil, daß dies eine sehr bewundernswerte Art der Weiterentwicklung ist!

Ich habe oben von dem Wunsch nach Verstehen als einem Teil des Suchens, des Unterwegsseins geschrieben. Verstehen wollen ist jedoch zu unterscheiden von dem Wunsch nach Handhaben- oder gar Beherrschen wollen. Durch Verstehen lösen wir uns von der Beherrschung durch das Unbewußte. Verstehen ist also wichtig auf dem Weg der Autonomie, obwohl hier ein logischer Sprung zu sein scheint – zumindest solange wir über das Verstehen des Unbewußten sprechen. Denn Unbewußtes, welches durch Verstehen in Bewußtes, in Wissen verwandelt werden kann, sollte nicht Unbewußtes, sondern Unverstandenes heißen. Unbewußtes ist, wie der Name sagt, nicht bewußt, nicht zugänglich, und kann daher auch logischerweise nicht transformiert werden. Den argumentativen Salto Mortale, den gerade die Psychoanalyse hier vollzieht, soll folgendes Zitat illustrieren: »Das Wesen der Analyse liegt von daher darin, Bewußtheit über das herzustellen, was wir nicht wahrnehmen – und von dem wir nicht wahrnehmen, daß wir es nicht wahrnehmen.«[65] Was bitte, soll ich als Patient noch sagen, wenn jemand mit mir über Dinge arbeiten will, die ich nicht weiß und die so ›geheim‹ sind, daß ich noch nicht einmal weiß, daß ich sie nicht weiß?!
Das Konzept des sogenannten Unbewußten ist der Teil der psychoanalytischen Theorie, an dem besonders deutlich das negative

65 D. Goleman: Lebenslügen, S. 143

Menschenbild der Psychoanalyse hervortritt. Hier steht Freud in der Tradition Nietzsches. Von ihm stammt die Auffassung, daß es die Aufgabe der Psychologie sei, zu demaskieren, zu entlarven, hinter Fassaden und Kulissen zu leuchten, zu zeigen, daß der Mensch nicht nur den anderen, sondern zu allererst sich selbst hintergeht. Diese Auffassung von der Psychologie als der Entlarverin schlechthin wird zum Grundanliegen nicht nur der Freudschen Psychoanalyse, sondern mehr oder weniger aller sogenannten Tiefenpsychologie, die sich auf die Psychoanalyse Freuds beruft. Dies setzt eine Sicht des Menschen voraus, dem solche Entlarvung nottut, der es ›nicht besser verdient‹ hat, als daß man seine Lebenslüge (schon alleine diese Wortwahl ist in diesem Zusammenhang verräterisch) enttarnt. Dies alles hat mit Begleitung, geschweige Unterstützung nichts mehr zu tun.

Unverstandenes (nicht: Unbewußtes!) zu verstehen, ist Teil des Wachstums, Teil der Befreiung, die Teil unseres Lebensprozesses ist. Es sollte jedoch zwischen dem Bedürfnis nach Verstehen und dem nach Beherrschen unterschieden werden. Verstehen heißt, daß ich etwas wahrnehme und es **so, wie es ist**, verstehen möchte. Beherrschen heißt hier, daß ich etwas Unverständliches so umstrukturiere, so umgestalte, daß es mir verständlich wird. In diesem Licht betrachtet, entlarvt sich der Satz »Ich *mache* mir dies oder jenes verständlich« selbst.

Der Klient möchte oft vom Therapeuten, daß dieser ihm die Dinge verständlich macht, wobei dieses ›verständlich machen‹ jedoch oft mit ›verdaulich machen‹ übersetzt werden muß – anstatt selbst die Bereitschaft zum Verstehenwollen des *Gegebenen* aufzubringen. Die Überzeugung: »... wenn ich weiß, warum ich dieses oder jenes tue oder nicht tue, dann kann ich es besser ändern...« ist in den meisten Fällen eine Falle. Wenn ich Birnen nicht verstehe, und ich mache Birnen – mit dem Ziel sie verstehen zu können – zu Äpfeln, werde ich Birnen **nie** verstehen lernen.
Nebel ist Nebel, wenn ich Nebel verstehen kann, ist es kein Nebel mehr. Ich kann sehr gut nachvollziehen, daß dieser Nebel eine unliebsame Belastung ist, daß er stört, daß er verunsichert – aber Nebel »verstehen« wollen, heißt im Klartext, Nebel auflösen

wollen. Im Umgang mit Nebel sind für mich zwei Möglichkeiten denkbar:

- ich kann lernen wollen, wie ich mich im Nebel orientieren kann, wie ich Nebel aushalte.
- ich kann lernen wollen, wie ich Nebel auflösen kann.

Nur unter dem erstem Blickwinkel kann ich für die Zukunft die Orientierung im Nebel lernen.

Ein Rätsel ist nur so lange ein Rätsel, bis es gelöst ist. Wenn ich mich also über das Rätsel unterhalten möchte, kann ich es nicht gleichzeitig lösen wollen. Es verhält sich hier ähnlich wie mit den Chaos in der Fabel Chuang-zu's: Als nämlich jemand ein Loch in das Chaos bohrte und einen Augapfel hineinsteckte, starb das Chaos.

Die Dinge sehen, wie sie sind, die Dinge wahrnehmen, die Dinge realisieren: In diesem sprachlichen Gebrauch wird der Zusammenhang zwischen Wahrnehmung und der ›Natur‹ der Dinge klar: »Wirkliches Gewahrwerden der Wirklichkeit meint hier: daß die Wirklichkeit, indem wir ihrer gewahr werden, in diesem Gewahrwerden zu ihrer eigenen Verwirklichung kommt. Oder umgekehrt: Erst wenn die Wirklichkeit in uns zu ihrer eigenen Verwirklichung gelangt, erfahren wir die Wirklichkeit wahrhaft. In diesem Zusammenhang ist interessant, daß das Wort ›realisieren‹ im Deutschen wie im Englischen eine zweifache Bedeutung annehmen kann: ›realisieren‹ im Sinne von ›aktualisieren‹ oder ›verwirklichen‹ und ›realisieren‹ im Sinne von ›verstehen‹ ... Der Terminus ›Realisation› ..., wie er hier verwendet wird, bezeichnet die reale Erfahrung, nicht das theoretische Erkennen wie im Fall einer philosophischen Erkenntnis: Ein ›leibhaftes‹ Verstehen sozusagen (wobei hier mit ›Leib‹ der ganze Mensch, Geist, Seele und Körper gemeint ist).«[66]

Hervorheben möchte ich aus diesem Zitat die Tatsache, daß durch unsere Wahrnehmung die Wirklichkeit zur **eigenen** Verwirklichung gelangt und nicht zu einer von uns zugeordneten. Genau dies ist eines der Hauptprobleme bei der Aufgabe, die Dinge zu sehen wie sie sind. Wenn wir wahrnehmen, realisieren wir, aber *was*? Dieses Wortspiel bekommt nun eine ganz spezielle Bedeutung.

66 K. Nishitani: Was ist Religion?, S. 44 f

Nicht weil Gott es gesprochen, sondern
weil die Seele es vernommen hat,
ist das Wort der Schriften unsere höchste Autorität.
(Sri Aurobindo)

Erinnern und – unterstützendes – Verstehen sind Begleiterscheinungen des Therapieprozesses. Sie sind jedoch kein Selbstzweck; hier liegt ein wesentlicher Unterschied zwischen Gestalttherapie und Psychoanalyse: Erinnerungsarbeit, der Hauptschwerpunkt der psychoanalytischen Therapie (Erinnern – Wiederholen – Durcharbeiten), ist in sich noch nicht unbedingt hilfreich.

Nur jenes Erinnern ist fruchtbar, das zugleich
an das erinnert, was noch zu tun ist.
(Ernst Bloch)

Wir heilen nicht, weil wir uns erinnern, aber im Laufe der Heilung erinnern wir uns.
Ähnlich sieht es Franz Alexander, wenn er schreibt: »Das Wiederauftauchen von Kindheitserinnerungen ist nicht die Ursache, sondern das Ergebnis der Analyse.«[67]
Es ist das Verdienst gerade der humanistischen Psychologie und der Therapieformen, die sich als humanistisch verstehen, daß sie die Erinnerungsblockaden nicht als Widerstand, sondern als sinnvollen und unterstützenswerten Schutz verstehen. Namentlich Rollo May zeigt, »daß die Fähigkeit eines Patienten, sein Problem zu *erkennen*, sich nach der Maßgabe seiner Fähigkeit, etwas Entscheidendes zur Lösung des Problems zu *tun* richtet... der Patient erträgt es nicht, das Trauma zu erkennen, solange er nicht bereit ist, aktiv dazu Stellung zu nehmen. Was vor sich geht, ist ein seltsames inneres Gespräch mit uns selbst: ›Ich weiß, ich werde es später erkennen, aber jetzt kann ich es noch nicht. Das bedeutet ganz einfach: Ich weiß, daß es wahr ist, aber ich kann es noch nicht aushalten, es so zu sehen.‹«[68]
Es ist deutlich, wie sinnvoll ›therapeutisches Bremsen‹ sein kann, um der Entschleierungswut, von der manch ein Klient (und oft

67 F. Alexander, zitiert in: R.May: Love and Will, S. 232
68 R. May: Existence, S. 231 f

nicht nur der Klient, sondern der Therapeut ebenso) befallen zu sein scheint, entgegen zu wirken.

Als kleine Anekdote hierzu am Rande: Ich habe festgestellt, daß der Wunsch, unliebsame, nur schwer aushaltbare Gefühle und Tatsachen zu negieren oder zu verdrängen, nicht nur menschlich, sondern auch ›computerisch‹ ist: Das Schreibprogramm, mit dem ich dieses Buch schreibe, enthält ein Programm zur Überprüfung der Rechtschreibung; bei einem falsch geschriebenen (oder unbekannten) Wort schlägt dieses Programm eine entsprechende Korrektur vor. Bei dem Wort ›schmerzvoll‹ erscheint eine Fehlermeldung, und als entsprechender Korrekturvorschlag erscheint das Wort ›schmerzlos‹. Ich kann ihn verstehen, den Computer!

Die Dinge sehen (und akzeptieren), wie sie sind, muß nicht unbedingt gleichbedeutend mit einer negativen Grundhaltung sein. Es gibt bestimmt den ein oder anderen psychohygienischen Trick:
Einst träumte ein König, ihm seien alle Zähne ausgefallen. Er war sehr beunruhigt über seinen Traum und rief daher nach dem Traumdeuter. Der hörte sich den Traum an und sagte: »Oh, mein König, alle Eure Verwandten werden vor Euch sterben!« Als der König dies hörte, wurde er sehr zornig und befahl, den Traumdeuter auspeitschen und aus dem Palast werfen zu lassen.
Dann ließ der König einen anderen Traumdeuter kommen und erzählte ihm seinen Traum. Als dieser ihn gehört hatte, sagte er: »Eure Majestät, unter all Euren Verwandten werden Sie derjenige mit dem längsten Leben sein!« Der König war sehr erfreut und ließ den Traumdeuter mit hundert Goldstücken für seine Dienste belohnen.

Am Beispiel der Einsamkeit, einem gewiß nicht gerade angenehmen Gefühl, beschreibt Erich Kästner, der Meister der unterstützenden Ironie, sehr schön, wovon hier die Rede ist:

Apropos, Einsamkeit

Man kann mitunter scheußlich einsam sein!
Da hilft es nichts, den Kragen hochzuschlagen
und vor Geschäften zu sich selbst zu sagen:
Der Hut da drin ist hübsch, nur etwas klein ...

Da hilft es nichts, in ein Café zu gehen
und aufzupassen, wie die andren lachen.
Da hilft es nichts, ihr Lachen nachzumachen.
Es hilft auch nicht, gleich wieder aufzustehen.

Da schaut man seinen eignen Schatten an.
Der springt und eilt, um sich nicht zu verspäten,
und Leute kommen, die ihn kühl zertreten.
Da hilft es nichts, wenn man nicht weinen kann.

Da hilft es nichts, mit sich nach Haus zu fliehn
und, falls man Brom zu Hause hat, Brom zu nehmen.
Da nützt es nichts, sich vor sich selbst zu schämen
und die Gardinen hastig vorzuziehn.

Da spürt man wie es wäre, klein zu sein.
So klein, wie nagelneue Kinder sind!
Dann schließt man beide Augen und wird blind.
Und liegt allein ...

Alles ist, was es ist – und Einsamkeit ist Einsamkeit – das ist alles.

D a s verstehe ich nicht ...
Ich unterstütze Dein Nicht-Verstehen.
Das ist alles.

Die Dinge sehen, wie sie sind, das ist das, was im Buddhismus mit ›rechter Anschauung‹ bezeichnet wird. Damit ist nicht die Annahme eines Glaubenssatzes gemeint, sondern die unvoreingenommene, unparteiische, besser: überparteiliche Einsicht in die Natur der Dinge. Es bedeutet ein vollständiges, nicht einseitiges Sehen der Dinge. Statt unsere Augen vor allem Unerfreulichen und Leidvollen zu verschließen, sollen wir der Tatsache des Leidens ins Auge blicken, und indem wir dies tun, entdecken wir seine

Ursache, und mehr noch, daß diese Ursache in uns selbst liegt von daher überwunden werden kann.
In eine ähnliche Richtung zielt auch der bekannte Satz von Wittgenstein: »Wenn das gute oder böse Wollen die Welt ändert, so kann es nur die Grenzen der Welt ändern, nicht aber die Tatsachen«.

Die Dinge sehen, wie sie sind; das ist die Quintessenz der Lehre Buddhas, aber auch die Gestalttherapie versucht dies als Grundhaltung zu vermitteln. Die Dinge sehen, wie sie sind – das ist auch der Weg, auf dem Selbstakzeptanz gelernt werden kann.
Vor langer Zeit gab es eine Schule, in der alle Tiere lernen sollten. Einige von ihnen mußten immer wieder nachsitzen, weil sie in ihrem Lernprozeß keine Fortschritte machten. Der Adler mußte das Schwimmen üben, beim Hasen wollte es mit dem Fliegen nicht so ganz klappen, und der Truthahn schaffte es immer noch nicht, auf die Bäume zu klettern.
Eine lustige Vorstellung, diese Tiere beim Nachsitzen und Üben zu beobachten. Aber im Grund genommen machen wir oft nichts anderes: Wir sehen nicht, **wer** wir sind und **was** wir sind und verlangen daher immer wieder Dinge von uns, die unmöglich sind. Sich Ziele zu setzen, die nicht erreicht werden können, ist kein unterstützender, liebevoller Umgang mit uns selbst; mit uns ins Gericht zu gehen, weil wir das Ziel immer noch nicht erreicht haben, erst recht nicht.
Die Dinge sehen, wie sie sind – und **damit** umgehen; an dem Ausmaß, in dem mir dies gelingt, kann ich nicht nur den Grad der Selbstakzeptanz, sondern auch die Bereitschaft, den anderen zu akzeptieren, festmachen. Anders formuliert: Teile ich meinem Mitmenschen meine Gefühle mit, weil ich sie mitteilen möchte, oder ist das Ziel meiner Mitteilung, daß der andere in einer ganz bestimmten Art und Weise reagiert? Teile ich meinen Ärger mit, damit der andere ihn sehen kann, oder damit er sich schuldig, schlecht o.ä. fühlt? Ersteres ist eine Mitteilung auf der Basis ›die Dinge sehen, wie sie sind‹, das zweite ist Manipulation.

Mullah Nasrudin hatte auf dem Markt einige zarte Gläser gekauft und machte sich auf den Weg nach Hause. Nach kurzer Zeit stolperte er und ließ das Paket fallen. Die Gläser zersplitterten in tausend Stücke. Rasch versammelte sich eine Menge um ihn. Er hob den Kopf und brüllte. »Was ist denn los mit euch? Habt ihr noch nie einen Idioten gesehen?«

Ein interessantes Lehrstück hierzu verdanke ich einem Ehepaar, das – getrennt – bei mir in Therapie war. Ihre Verbindung bestand lediglich in gegenseitiger Verachtung und in einem zermürbenden Kleinkrieg; beides schien jedoch so wichtig zu sein, daß sie auch nicht in der Lage waren, damit aufzuhören und sich zu trennen.
Ich war zunächst unsicher, ob es möglich sein würde, mit einem Ehepaar, daß seine Verbindung nur noch im alltäglichen Kleinkrieg findet, in dieser Form zu arbeiten. In jeder Sitzung erfuhr ich, was der jeweils andere wieder Schlimmes getan hatte. Da die beiden Sitzungen unmittelbar aufeinander folgten, fand ich mich immer aufs Neue in einem Wechselbad solidarischer Anteilnahme wieder. Auf die Dauer habe ich hier gut lernen können, lernen müssen, die Dinge zu sehen, wie sie sind, d. h. ich habe die jeweiligen Erzählungen und Ansichten *aufgenommen,* ich habe sie nicht geglaubt, aber auch nicht nicht geglaubt, sondern sie *aufgenommen.* Ich habe dabei gelernt, daß es durchaus möglich ist, mit Täter *und* Opfer zu arbeiten, insbesondere aber, daß beide immer *beides* sind.

Die Frage nach dem Warum verändert oft bereits den Gegenstand, den ich ergründen will; wenn ich begründe, *warum* A B liebt, dann geht es nicht mehr um Liebe, sondern um Kausalitäten; wenn ich eine Beziehung zerstören will, muß ich nur lange genug nach den verschiedenen Warums fragen – mit anderen Worten: sie in ein kausales Korsett zwängen.

Warum, warum ist die Banane krumm?
Wenn sie grade wär', wär' sie keine Banane mehr!
(Volksmund)

Es mag zwar sein, daß ich auf das ein oder andere Warum der ein oder anderen Handlung eine Antwort finde, damit ist aber noch lange nicht gesagt, daß ich den **Sinn** der betreffenden Handlung gefunden habe. »Eine Handlung verstehen, heißt also: sie mit

Gründen verbinden. Und das kann zweierlei heißen. Erstens, daß man sagen kann, *warum* der Handelnde das, was er getan hat, getan hat; und zweitens, daß man weiß, bzw. versteht, *was* der Handelnde, wie wir dann häufiger sagen, *eigentlich* getan hat. Die erste Verstehensart, die eine Warumfrage beantwortet, ist typisch für ein Erklären; und die zweite, die eine Was-Frage beantwortet, ist typisch für ein Verstehen. Aber die beiden Begriffe verstehen und erklären werden, wenn von Handlungen die Rede ist, in der Umgangssprache häufig mehr oder weniger als Synonyme behandelt.«[69]

Daß wir ständig nach Sinn Suchende sind, das macht die Warum-Frage so verlockend; daß sie uns nur den Grund, nicht aber den Sinn aufzeigt, das macht sie so frustrierend.

Im Nebel

Seltsam, im Nebel zu Wandern!
Einsam ist jeder Busch und Stein,
Kein Baum sieht den andern,
Jeder ist allein.

Voll von Freunden war mir die Welt,
Als noch mein Leben licht war;
Nun, da der Nebel fällt,
Ist keiner mehr sichtbar.

Wahrlich, keiner ist weise,
Der nicht das Dunkel kennt,
Das unentrinnbar und leise
Von allen ihn trennt.

Seltsam, im Nebel zu wandern!
Leben ist Einsamsein.
Kein Mensch kennt den andern,
Jeder ist allein.

(Hermann Hesse)

69 G. H. v. Wright:. Normen, Werte und Handlungen: S. 179

Sich erinnern zu wollen, sich ganz kennenlernen zu wollen, diese und ähnliche Therapieziele sind Ausdruck eines ganz bestimmten Menschenbildes bzw. eines ganz bestimmten Lebensplanes. Ich halte es für wichtig, *vor* der inhaltlichen Arbeit, der inhaltlichen Suche, die impliziten Annahmen des Klienten transparent zu machen und dahingehend zu überprüfen, inwiefern sie vom Klienten überhaupt als erstrebenswert angesehen werden.
Jemand begibt sich in Therapie, weil er meint, er könne sich nicht »voll in Beziehungen einlassen«, immer wieder »spalte er Teile von sich ab«, die er vor dem Partner »verstecke«. Er möchte herausfinden, ob er »da irgend etwas nicht sieht.« Wer bestimmt denn, wer legt fest, daß man sich in eine Beziehung voll und ganz einlassen muß? Wer sagt denn, daß es nicht erlaubt sein soll, einen Teil von sich selbst nur für sich selbst zu behalten, einen Bereich, in dem keiner, auch mein Partner nicht, etwas verloren hat? Wer sagt denn, daß es psychohygienisch nicht sinnvoll sein kann, Dinge auch einmal *nicht* zu sehen ....?
Nach meiner Überzeugung ist es eine wichtige Frage, die ich mit einem simplen »Warum?« zu ergründen suche. Wenn also jemand z.B. meint, er »wolle sich besser kennenlernen«, frage ich erst einmal: »Warum?« Diese Warum-Frage hat nicht das Ziel, eine inhaltliche Antwort zu bekommen, sondern sie soll die implizite Selbstverständlichkeit, mit der ein, meist unausgesprochenes, Ziel- bzw. Menschenbild verfolgt wird, auflösen. Bevor wir uns zusammen auf die Suche machen, erarbeiten wir, ***was genau*** das Ziel unseres Suchens sein soll.

Der Meister des Khalvati-Ordens in Istanbul suchte nach seinem Nachfolger. Er sandte seine Jünger aus, um Blumen zu bringen, damit das Kloster geschmückt werde. Alle kehrten mit großen Sträußen zurück, nur einer brachte ein kleines verwelktes Blümchen. Gefragt, ob er denn nichts gefunden habe, was seines Meisters würdig sei, antwortete er: »Ich sah, daß alle Blumen damit beschäftigt waren, Gott zu preisen. Wie konnte ich sie stören? Nur eine sah ich, die hatte gerade ihr Gottgedenken beendet, und die habe ich mitgebracht.«
Er wurde zum Nachfolger des Meisters ernannt.

Eine der Ursachen von Orientierungsschwierigkeiten, von Sinnfindungsproblemen liegt nach meiner Überzeugung in der Unklarheit über die Grenze zwischen dem, was man akzeptieren muß, und dem, was man verändern kann: Was muß ich hinnehmen, wo ›muß ich durch‹, und was kann ich beeinflussen, was kann ich verändern? Womit muß ich – auch wenn es schwer ist – leben? Wo ist Auflehnung sinnvoll, weil angebracht, und wo ist sie Verschwendung von Energien und Fortschreibung von (Festhalten an) Leiden, Frustrationserlebnissen und Ohnmachtsgefühlen?

Die Aufgabe der Therapie ist es **nicht** in erster Linie, Probleme zu lösen; es ist sicherlich sinnvoll und hilfreich, wenn der Therapeut dem Klienten bei der Lösung irgendwelcher aktuellen Problemstellungen hilft; wenn dies jedoch alles ist, bleibt die therapeutische Arbeit auf halbem Wege stehen. Aufgabe der Therapie ist es nach meiner Überzeugung zu lehren, mit Problemen zu leben. Es ist ein illusionärer Wunsch, ein Leben ohne Probleme, ohne Ängste, ohne Trauer, ohne Verzweiflung leben zu wollen. Allerdings sind viele Therapeuten oder therapeutische Schulen durch ihre Allmachtsversprechungen nicht unschuldig an solchen Heilserwartungen.
Ich mache das oft mit folgendem Bild deutlich: Der Therapeut ist ein Wanderführer; er erledigt seine Arbeit zwar solide, nicht aber auf Dauer befriedigend, wenn er den Wanderer zum Ziel bringt; es ist auf Dauer die Aufgabe des Wanderführers, den Wanderer in den Gebrauch von Karte und Kompaß einzuführen, damit dieser *seinen* Weg finden kann. Die Forderung nach therapeutisch sinnvoller und notwendiger Enthaltung von Ratschlägen jeglicher Art kommt hier zum Tragen, da Ratschläge nur zur Imitation, nicht aber zu Suchen und Finden führen.
Hier läßt sich nicht nur einiges über die Klient- Therapeut Beziehung sagen, sondern auch der Unterschied zwischen helfen und heilen transparent machen: »Ein Patient, der sich hilfesuchend an den Therapeuten wendet, ist in einer abhängigen Position. Die damit zusammenhängende Ungleichheit ist schwer zu überwinden. Aber gerade die Überwindung dieses Problems markiert den Unterschied zwischen Therapeuten, die helfen und Therapeuten, die heilen. Nur wenn die Egalität der Menschen im Vordergrund der Beziehung steht, kann die therapeutische Erfahrung *heilen*. Das Problem entsteht, weil Patienten traditionell den Arzt als gottähnliche Gestalt sehen, die ihre Krankheit beheben kann. Meist sind

sie sich nicht im geringsten bewußt, daß sie Gleichheit in der therapeutischen Beziehung suchen, sondern sie suchen eher nach Therapeuten, die sie von ihrem Leiden befreien oder eine wohltuende kathartische Erlösung hervorrufen. Und viele Therapeuten fürchten sich ihrerseits unbewußt davor, diese Macht aufzugeben, die ihnen die Patienten zuschreiben. Denn sie verleiht ihnen eine gewisse Sicherheit, auch wenn sie eher illusionär als realistisch ist.«[70]

Abraham von Worms hat in einem der bedeutendsten Werke in der Tradition jüdisch-christlicher Magie ein gutes Beispiel für die Unterstützung in der Suche nach dem **eigenen** Weg gegeben:
»Der Leser, der das ›Buch der wahren Praktik‹ vornimmt, weil er das Ritual der Schutzgeistbeschwörung selber durchführen möchte, fühlt sich vom Text auf Schritt und Tritt im Stich gelassen. Wo immer der Autor dazu anleitet, ein bestimmtes Gebet oder eine bestimmte Beschwörung zu verrichten, fehlt die entsprechende Textvorlage. Abraham belehrt seinen Sohn denn auch darüber, daß seine Ausführungen absichtlich vage gehalten seien. Es geht, wie er betont, nicht darum, daß der Leser nachvollzieht, was er, der Autor, im Ritus gesprochen hat. Vielmehr muß jeder *sein* Gebet, *seinen* Beschwörungstext finden.«[71]

Hierzu gibt es auch eine schöne Geschichte:
Ein chinesischer Bauer hört nach vielen Jahren des Strebens und der Meditation, daß ein bekannter Meister seine Provinz bereist. Nach dem Abschluß seiner Frühjahrsaussaat begibt er sich auf einen tagelangen Fußmarsch, um diesen Meister aufzusuchen. Im Zeltlager des Lehrers und seiner Schüler angelangt, bittet er um eine Audienz, die ihm noch am selben Nachmittag gewährt wird. In tiefer Demut tritt er vor den Lehrer und bittet ihn um eine Meditationsübung, durch die er seine Einsicht vertiefen und die Geheimnisse des Lebens um ihn her besser verstehen könne. Der Meister, dem die redliche Motivation des Bauern nicht verborgen bleibt, entspricht seiner Bitte und erklärt ihm, daß das Mantra, das er ihm zugedacht habe, aus den Klöstern seines Heimatlandes

70 L. Bergantino: Warum heilt Psychotherapie, S. 18
71 Abraham von Worms: Das Buch der wahren Praktik in der göttlichen Magie, S. 13

stamme und seine Kraft in jahrtausendelangem Gebrauch durch die Mönche unter Beweis gestellt habe. Er nimmt ein Stück Pergament und notiert darauf die chinesischen Schriftzeichen für **OM MANI PADME HUM.** Der Bauer ist unbeschreiblich froh und dankt dem Meister überschwenglich für seine Hilfe. Als er aufbricht, sagt der Meister: »Arbeite jeden Tag mit diesem Mantra und komme nach einem Monat wieder zu mir, damit wir sehen, wie du zurechtkommst.«

Der Bauer kehrt nach Hause zurück, entfaltet sofort das Pergament und fängt an, das Mantra einige Male laut zu lesen, um sich damit vertraut zu machen. Doch weil sich die chinesischen Schriftzeichen für ›Hum‹ und ›Kuh‹ sehr ähnlich sind, mißversteht der Bauer das letzte Wort und verinnerlicht es in der Form von ›Om Mani Padme *Kuh*, Om Mani Padme *Kuh*, Om Mani Padme *Kuh* ...‹

Unermüdlich ist er bestrebt, das Mantra zu wiederholen und sich zur Praxis zu ermahnen: Wenn er pflügt, pflügt er mit dem Mantra, wenn er sich ausruht, ruht er mit dem Mantra, wenn er Wasser schöpft, schöpft er zum Mantra Wasser. Je mehr er sich dem Mantra hingibt, desto weiter öffnet sich seine Seele und vertieft sich seine Einsicht. Mit jedem neuen Tag nehmen die Klarheit seines Geistes und seine Achtung vor der Kraft dieser Praxis zu. Sein Lebensgefühl weitet sich, und das Verhältnis zu Frau und Kindern ist besser als jemals zuvor. Als die Zeit der Rückkehr zum Meister heranrückt, ist er glücklich wie nie zuvor in seinem Leben. Und selbst auf seiner langen Wanderung zum Lager des Meisters läßt er dem Mantra seinen Lauf: Om Mani Padme Kuh, Om Mani Padme Kuh ...

Als er das Lager erreicht, geht er zum Meister und sagt: »Ich möchte dir von ganzem Herzen für diese Übung danken. Mein ganzer Tag ist erfüllt von ›Om Mani Padme Kuh, Om Mani Padme Kuh ...‹«. Da schnellen die Augenbrauen des Meisters empor, und er ruft: »Was sagst du da!? Es heißt doch nicht ›Om Mani Padme *Kuh*‹ sondern ›Om Mani Padme *Hum*‹!« Er setzt dem Bauern auseinander, daß er das Mantra falsch verstanden habe und er es doch lieber so respektieren solle, wie es seit Tausenden von Jahren verwendet werde. Er trägt dem Bauern auf, nach Hause zu gehen und noch einmal neu anzufangen.

Der Bauer entschuldigt sich eifrig und macht sich ein wenig

zerknirscht und niedergeschlagen auf den Rückweg. Tagelang versucht er, sich das neue Mantra einzuprägen, aber es will ihm nicht gelingen. Verwirrung und Zweifel plagen ihn immer mehr. Unsicher und deprimiert begibt er sich abermals zum Meister und bittet ihn inständig darum, ihm zu sagen, wie er zu seiner früheren Erfüllung zurückfinden könne. Der Meister lächelt, denn er erkennt, daß es die aufrichtige Absicht dieses Bauern gewesen ist, die dem Mantra seine Kraft gegeben hat. »Für dich«, flüstert er, »bleibt das Mantra ›Om Mani Padme Kuh, Om Mani Padme Kuh ...‹.«

Es mag zwar interessant sein, über Probleme zu sprechen, deren Lösung bekannt ist; dauerhaft effektiv ist es mit Sicherheit nicht. Wachstum erfordert, über ungelöste Problem nachzudenken. Dies ist, so gebe ich gerne zu, in einer Gesellschaft, die von dem Gedanken, ›Alles-ist-machbar‹ beherrscht wird, besonders schwer. Es ist eine nicht zu unterschätzende Leistung, Unmachbarkeit, Unlösbarkeit, also Begrenztheit in all ihren Facetten zu akzeptieren.

»Einmal im Orient, unterhielt ich mich mit einem Weisen, dessen klare und freundliche Augen für immer einen ewigen Sonnenuntergang anzustarren schienen, über den Selbstmord. ›Sterben ist keine Lösung‹, versicherte er mir. ›Und leben?‹ fragte ich. ›Leben auch nicht‹, gab er zu. ›Aber wer sagt denn, daß es eine Lösung gibt?‹[72]

An mehreren Stellen dieses Buches habe ich einer meiner zentralen Überzeugungen dargestellt, nämlich daß es nicht das erste Ziel therapeutischer Arbeit ist, Probleme zu lösen und dem illusionären Traum vom sorgenlosen Leben nachzuhängen, sondern mit Problemen, mit unbeantworteten Fragen, mit Nicht-Vollkommenem, mit Nicht Perfektem leben zu lernen.

»Obwohl manche von uns (Sh. Kopp spricht hier von den Therapeuten) ein großes Maß ihrer Pseudo-Unschuld verarbeitet oder auf sonst eine Art hinter sich gelassen haben, leben wir Psychotherapeuten weiterhin gewisse Märchenmotive aus. Die heutige Psychotherapie wurzelt größtenteils in der Psychoanalyse. Bei

72 Elie Wiesel: A Bagger in Jerusalem, S. 15

unserer Arbeit halten wir an einer ihrer heimlichen Doktrinen fest, von der nach wie vor ein Großteil des Elends unserer beruflichen Praxis herrührt. Obwohl Freud selbst die menschliche Schwäche als unausweichliche Tatsache betrachtete, stehen viele seiner Nachfolger im Bann eines heimlichen Glaubens an die Vervollkommnungsfähigkeit der Menschen. Dieses Streben nach dem Unerreichbaren führt zu Fehlschlägen, wo wir sonst hätten Erfolge erzielen können, und zu Ängsten, wo wir sonst Freude empfinden könnten.«[73]
All diese Gedanken haben bei mir dazu geführt, daß ich mir viel Zeit für die Schere zwischen den Wünschen und Erwartungen des Klienten und dem, was Gestalttherapie kann und was ich zu bieten haben, nehme.

Ein Leben ohne Ängste, ohne Verzweiflung, ohne Trauer, kurz, ohne Probleme gibt es nicht. Die Fragestellung ist daher nicht: »Wie kann ich alle Probleme, alles Unliebsame fortan aus meinem Leben verbannen?« (schon alleine diese Frage ist eine Form des Größenwahnsinns), sondern: »Wie kann ich erreichen, daß all diese Dinge lebens*begleitend* und nicht lebens*bestimmend* werden?«

Es ist nicht alles lösbar, es gibt nicht immer einen Ausweg – manchmal gibt es nur einen Fluchtweg, nicht aber einen Ausweg. Es gibt Probleme, die sind nicht lösbar, es gibt schwere Zeiten, da ›muß man durch‹, da ›muß man mit leben‹. In solchen Zeiten ist die verzweifelte Suche nach einem Aus- Lösungsweg nur destruktiv; dann geht es darum, sich Solidarität zu suchen, wobei Solidarität hier nur heißen kann: »Ich sehe deine Situation, ich sehe, daß sie ohne Ausweg ist, **und** ich bin da«. Die vermeintlich sich tröstend gebende Antwort »es wird schon nicht so schlimm sein« vermittelt eher ein Nicht-ernst-nehmen als Solidarität oder Mitleid in des Wortes ursprünglicher Bedeutung, also ›mit jemandem **Mit**-leiden‹. Ich finde die unterschiedlichen Reaktionen auf diese simple Wahrheit sehr interessant: Einige Klienten fühlen sich endlich von Getriebensein und nicht enden wollender Suche befreit – andere fallen in ein depressives Loch, »... wenn es eh'

73 Sh. Kopp: Das Ende der Unschuld, S. 49

keine Lösung gibt, wozu strampele ich mich dann ab, dann hat doch eh' alles keinen Sinn.«

Ich möchte in diesem Zusammenhang auf einen oft übersehenen Unterschied hinweisen: ›Lösbar‹ und ›klärbar‹ sind zweierlei Dinge: Manchmal kann ich ein Problem zwar nicht lösen, ich kann es aber *klären* in des Wortes ureigenster Bedeutung, ich kann es *klar* im Sinne von transparent machen. Schmutziges Wasser, welches ich kläre, bleibt ja Wasser – es wird allerdings durchsichtiger, weil ich es von allen Verunreinigungen befreit habe. So verstanden ist, wie ich an anderer Stelle schon einmal ausgeführt habe, die Aufgabe des Therapeuten nicht die Problem*lösung*, sondern die Problem*klärung*.

Zum Umgang mit der Warum-Frage schreibt I.D. Yalom:

»Zusammengefaßt besteht also der erste Schritt des Therapeuten beim Umgang mit der Frage der Sinnlosigkeit darin, sie zu analysieren und zu differenzieren. Viel von dem, was unter der Ägide der ›Sinnlosigkeit‹ gefaßt wird, gehört woanders hin (entweder zu einem kulturellen Artefakt oder ist Teil anderer letzter Dinge – Tod, Freiheit und Isolation) und muß dementsprechend behandelt werden. ›Reine‹ Sinnlosigkeit, besonders, wenn sie daraus hervorgeht, daß man eine distanziertere galaktische Perspektive einnimmt, geht man am besten indirekt an, durch Engagement, das die galaktische Perspektive unbedeutend werden läßt.

Dieser therapeutische Ansatz unterscheidet sich deutlich von den therapeutischen Strategien, die ich im Hinblick auf den Umgang mit den anderen letzten Dingen beschrieben habe. Tod, Freiheit und Isolation müssen direkt aufgegriffen werden. Wenn man aber auf die Sinnlosigkeit trifft, muß der Therapeut den Patienten dabei helfen, von der Frage **weg**zuschauen: Lösungen für das Engagement zu suchen, statt in das Problem der Sinnlosigkeit einzutauchen und durch es hindurchzuschwimmen. Die Frage nach dem Sinn des Lebens ist, wie Buddha uns gelehrt hat, nicht erbaulich. Man muß in den Fluß des Lebens eintauchen und die Frage davonschwimmen lassen.«[74]

---

74 I.D. Yalom: Existentielle Psychotherapie, S. 568

»Es gibt fünf Dinge, die kein Wesen in der Welt, weder Mönch noch Brahmane, noch Gott noch Dämon – nicht einmal Brahman – vollbringen kann. Es sind die folgenden:

- daß man, dem Alter unterworfen, das Alter verhindern kann,
- daß man, der Gebrechlichkeit unterworfen, das Kranksein verhindern kann,
- daß man, dem Tod unterworfen, das Sterben verhindern kann,
- daß man, dem Verfall unterworfen, das Verschlissenwerden verhindern kann,
- daß man, dem Vergehen unterworfen, das Vergehen verhindern kann.«[75]

Glücklich ist, wer vergißt, was nicht mehr zu ändern ist
(J. Strauß, Die Fledermaus)

Sowohl der Abschnitt aus einem buddhistischem Sutra als auch das Zitat aus einer wohlbekannten Operrettenarie meinen hier dasselbe. Die Zunahme von Astrologie, Tarot, I Ging, Kartenlegen, Pendeln und ähnlicher Praktiken ist nach meiner Überzeugung auch unter dem Blickwinkel des Experimentierens mit der oben beschriebenen Grenze zwischen Hinzunehmendem und Veränderbarem zu sehen; wobei zwei Richtungen denkbar sind:

- Ich versuche, das Schicksal zu beherrschen, zu manipulieren, indem ich mir die »Mächte des Schicksals« untertan mache;
- Tarot, Astrogramm etc. werden von mir als oft fatalistische ›Beweise‹ für mein Schicksal – jetzt plötzlich ›Karma‹ genannt – ge- oder besser mißbraucht.

Im ersten Fall handelt es sich um »Grandiosa«, um Allmachtsphantasien; im zweiten wohl um Kompensation der Gefühle der Ohnmacht oder mangelnder Handlungskompetenz. Durch noch so viel Pendeln, Kristallkugeln betrachten wird es mir nicht gelingen, Hinzunehmendes in Veränderbares zu verwandeln. Vermehrtes Befassen mit der Zukunft hat seine Ursachen auch in Ängsten, Befürchtungen und Unsicherheiten in der Gegenwart.

Wir behandeln uns – und in der Folge auch unsere Umwelt – so, wie wir von unseren Eltern behandelt worden sind. Dies ist eine

75 Raimon Panikkar: Gottes Schweigen, S. 108

der zentralen Grundannahmen der Gestalttherapie. Es ist lohnenswert, die Implikationen dieses Satzes näher zu untersuchen. Ein Aspekt, der im Zusammenhang mit unserem Thema von Bedeutung ist, besteht darin, daß wir als **aktiv Handelnder** zu uns selbst in Beziehung gesetzt werden. Hier taucht wieder das Thema der Selbstverantwortlichkeit auf: Wir sind dafür verantwortlich, **wie** wir mit uns selbst umgehen; ob wir z.B. ständig gnadenlos mit uns selbst darüber, was wir alles *nicht* können, ins Gericht gehen oder ob wir unterstützende Begleitung und Annahme für uns realisieren können. Unser Selbstbild und damit auch unser Selbstvertrauen wurde uns beigebracht; für die Inhalte dessen, was uns beigebracht wurde, sind wir nicht verantwortlich; wohl aber dafür, ob wir diese Inhalte auch **heute noch** als **reale Gegebenheiten** betrachten. Darin liegt – so meine ich – die Verantwortung, die wir für uns tragen.
Oft durchaus liebevoll gemeinte Handlungen der Eltern können die natürliche, autonome Aktivität, die Teil des eigenverantwortlichen Handelns ist, zerstören. »Da wir aber in einer Gesellschaft leben, die unser Mitleid so verstümmelt hat, daß wir Mitleidigsein mißbrauchen, um unseren Selbstwert zu stärken, reagieren Mütter und Väter auf die Schwächen ihrer Kinder mit einem Verhalten, das diese Schwächen unterstützt. Meistens werden die Kinder ›liebevoll‹ gewogen, und das holt ihre Passivität hervor. Wahre Liebe jedoch würde Lebendigkeit, da, wo sie nach Erwiderung fragt, unterstützen«.[76]

In der Gestalttherapie wird die Betonung von Aktivität und Eigenverantwortlichkeit auch in der Methodik, genauer: in den für die Gestalttherapie typischen ›Experimenten‹, deutlich: Der Klient wird z.B. aufgefordert, sich selbst »auf den Stuhl« (oder ein Kissen) zu setzen, zu projizieren und Kontakt zu dieser Imagination aufzunehmen. So wird er aufgefordert, **aktiv** mit sich selbst umzugehen. Es ist für mich als Therapeut immer wieder neu erstaunlich, wie schwer es den Klienten oft fällt, sich zu sich selbst in Beziehung zu setzen. Es scheint offensichtlich viel leichter zu sein, sich fatalistisch als Treibball äußerer Umstände zu sehen. Ich habe zwar keinen Einfluß auf die Reize, die die

76 A. Gruen: Falsche Götter, S. 38

Umwelt mir entgegenbringt, wohl aber auf die Art und Weise meiner Reaktionen auf diese Gegebenheiten. Hier sei auf das, was an anderer Stelle über ›Bedeutungsverleihung‹ geschrieben worden ist, verwiesen (siehe Seite 133). In diesem Schritt kann gelernt werden, daß mir die Dinge nicht immer von neuem widerfahren sondern, daß ich auch aktiv dazu beitrage, daß ich z.B. nicht satt werde, keine Freunde habe, immer wieder verlassen werde oder mich hoffnungslos fühle, daß ich – um es gestalttherapeutisch auszudrücken – nicht nur Opfer, sondern auch Täter zugleich bin. Gemeint ist der Schritt von: »... es *passiert* mir immer wieder, daß ich auf Ablehnung stoße ...« zu: »... *wie hole* ich mir immer wieder Ablehnung?« Der alte Satz »Jeder ist seines Glückes Schmied« gehört, auch wenn ich ihn *so* nicht *ganz* unterschreiben kann, hierher. Ebenfalls in diese Richtung zielt die bekannte Redewendung »jemand nimmt sein Schicksal in die eigene Hand«.

Besonders im Umgang mit dem sogenannten ›Victimizer‹ ist es wichtig, aktiv Handelnder zu werden.[77] Meist verleugnen wir diesen Teil in uns. Dadurch ist auch zu erklären, daß wir uns diesen Victimizeranteilen hilflos ausgeliefert fühlen. Viele der therapeutischen Intervention haben das Ziel, daß der Klient sich aktiv mit diesem Anteil auseinandersetzt, ihn dazu zwingt, sich zu erkennen zu geben. Dieser Teil von uns agiert ja meist als ›Undercoveragent‹; hier ist es ähnlich wie im Märchen vom Rumpelstilzchen: Ist der Victimizer einmal erkannt und benannt, so verliert er seine Bedrohung, es wird aus einer heimlichen Bedrohung eine un-heimliche.

Einen wichtigen Vorteil hat der sogenannten Victimizer auch noch: Er ist ein denkbar schlechter Verlierer, er gibt sich so schnell nicht geschlagen; insofern ist er ein guter Verlierer, weil das Besiegen erst dadurch so richtig Spaß macht.

Ich erinnere mich, wie ich einmal einer Klientin den Auftrag gegeben habe, diesem Victimizer einen Brief zu schreiben. Ein anderer sollte sich im Reisebüro nach einer besonders attraktiven

---

77 Unter ›Victimizer‹ verstehen wir die Instanz in uns, jenen Teil von uns, der »ständig, meist negativ dazwischenfunkt.«
Perls nannte diesen Teil »Underdog«; leider ist mir bislang keine sinnvolle deutsche Übersetzung bekannt. Einige Autoren sprechen vom »Quälgeist«.
Goethe: »Ich bin der Geist, der stets verneint.«

Reise erkundigen, damit der Victimizer nach all den Jahren harter Arbeit auch in wohlverdienten Urlaub fahren kann. In solchen Augenblicken ist es erstaunlich, wieviel befreiende Lebendigkeit entstehen kann, wenn es, und sei es auch nur für kurze Momente, möglich ist, dem Victimizer als aktiv Handelnder gegenüber zu treten.

Etwas **bewußt nicht** zu tun, ist auch eine Form des aktiven Handelns. Eine Klientin erkannte im Laufe der therapeutischen Arbeit, daß sie in ihrer Kindheit sexuell mißbraucht worden war. Die ersten Reaktionen waren: »... ich will, daß es nicht wahr ist ...«. Später war dann eine Haltung möglich: »... ich weiß, daß es wahr ist, und ich möchte mich im Augenblick mit diesem Thema nicht beschäftigen ...«. Dieses bewußte Nichtaufgreifen eines Themas (d. h. in voller *Kenntnis* – also nicht in *Verleugnung* - des Themas) ist ein heilsamer Schritt auf dem Weg, sich von der Herrschaft eines Traumas zu lösen, und verdient daher volle Unterstützung.

Wein berauscht die Menschen nicht – sie berauschen sich selber
(China)

Der Existentialismus, auf den ich an anderer Stelle ausführlich zu sprechen kommen möchte, stellt die Rolle des aktiv Handelnden, ja sogar zum Handeln verpflichteten Menschen in den Vordergrund: »Das Wesentliche ist nicht, was man aus dem Menschen gemacht hat, sondern was er aus dem macht, was man aus ihm gemacht hat. Was man aus dem Menschen gemacht hat, das sind die Strukturen, die Sinn-Einheiten, die die Geistes- und Sozialwissenschaften untersuchen. Was der Mensch macht, das ist die Geschichte selbst, das wirkliche Überschreiten dieser Strukturen.«[78] Diese Überzeugung, die jeder Gestalttherapeut unterschreiben würde, ist jedoch nur ein Teil des existentialistischen Denkens – dazu noch ein nicht unbedingt repräsentativer, wie wir später noch sehen werden.

Ich möchte aber auch an dieser Stelle von einer Einstellungsänderung bei mir berichten: Du und nur Du bist für das verantwortlich,

78 J.P. Sartre, zitiert in: G. Schiwy: Der französische Strukturalismus, S. 212 f

was Du tust und was Du nicht tust. Mit diesem in der Therapie, besonders in der Gestalttherapie, oft gehörten Satz bin ich **so** nicht einverstanden. Ich habe in Brasilien Favelas gesehen, in denen es normal war, daß Kinder erschossen wurden, daß Kinderarbeit darin bestand, mit nackten, zerschnittenen, eiternden Füßen 14 Stunden am Tag in der Müllkippe nach Eßbarem (gebratene Ratten sollen durchaus genießbar sein, vorausgesetzt, sie sind gut durchgebraten) und nach Glasscherben zu suchen. Für einen Sack Glasscherben gab es, wenn er vorher nicht durch andere gestohlen wurde, umgerechnet ungefähr 15 Pfennig. Seit diesem und ähnlichen Erlebnissen gehen mir Sätze von der oben genannten Art nicht mehr ganz so leicht über die Lippen. Sie entstammen wohl eher einer amerikanischen »Vom-Tellerwäscher-zum-Milliardär« Mentalität.

»Beim Versuch, Psychologie als Naturwissenschaft zu etablieren, hat die Psychoanalyse den Fehler gemacht, die Psychologie von den Problemen der Philosophie und der Ethik zu trennen. Sie ignorierte die Tatsache, daß der Mensch solange unverstanden bleibt, solange er nicht in seiner Totalität gesehen wird; und diese schließt sein Bedürfnis ein, eine Antwort auf die Sinnfrage seiner Existenz zu finden und Normen zu entdecken, gemäß denen er leben sollte.«[79]
Erich Fromm könnte hier ohne weiteres als Zeuge der Gestalttherapie benannt werden, so klar zeigt sich hier das (Gestalt-) Postulat der ganzheitlichen Betrachtungsweise.

Wenn wir über Sinn, Sinnfindung und Ethik sprechen, müssen wir dies in zweierlei Hinsicht tun:

- Gibt es eine Ethik der Gestalttherapie, und wenn ja, wie sieht sie aus, was sind ihre Aussagen?
- Wie ist sie im **konkreten** Alltagshandeln des Therapeuten sicht- bzw. erfahrbar?
  Nur wenn letzteres der Fall ist, wenn also die Ethik nicht nur **einstellungs-**, sondern auch **handlungsrelevant** ist, erscheint sie glaubwürdig.

---

79 Erich Fromm, zitiert in R. Funk: Mut zum Menschen, S.169

Es gibt in der Philosophie der Ethik die fundamentale Grundregel, daß aus dem Sein nicht auf das Sollen geschlossen werden kann; insbesondere aber folgt aus dem, was ist, nicht, daß es auch so sein soll, wie es ist.
Ein großes Lob spricht z.B. ein Buch bzw. dessen Titel dem Zen-Meister und Jesuitenpater E. M. Lassalle aus: »Er lebt, was er lehrt«; diese Einheit von Denken und Handeln, die nicht Perfektionismus, wohl aber Kongruenz verlangt, ist hier gemeint. Tun, was man ist, und sein, was man tut. Damit ist wohlgemerkt **nicht** gemeint, daß man nur die Ziele, die Werte, die man selbst auch realisiert, vertreten darf, sondern auch die, zu denen man – ehrlich bemüht – auf dem Weg ist.

Es geht darum, eine stimmige Balance zwischen Theorie und Praxis zu finden; das eine kommt ohne das andere nicht aus: Praxis ohne Theorie droht zum Chaos zu degenerieren, und Theorie ohne Praxis wird schnell zur Onanie. Es muß ja nicht jeder alles machen; jedoch sollte sich der Theoretiker mit dem Praktiker und der Praktiker mit dem Theoretiker in gegenseitiger Akzeptanz zusammentun. Sonst laufen beide Gefahr, im utopisch unverbindlichen Niemandsland zwischen Theorie und Praxis hängen zu bleiben:
»Die Seifenvertreter der Ethik-, Politik- und Kommentarbranche (und Psychobranche – möchte ich hier ergänzen) sind nämlich weder Theoretiker noch Praktiker, sondern Aktivitätssimulanten mit der Neigung, sich bei den Praktikern als Theoretiker und bei den Theoretikern als Praktiker auszuweisen; ein auffällig unauffälliges Geschäft, das in Einzelfällen hoch dotiert sein kann. Das gesellschaftspolitische Räsonnement, das immer so tut, als wolle es auf etwas hinaus, und das bestimmt nur in seiner Unbestimmtheit ist, konnte gerade wegen seiner absoluten praktischen Bedeutungslosigkeit den Utopiebegriff aufnehmen. Die ewigen Manifestanten des Besseren im Menschen rühren weder Muskel noch Hirn, sondern immer nur den Nerv der anderen; und ›ein bißchen Frieden‹ geht für die Elaborierteren unter den Verächtern realer Radikalität gut zusammen mit dem ›Noch Nicht‹ und dem ›Ganz Anderen‹.«[80]

80 R. Kurz zum Stichwort ›Utopie‹ in: K. Bittermann und G. Henschel (Hrsg): Das Wörterbuch des Gutmenschen, S. 169

Ich erinnere mich, wie mein ansonsten von mir sehr verehrter Lehrer Stuart Alpert eine leere Mineralwasserflasche in den *Papier*korb warf. Das hat mich verwundert. Was ist, so dachte ich in diesem Augenblick, das ganze ›honor-mother-earth-Gerede‹ wert, wenn solch simple Dinge einfach nicht stimmen? Oder was ist die Anteilnahme einer Therapiegruppe, die seit langen Jahren zusammen ist, wert, wenn ein Gruppenmitglied umzieht und **nicht einer** aus der Gruppe bereit ist mitzuhelfen? Oder: Ein Gruppenmitglied aus einer langjährigen Therapiegruppe heiratet, und *keiner* aus dieser Gruppe zeigt irgendeine Reaktion! Ein für mich immer wieder hochinteressanter Vorgang ist die ›Getränkeliste‹ am Ende eines Workshops: Oft ist es in Gruppenunterkünften so, daß irgendwo Getränke zur freien Bedienung stehen und jeder das, was er an Getränken verzehrt, in eine entsprechende Strichliste einträgt – und am Ende wird dann abgerechnet. Diese Liste und der tatsächliche Verzehr stimmen nur sehr selten überein! Es ist für mich immer wieder neu ein Indikator für die Reife der Gruppe, wie sie dieses Problem löst. Z.B.: Es fehlen noch XY DM, geteilt durch die Anzahl der Gruppenmitglieder – also muß jeder noch etwas nachbezahlen. »Ich weiß aber genau, daß *meine* Strichliste stimmt – und ich bin nicht bereit, für die Schlampigkeit der anderen mitzubezahlen!« Oder: Es sind für XY DM Getränke verzehrt worden; geteilt durch die Anzahl der Gruppenmitglieder macht das für jeden YX DM. »Ich habe aber nur Mineralwasser getrunken, ich sehe nicht ein, daß ich für die Weintrinker mitbezahlen muß!« Ich beobachte diesen Vorgang immer wieder sehr gespannt, und er ist für mich *auch* eine Art von Feedback für meine Arbeit als Therapeut dieser Gruppe: Auf welchem (sozialen) Niveau löst die Gruppe dieses ganz reale Alltagsproblem? Was ist die ganze Gruppenarbeit wert, wenn sie nicht in solchen realen, konkreten Situationen ihren Niederschlag findet?

Ein Arbeitgeber, der sich z.B. entschließt, Mittel für Mitarbeitersupervision bereitzustellen, möchte, daß sich diese Investition lohnt. Er erwartet sichtbare, besser noch meßbare Ergebnisse.
»Aber was ist denn tatsächlich passiert? Wieviel Positives hat es denn eigentlich gebracht? Wenn man jemand nach drei Monaten bittet, den Workshop zu beschreiben, wird er vermutlich sagen: ›Es hat Spaß gemacht, mit den Leuten dort zusammen zu sein, und

der Typ, den sie für die Leitung eingesetzt haben, war wirklich gut.‹ Zumindest war der Workshop wie ein bezahlter Urlaub. Wie sehr er den Dienst am Klienten wirklich verändert hat, wird weder dem Personal noch der Verwaltung sonderlich klar sein. Wenn die Teilnehmer sich im Beisein eines charismatischen Leiters hauptsächlich über ihre Probleme ausgelassen haben, wird der Nutzen dieses Workshops für die Moral der Mitarbeiter bestenfalls kurzfristig gewesen sein. Tatsächlich ist es für die Leute befreiend, aufgestaute Gefühle einmal loszuwerden. Aber wenn sich in der Arbeit nichts wirklich verändert, entschwinden der Workshop und seine Erleichterung, die er gebracht hat, recht bald aus dem Gedächtnis.«[81]

Es ist vielleicht ganz nett, wenn sich die Mitarbeiter gut fühlen, aber dafür kann der Arbeitgeber ›sich nichts kaufen‹. Er erwartet – zu Recht –, daß dieses Sich-gut-fühlen sich z.B. meßbar in der Senkung der Krankheitstage der Mitarbeiter oder der Verringerung der Fluktuation niederschlägt. Ähnlich ist es nach meiner Meinung in der Therapie: Therapeutische Arbeit, deren Ergebnisse auf Dauer nur in den vier Wänden des Therapieraumes sichtbar sind, ist nichts als autistische Nabelschau, vergleichbar mit einem Kranken, der zum Arzt geht und innerhalb der Räume des Behandlungszimmers und **nur** dort beschwerdefrei ist, ›draußen‹ jedoch nach wie vor unter seiner Krankheit leidet.
Ich habe einmal ein defektes Tonbandgerät zur Reparatur gebracht; nach drei Tagen konnte ich es wieder abholen. Der Kommentar der Werkstatt: »Bei *uns* hat es den ganzen Tag lang einwandfrei funktioniert!« Das nutzte mir jedoch wenig, denn bei mir zu Hause tat sich weiterhin nichts ...!

Wenn Du mit Deinem Geist an Deinem Geist arbeitest,
wie kannst Du da eine ungeheure Verwirrung vermeiden?
(Sun – Ts'an)

Es gibt nichts Gutes – außer man tut es!
(Volksmund)

---

81 J. Edelwich: Ausgebrannt, S. 197 f

Ein Derwisch saß friedlich am Fluß, als sich ein Vorübergehender beim Anblick seines bloßen Nackens hinreißen ließ, ihm einen schallenden Schlag zu versetzen. Es machte ihm Spaß, den Schlag auf dem Nacken des Derwisch knallen zu hören, aber dieser, den ein stechender Schmerz durchfuhr, sprang auf, um zurückzuschlagen. »Warte eine Minute«, sagte der Angreifer. »Du kannst mich schlagen, wenn du willst. Aber zuerst beantworte mir diese Frage, die sich mir plötzlich stellte: Rührte der Knall von meiner Hand her oder von deinem Nacken?« Sagte der Derwisch: »Das kannst du dir selber beantworten. Mir tut es weh, und ich habe daher keine Lust zum Theoretisieren. Du bist dazu imstande, weil du nicht fühlst, was ich fühle.« Und er versetzte dem anderen einen kräftigen Schlag!

»Gut ist, was stimmig ist. Diese Ethik aus dem eigenen Inneren (die beispielsweise auch der Gestalttherapie zugrunde liegt), geht davon aus, daß für den Menschen ›gut‹ ist, was ihm eigen ist. Dein Organismus klagt dich an oder bestätigt dich aus deinem Inneren. Du kannst fühlen, was mit dir selbst übereinstimmt oder was mit dem Menschen, der du bist, nicht stimmt. Nicht, was deinen Idealen entspricht (denn die sind oft von Kultur und Umwelt beeinflußt), sondern deinem Verdauungsapparart, deinem Atem, deinem inneren Freiraum oder deiner Beklommenheit, deiner überzeugenden inneren Gewißheit, deinem Tun und Lassen, Herz, Haut und Seele. Dieser innere Führer zeigt sich nicht, wenn du ihn mühsam überlegend suchst oder versuchst, ihn in die Hand zu bekommen. Er wirkt nur dann, wenn du es wagst, dem, was sich meldet, ein Eigenleben zuzugestehen.«[82]

Dies ist eine Form der Ethik, die ich genau **nicht** suche; sie folgt dem a-sozialen Postulat ›Gut ist, was *für mich* gut ist‹. Was ich vielmehr suchen möchte, ist eine Ethik der **Handlung**, die in einer Ethik der **Haltung** verwurzelt ist. Nur beide Teile zusammen können eine gestalttherapeutische Ethik ausmachen, in der der Mensch als Teil der Gesamtgestalt von Schöpfung/ Universum/Natur, oder wie immer man ›Mother Earth‹ konkretisieren mag, gesehen wird. Erst wenn diese beiden Seiten – Haltung **und**

82 Bruno Paul de Roeck: Gut und Böse, S. 50

Handlung – zusammen kommen, dann kann man Therapie als ›angewandte Ethik‹ bezeichnen; ja mehr noch: eine Therapie, die sich nicht auf diese Weise konkretisiert, sollte nicht Therapie genannt werden. Nach meinem Eindruck neigt gerade die Gestalttherapie – und mit ihr die Gestalttherapeuten – dazu, eine letztlich a-soziale, weil egozentrische Ethik zu vertreten. F. Perls ist an dieser Tendenz nicht unschuldig; das berühmte »Gestaltgebet« öffnet einer solchen Denkweise Tür und Tor:

> Ich tu, was ich tu; und du tust, was du tust.
> Ich bin nicht auf dieser Welt, um nach deinen Erwartungen zu leben.
> Du bist nicht auf dieser Welt, um nach meinen Erwartungen zu leben.
> Du bist du – und ich bin ich,
> Wenn wir uns zufällig finden – wunderbar.
> Wenn nicht, kann man auch nichts machen.

Wo der Mensch sich zum Maß aller Dinge erklärt, muß folgerichtig alles (Mit-) Menschliche auf der Strecke bleiben. Nur allzuschnell wird so dadurch aus dem Gestaltgebet: ›Ich bin ich, und ihr könnt mich alle ...‹.

So neu und revolutionär ist das gar nicht, was Perls hier meint. Etwas prosaischer und nicht so apodiktisch schrieb Rilke am Beispiel der Ehe: »Es handelt sich in der guten Ehe für mein Gefühl nicht darum, durch Niederreißung und Umstürzung eine rasche Gemeinschaft zu schaffen ... Vielmehr ist die gute Ehe die, in welcher jeder den anderen zum Wächter seiner Einsamkeit bestellt und ihm dieses größte Vertrauen beweist, das er zu verleihen hat ... Das Bewußtsein vorausgesetzt, daß auch zwischen den nächsten Menschen unendliche Fernen bestehen bleiben, kann ihnen ein wundervolles Nebeneinanderwohnen erwachsen, wenn es ihnen gelingt, die Weite zwischen sich zu lieben, die ihnen die Möglichkeit gibt, einander immer in ganzer Gestalt und vor einem großen Himmel zu sehen.«[83] Es ist schon – ›gestalttherapeutisch‹ sehr beeindruckend, was Rilke (1875 – 1926!) hier schreibt.

83 R.M. Rilke, zitiert in M. Wais: Biographie Arbeit – Lebensberatung, S. 271

Perls sah in der Autonomie den Haupt- und Endzweck aller Entwicklung der Persönlichkeit; er ordnete dieses Ziel auch der Entwicklung der Dialogfähigkeit unter. »Reifung ist die Entwicklung von der Unterstützung durch die Umwelt zur Selbstunterstützung« lautete eine seiner Maxime. Doch bereits seine Frau Laura Perls ging hier nicht mit ihm einig: »Fritz griff auf das zurück, was ihm leicht fiel. Er war im Theater, er war ein Regisseur ... Das sehr Problematische an seinem Vorgehen war, daß er nicht an der Person als solcher interessiert war, sondern daran, was er mit ihr bewirken konnte. ... Fritz war fabelhaft in der Therapie, aber er konnte keinen Dialog führen.«[84]

Bei all seiner Brillanz in Kontakt und Begegnung war Perls zu Beziehung und Bindung offensichtlich geradezu unfähig.

»Was Laura Perls besonders beklagte, war, daß gerade *dieser* Aspekt in der Gestalttherapie am berühmtesten geworden ist, so daß Fritz Perls in den letzten Jahren seines Lebens fälschlicherweise von vielen als repräsentativ für die Gestalttherapie insgesamt angesehen wurde. ... letzten Endes war das Ich – und – Du für ihn ein Mittel zum Zweck der Autonomie und nicht ein Wert an sich, da die Autonomie für ihn das Endziel war. De facto waren sowohl seine Persönlichkeit als auch seine Methoden im höchsten Grade autoritär.«[85] ›Ich finde es fast unmöglich, darüber zu sprechen, wie ich Therapie betreibe, da ich bei jedem einzelnen so verschieden verfahre. Gestalttherapie ist keine Technik, sondern eine Einstellung.‹ Was für sie – Laura Perls – zählte, war nicht Technik, sondern Stil. Es war ihr nicht wichtig, wie sie therapierte, sondern wie sie mit Menschen zusammen war: ›Es ist viel wichtiger, wie du bist, als was du tust.‹[86]

Es ist das Hauptmanko der Gestalttherapie, das Figur-Grund-Prinzip nicht auch auf die Bedeutung des Dialoges, des Kontaktes übertragen zu haben. Hier möchte ich auf Martin Buber verweisen: Er betont, daß die Grundlage der menschlichen Existenz eine dialogische ist. Erst im Kontakt mit anderen werden Individuen zu Individuen. Das bekannte Axiom von Buber »Der Mensch

---

84 Laura Perls, zitiert in: M. Friedman: Der heilende Dialog, S. 138
85 M. Friedman: Der heilende Dialog, S. 138
86 Laura Perls, zitiert in: M. Friedman: Der heilende Dialog, S.138 f

wird erst am Du zum ich« kann als Figur-Grund-Aussage gesehen werden. Perls interessierte sich – wenn überhaupt – nur insofern für die Therapeut-Klientbeziehung, als sie Persönlichkeits- und Kontaktstörungen des Klienten mikrokosmisch widerspiegelt. Für Martin Buber ist der Zweck der Beziehung ihr eigenes Wesen, sie selbst. Die Übertragung der Ich/Du Beziehung (im Sinne Bubers) auf die therapeutische Beziehung hat jedoch Grenzen: Wirkliche Ich/Du Beziehungen implizieren das Aufgeben von Zwecken oder Zielen, und dies ist ja in der therapeutischen Beziehung explizit nicht der Fall. Diese Annahme ist auch der Grund dafür, daß wirkliche Ich/Du Momente derart selten und gleichzeitig derart wertvoll sind. Es sind die Sternstunden einer jeden Beziehung, wenn es gelingt, und sei es auch nur für kurze Augenblicke, über Zweck und Ziel hinauszugehen! Das Blatt des Gingkobaumes symbolisiert für mich solche Augenblicke:

Eins und doch zwei
Zwei und doch eins

Das oben beschriebene Manko ist in doppelter Hinsicht verwunderlich:

Zum einen hat sich Perls ja durchaus mit dem Gedankengut von Martin Buber auseinandergesetzt; zum anderen hat er, zumindest auf theoretischer Ebene, die Notwendigkeit der sozialen Einbindung gesehen: »Kein Individuum ist sich selbst genug; das Individuum kann nur in einem es umgebenden Feld leben. Das Individuum ist in jedem Augenblick Teil seines Feldes. Sein Verhalten ist eine Funktion des ganzen Feldes, das ihn und seine Umwelt einschließt.«[87] Doch weder die Auseinandersetzung mit Martin Buber noch die durchaus vorhandene theoretische Grundüberzeugung haben sich nachhaltig in seiner konkreten therapeutischen Arbeit niedergeschlagen. Die Ansicht Perls' über die Entstehung der neurotischen Störungen mag wohl neben seiner eigenen durch Verfolgung und gesellschaftliche Abwertung gekennzeichneten Biographie seinen extremen Individualismus erklären: »Alle neurotischen Störungen entstehen aus der Unfähigkeit des Individuums, die richtige Balance zwischen sich und der

87 F. Perls, Grundlagen der Gestalttherapie, S. 34

übrigen Welt zu finden und aufrecht zu erhalten, und alle haben gemeinsam, daß im Gefühl des Neurotikers die Gesellschaft und ihre Umwelt die Grenzsteine zu weit in das Individuum hinein verlegen. Der Neurotiker ist ein Mensch, den die Gesellschaft zu sehr bedrängt. Seine Neurose ist ein Verteidigungsmanöver, das ihn schützen soll gegen die Bedrohung, von der übermächtigen Welt ausgestoßen zu werden.«[88]

Die Neurose ist der (wenig taugliche) Ausweg der Ausweglosen in auswegloser Situation.

Die Arbeiten von Ruth Cohn gleichen das hier beschriebene Manko, von dem sich Perls später theoretisch klar, praktisch aber kaum abgewandt hat, aus: Kontakt zum Selbst, zum Gegenüber, zum Anderen, zum Thema und zur Welt in einen ausgewogenen Einklang zu bringen, ist ihr zentrales Anliegen. Es ist interessant mit anzusehen, daß das Gedankengut der Gestalttherapie und das der Themenzentrierten Interaktion, vor allem aber die jeweilige Praxis sich mehr und mehr annähern!

Daß aus der Überbetonung von Autonomie und einem falsch verstandenen ›Gestaltgebet‹ hedonistischer Autismus ableitbar ist, hat Perls wohl offensichtlich selbst gespürt, denn der ›späte‹ Perls betont sehr das soziale Miteinander. Mit zunehmendem Alter interessiert sich Perls weniger für die klinische Psychotherapie als für Möglichkeiten, alternative Lebensformen auf der Basis seiner Gedanken über direkte und unverstelllte zwischenmenschliche Kommunikation zu schaffen. So gründet er 1969 am Lake Cohichan eine Lebensgemeinschaft des bewußten Miteinanders, die er Gestaltkibbuz nennt. In diesem Gestaltkibbuz sollen Menschen einen Reife- und Realitätsgrad erreichen, der »ihnen helfen wird, ihre alltägliche Umwelt zu ertragen und zu bewältigen, und der ihnen helfen wird anzufangen, die Umwelt an ihren reicheren und volleren Zugang anzupassen.«[89]

»Hier sollen sich Leute heranbilden, die mehr sind als nur Psychotechniker, sondern die unsinnige Trennung zwischen dem Philosophen, dem Therapeuten und dem Pädagogen in ihrem Leben und in ihrer Arbeit überwinden. Gestalt ist keine Technik, kein

88 F. Perls, Grundlagen der Gestalttherapie, S. 49
89 F. Perls, zitiert in: Gestalt, Wachstum, Integration, S. 14

therapeutisches Schnellverfahren, sondern ein ernster Weg, sich selbst zu finden und zu wachsen. Wachstum aber ist ein Prozeß, der Zeit braucht. Gestalttherapie erfordert eine Haltung, die nicht in zwei Monaten erworben wird, sondern durch eine langes und ernsthaftes Training, in dessen Zentrum die Entwicklung der eigenen Persönlichkeit steht.«[90]

Ebenfalls 1969 entwirft er eine revidierte Fassung des Gestaltgebetes:
»Erst muß ich mich finden, um Dir begegnen zu können.
Ich und Du, das sind die Grundlagen zum Wir,
und nur gemeinsam können wir das Leben in dieser Welt menschlicher machen.«[91]

Oder an anderer Stelle fährt er fort: »Wenn man nur mit sich selbst in Kontakt ist, verliert man die Welt. Wenn man nur mit der Welt in Kontakt ist, verliert man sein Selbst, so daß die 'ökologische Einheit‹ nicht zustande kommen kann.«[92] Es ist interessant, daß dieser ›späte Perls‹ offensichtlich weniger bekannt, vielleicht auch weniger attraktiv zu sein scheint. Warum ...?
Die übersteigerte Betonung von Autonomie in der klassischen Gestalttherapie, die sich im harten, konfrontativen »Westküstenstil« niedergeschlagen hat, hat auch zu einer wenig guten Werteverzerrung geführt: Solidarität, Höflichkeit, Scham, Selbstlosigkeit, Hilfe leisten, all diese Verhaltensweisen und Gefühle werden in *dieser* Richtung der Gestalttherapie offensichtlich wenig belohnt, sondern eher als Defizit, als Mangel an Autonomie gebrandmarkt. Dieses Denken ist auch mitverursachend dafür, daß ›Selbstbewußtsein‹ einen etwas antisozialen Beigeschmack von Rücksichtslosigkeit bekommen hat. Dabei heißt ja ›Selbst-bewußt-sein‹ nichts anders, als sich seines Selbst' bewußt zu sein. Daher lehne ich diese orthodoxe Richtung der Gestalttherapie ab.
Ich möchte damit nicht sagen, daß wir in der Therapie keine Werte mehr vermitteln sollten. Dies geht im übrigen ja auch gar nicht,

90 F. Perls in einem Gespräch über Lake Cohichan/Kanada; ohne Quellenangabe zitiert in: Gestalttherapie, Zeitschrift der Deutschen Vereinigung für Gestalttherapie, 7. Jg. Dez. 1993, S. 5
91 F. Perls, zitiert in: Gestalt, Wachstum, Integration, S. 11
92 F. Perls, zitiert in: Gestalt, Wachstum, Integration, S. 13

denn wenn das Axiom »Man kann nicht nicht kommunizieren« stimmt, dann kann man es hier mit Fug und Recht erweitern und sagen: Man kann Therapie nicht machen, ohne implizit Werte zu vermitteln. Was ich sagen möchte ist, daß wir nicht so tun sollten, als seien die von der Gestalttherapie vermittelten Werte etwas, was sich zwangsläufig aus der Natur des Menschen ergibt.
An einem Extrembeispiel möchte ich dies veranschaulichen: Ein tibetischer Mönch, leider weiß ich seinen Namen nicht mehr, war über 30 Jahre in chinesischer Gefangenschaft. Er wurde immer wieder gefoltert und war die ganze Zeit in Einzelhaft. Nach seiner Haftentlassung berichtete er, daß die ganze Zeit seine größte Sorge darin bestand, daß er das Mitgefühl für seine Folterer verlieren könne! Mich würde hier interessieren, welches klinisch – arrogante Etikett Perls für solches Verhalten parat gehabt hätte.
Dies ist eine – zugegebenermaßen – theoretische Unterstellung. Gleichwohl denke ich, daß es Perls und mit ihm vielen alten und neuen Gestalttherapeuten gut getan hätte, gut tun würde, wenn sich die Auseinandersetzungen mit anderen Standpunkten öfter an den Vorschriften der mittelalterlich-scholastischen Lehrpraxis der »Disputatio« orientieren würden. Hier war zunächst **jede** Frage zulässig, eine Zensur fand nicht statt. Der Lehrer hatte sich **jeder** Frage zu stellen. Jede Frage mußte mit einer Hypothese eingeleitet werden. Das Faszinierende war der nächste Schritt: Der Lehrer mußte seine Antwort mit Argumenten **für** die Hypothese des Fragenden einleiten. Dann mußte der Fragende versichern, daß die Hypothese ›richtig‹, d. h. in seinem Sinne wiedergegeben worden ist. An die Hypothese wurde dann die mögliche Gegenhypothese des Antwortenden angeschlossen. Erst dann begann die eigentliche Stellungnahme: »Ich antworte ...« Man sieht, daß die berühmten TZI-Regeln gar nicht neu sind, sondern sehr bewährte Vorfahren haben. »An dieser formalen Struktur der disputatio ist bemerkenswert, daß sie bis heute unübertroffen ist in ihrer Offenheit, sich allen Fragen und möglichen Standpunkten zu stellen, und in ihrer Verpflichtung, den anders Meinenden ernst zu nehmen und korrekt wiederzugeben.«[93]
Ich habe einige Male erfolgreich versucht, in Therapiegruppen Konflikte nach dem Modell der disputatio zu bearbeiten. Das

93 St. Blankertz: Vernunft ist Widerstand, S. 23

Ergebnis war, vorausgesetzt, alle Beteiligten waren bereit, sich an die formalen Vorgaben zu halten, immer wieder sehr faszinierend und konstruktiv.

Ich möchte nun auf die Frage der sogenannten politischen Dimension in der Gestalttherapie zu sprechen kommen, wie sie bereits in der Einleitung, aber auch an verschiedenen anderen Stellen angeklungen ist. Ich spreche hier **nicht** von politischer Psychologie im allgemeinen, sondern von der politischen Dimension der Psychotherapie.

Was/wem nützt die ganze Gestaltarbeit, wenn sich in der Welt doch nichts ändert und sie, die Welt, doch immer unmenschlicher statt mitmenschlicher wird? Frechweg behaupten die Vertreter der sogenannten Transzendentalen Meditation, daß in Gegenden, wo auch nur 1% der Bevölkerung die Transzendentale Meditation praktiziert, weniger Kriminalität herrsche (»zunehmende Ausgewogenheit und Harmonie«), und sie bringen dafür sogar angebliche statistische Belege. Ich glaube das nicht, aber wie wäre es, wenn wir als Therapeuten ähnliches sagen könnten bzw. ein auch nur annähernd gleiches Selbstbewußtsein entwickeln würden? Der Jungianer James Hillman hat zusammen mit Michael Ventura ein sehr lesenswertes Buch geschrieben, dessen provokante Aussage schon im Buchtitel deutlich wird: »Hundert Jahre Psychotherapie und der Welt geht's immer schlechter«.[94] Bewirken wir als Psychotherapeuten denn gar nichts? Können wir nichts bewirken, weil wir nichts bewirken wollen, oder wollen wir nichts bewirken, weil wir nichts bewirken können? Ich erinnere mich an meine Anfangszeit als Therapeut; ich arbeitete damals in einem »Politischen Bildungswerk für Friedensarbeit«; wir haben nächtelang diskutiert, worin das spezifisch Politische unserer Arbeit als Psychologen denn nun zu sehen sei, denn **nur** Selbsterfahrung, soviel war klar, reicht nicht aus. Die Formel, auf die wir uns einigten (oder zurückzogen?), war schließlich die, daß Menschen, die durch Selbsterfahrungsgruppen gestärkt und in Therapie autonomer und damit konfliktfähiger geworden sind, besser, nachdrücklicher und

94 J. Hillman und M. Ventura: Hundert Jahre Psychotherapie und der Welt geht's immer schlechter

engagierter politisch aktiv sein könnten. Nur, ob sie das dann auch *tatsächlich taten*, daß haben wir nie überprüft.
Nur nebenbei: Heute heißt dieses ›Politische Bildungswerk für Friedensarbeit‹ schlicht und einfach ›Bildungswerk für Friedensarbeit‹!

Laura Perls: »Ich glaube, daß meine Arbeit auch politische Arbeit ist. Wenn Du mit Leuten arbeitest, um sie soweit zu bringen, daß sie selbständig denken und sich von den Mehrheitskonfluenzen unterscheiden können, dann ist es politische Arbeit, und es hat eine Wirkung, auch wenn wir nur mit einer begrenzten Anzahl von Menschen arbeiten können.«[95]
Ich bin da etwas skeptischer: Ich glaube, daß die Aussage, meine/unsere Arbeit sei *auch* politisch, eher durch einen Paradigmawechsel zustande gekommen ist, daß nämlich das, was wir heute als politischen Teil unserer Arbeit definieren, vor noch nicht einmal 20 bis 30 Jahren nie und nimmer dieses Etikett verdient hätte. Ich habe den Eindruck, daß wir uns schon als hochpolitisch engagiert fühlen, nur weil wir im Sitzen pinkeln. Heute sagen wir einfach, daß wir anspruchsloser geworden sind und nicht mehr die Welt, so aber doch wenigstens uns selbst und einige Mitmenschen verändern wollen, und schon ist unsere Arbeit – wieder – eine politische. Ich glaube, das ist zu einfach!
Hillman und Ventura »argumentieren, daß wir, anstatt zu den Traumen der Wiege und des Laufstalls zurückzukehren, die Menschen dazu befähigen sollten, sich gegen atmosphärische und Lärmbelästigung wehren zu können, sowie gegen den zügellosen und unentrinnbaren Kommerzialismus oder den Mißbrauch von Gewalt auf den Straßen sowie den Mißbrauch der städtischen Anonymität.«[96] Das soll nicht etwa heißen, daß für therapeutische Arbeit kein Platz, kein sinnvoller Bedarf sei. Nur: Wer heute ›in sich geht‹, kann dies nicht mehr naiv vollziehen, sondern muß sich, zurückgekehrt, fragen lassen, was die Reise, gemessen an der Geschichte dieses Binnentourismus', an neuen Erkenntnissen erbracht hat, welche neuen Einsichten den Ausweg aus alten Sackgassen weisen können.

95 Laura Perls, zitiert in: 100 Jahre Fritz Perls, S. 123
96 J. Hillman und M. Ventura, zitiert in: 100 Jahre Fritz Perls, S. 123

Diese Warnung hat lange Tradition. Ich zitiere Goethe:
»Hierbei bekenn' ich, daß mir von jeher die große und so bedeutend klingende Aufgabe: erkenne dich selbst, immer sehr verdächtig vorkam, als eine List geheim verbündeter Priester, die den Menschen durch unerreichbare Forderungen verwirren und von der Tätigkeit gegen die Außenwelt zu einer inneren falschen Beschaulichkeit verleiten wollten. Der Mensch kennt nur sich selbst, insofern er die Welt kennt, die er nur in sich und sich nur in ihr gewahr wird.«[97]

Man betrachte einmal die Entwicklung der Szene unter fachspezifischen Gesichtspunkten: Den Anfang des Aufbruchs machten in den ›68ern‹ die Soziologen und Politologen mit der reinen ökonomischen Lehre, dann kamen die Soziologen, die sich, durch Reich u.a. angeregt, nun auch der psychologischen Dimension annahmen. Das reichte den Psychologen nicht: Sie wollten die Weltgeschehnisse als psychologische Schicksals- und Beziehungsphänomene beschreiben[98]. Diese wiederum wurden abgelöst durch jene Psychologen, die sich mehr und mehr mit theologischen Fragen beschäftigten und sich so der spirituellen Seite zuwandten und öffneten. Zur Zeit erleben wir, wie den theologisch interessierten Psychologen mehr und mehr die therapeutisch interessierten und gebildeten Theologen folgen. Stehen uns nun die ›reinen‹ Theologen bevor?
Sieht man diese Entwicklung, so gibt es schon alleine unter diesem Blickwinkel wenig Einleuchtendes für die Annahme, daß therapeutische Arbeit zunehmend auch politisch (wirksam) wird.

Eine der möglichen Ursachen der a-politischen Grundhaltung, wie sie gerade in der Psychotherapeutenzunft vorkommt, mag wohl darin liegen, daß Werte und Eigenschaften, die im politischen Alltag gefordert werden, nicht nur denen der (Gestalt-) Therapie oft ungleich, sondern geradezu entgegengesetzt sind. Z.B. hat der

97 J.W.v. Goethe: Naturwissenschaftliche Schriften, Ges. Werke Bd. 13, S.37
98 Als prägnantes Beispiel hierzu mag, auch wenn er einige Jahre früher kam, der Vorschlag von J.L. Moreno stehen, der die politische Weltlage durch ein Psychodrama verbessern wollte, an dem N. Chrutschow und J.F. Kennedy teilnehmen sollten.

Wert der Autonomie in der Gestalttradition fast den Bedeutungsrang einer heiligen Kuh; im sogenannten politischen Leben aber muß man Mehrheiten herstellen können – oft um den Preis der Aufgabe von Autonomie –, eine wichtige Fähigkeit; oder das Mittragen von Beschlüssen, die der eigenen Meinung zuwiderlaufen – jedem waschechten Gestaltmenschen stehen schon alleine bei diesem Gedanken die Haare zu Berge.

Die Unfähigkeit der Psychotherapeuten, sich bei aller Schulenvielfalt zu einem einheitlichen Dachverband zusammenzuschließen, gehört auch unter diese Rubrik.

Der politische Alltag ist sehr zermürbend, und es ist klar, daß das, was sich Tag für Tag zwischen Klient und Therapeut abspielt, nichts mit dem, was in berufspolitischen Gremien von Bedeutung ist, zu tun hat. Diese Schere ist in der ›Allgemeinpolitik‹ wohl noch um ein Vielfaches größer. Aber trotz dieser Spannung arbeitsfähig zu bleiben, die ja nicht nur für die Psychotherapeuten, sondern für jeden Berufsstand gilt, ist eine Eigenschaft, ein weiterer Wert, die/den man in der Werteskala der Gestalttherapie vergebens sucht. Organisationen schießen wie die Pilze aus dem Boden, und immer dann, wenn die Mehrheitsbildung schwierig wird, insbesondere dann, wenn sie die (teilweise) Aufgabe der Autonomie erfordert, immer dann erleben wir die Geburtsstunde einer neuen Organisation.

« ... auf meiner Ranch bin ich König,
die weite Welt stört mich wenig ...«
(Gus Backus in den 50ern)

Victor Chu meint, daß wir in der politischen Entwicklung an einem Krisenpunkt angekommen sind, an dem politische Aktionen allein uns nicht mehr weiterbringen und wir es bitter nötig haben, uns noch einmal nach Innen zu wenden. In seinen Begründungen zu dieser Überzeugung könnte eine Nahtstelle der gegenseitigen Befruchtung zwischen Psychologie und politischem Engagement liegen:

»Wir brauchen diese Rückbesinnung aus zwei wichtigen Gründen:

1. Um unser Entsetzen, unsere Angst und unsere Ohnmacht zu ertragen (statt sie zu verdrängen), ihnen standzuhalten und durch

sie hindurchzugehen (statt um sie herum.) Wir brauchen gerade heute den persönlichen Beistand vieler gleichgesinnter Freunde, mit denen wir nicht nur intellektuell, sondern auch emotional über unsere Krise sprechen können.«
(Ich erinnere in diesem Zusammenhang an die in der Einleitung beschriebene Situation.)
2. »Wir brauchen die Wendung nach Innen, um unsere inneren Quellen der Stärke wiederzufinden. Diese Kraftquellen sind da. Als wir Kinder waren, flossen sie wie selbstverständlich durch uns. Wir haben sie nur im Erwachsenwerden vergessen oder sind von ihnen weggeführt worden.«[99]

Wenn oben über Autonomie als einem zentralen Wert der Gestalttherapie gesprochen wird, so ist damit die Balance zwischen sozialem Eingebundensein und sozialer Abhängigkeit gemeint. Oft frage ich meine Klienten, was sie denn gerne tun würden, wenn sie sich wirklich frei – was immer das auch sei – fühlen würden. Das Ausmaß der Diskrepanz zwischen dem, was dann als Antwort genannt wird, und der momentanen Realität des Klienten ist für mich immer wieder ein wichtiger Indikator seiner Autonomie. Natürlich wird es immer wieder Wunschvorstellungen geben im Sinne von »was wäre, wenn ...«. Aber wenn die Realität alles, was an Wunschträumen existiert, bereits im Keim verhindert, dann ist wohl aus der sozialen Einbindung soziale Abhängigkeit geworden, dann läßt sich wohl kaum noch von Autonomie sprechen.
Eine Klientin hatte erhebliche Versagensängste angesichts des bevorstehenden Examens, diese Ängste wurden dadurch noch erhöht, daß sie den Anspruch erhob, alle Prüfungen mit ›sehr gut‹ zu bestehen. Es stellte sich jedoch heraus, daß dies internalisierte Ansprüche des Vaters, der Freunde, des Professors und einer ganzen Menge anderer Leute waren; die Fähigkeit, sich davon abzugrenzen, war zu dieser Zeit noch sehr gering ausgeprägt. Sie selbst hatte natürlich auch den Wunsch, ein gutes Examen zu machen. Der Druck und die Angst entstanden jedoch nicht durch diesen Wunsch, sondern durch die internalisierten Ansprüche von außen bzw. der Unfähigkeit, sich gegen diese Ansprüche abzugrenzen. Dies ist ein sehr prägnantes Beispiel, wie die Grenze

99 V. Chu: Psychotherapie nach Tschernobyl, S. 53

zwischen sozialer Einbindung und sozialer Abhängigkeit deutlich überschritten werden kann.

Für den Dialog sind Präsenz und Kontakt wichtig, daher kommt es in erster Linie nicht so sehr auf das *Was* (einer tut) an, sondern auf das *Wie* an, denn nur *darin* wird reale Präsenz erfahrbar.
In diesem Zusammenhang sei auf Watzlawick verwiesen, der in seinen Axiomen zur menschlichen Kommunikation auf die beiden Aspekte in jeder Mitteilung verweist: Zum einen gibt es den Inhaltsaspekt, der das ›was‹ beinhaltet, zum anderen gibt es den Beziehungsaspekt, der über das ›wie‹ Auskunft erteilt. Eine Mitteilung wird dann als kongruent, als stimmig bezeichnet, wenn zwischen beiden Aspekten eine ausgewogene Balance besteht.

Ein herkömmlich denkender Derwisch aus einer harten, frommen Schule ging eines Tages an einem Flußufer entlang. Seine ganze Konzentration galt moralistischen und scholastischen Problemen, denn in dieser Weise hatte sich in der Gemeinschaft, der er angehörte, die Sufilehre entwickelt. Er stellte die Religion mit der Suche nach der letzten Wahrheit auf eine Stufe. Plötzlich wurden seine Gedanken durch einen lauten Schrei unterbrochen: Irgend jemand wiederholte den Ruf des Derwischs. »Das ist sinnlos«, sagte er bei sich, »da der Mann die Silben falsch ausspricht. Anstatt Y A HU ruft er U Y A HU.« Dann wurde ihm klar, daß er als achtsamer Schüler die Pflicht hatte, diesen unglücklichen Menschen zu korrigieren, der vielleicht nie Gelegenheit zur richtigen Anleitung hatte und deshalb wahrscheinlich vergeblich sein Bestes gab. Er mietete sich also ein Boot und ruderte zu der mitten im Strom liegenden Insel, von der offenbar der Schrei ausging. Dort fand er einen in ein Derwischgewand gekleideten Mann, der in einer Hütte aus Schilfrohr saß und sich zu dem wiederholten Ausruf rhythmisch bewegte. »Mein Freund«, sagte der erste Derwisch, »Du sprichst das falsch aus. Ich halte es für meine Pflicht, dich darauf hinzuweisen, denn verdient macht sich, wer Rat gibt, wie auch der, der Rat annimmt. Du mußt das so aussprechen«, und er machte es ihm vor. »Ich danke Dir«, sagte der andere Derwisch demütig. Der erste Derwisch stieg wieder in sein Boot, voller Befriedigung darüber, daß er eine gute Tat getan hatte. Schließlich hieß es, ein Mann, der die Formel richtig wiederholen könne, könne sogar auf den Wellen gehen. Er hatte das selbst noch nie gesehen, hatte aber – aus irgendeinem Grunde – schon immer gehofft, es selbst einmal zu erreichen. Nun hörte er nichts mehr aus der Schilfhütte, war sich aber sicher, daß seine Lehre gut angekommen war. Dann hörte er ein zögerndes U Y A, denn der Derwisch fing an, den Ausruf in seiner alten Art zu wiederholen. Während der erste Derwisch noch darüber nachdachte und sich über die Halsstarrigkeit der menschlichen Natur und ihr Verharren im Irrtum Gedanken machte, sah er plötzlich eine seltsame Erscheinung: Von der Insel herüber kam der andere Derwisch auf ihn zu und ging dabei wie selbstverständlich auf der Wasseroberfläche. Erstaunt hörte er auf zu rudern. Der zweite Derwisch kam zu ihm und sprach ihn an: »Bruder, entschuldige, wenn ich dich noch einmal belästige, aber ich bin zu dir herübergekommen, um dich zu bitten, mir noch einmal die richtige Form des Ausrufs zu nennen, denn ich kann ihn nur sehr schwer behalten.«

»Die Gestalttherapie geht davon aus, daß der menschliche Organismus und seine Umwelt, zu der selbstverständlich auch andere Menschen gehören, eine unauflösliche Einheit bilden. Kein Mensch existiert ohne den anderen. Daher richtet die Gestalttherapie ihre Aufmerksamkeit auf das, was sich in biologischer und sozialer Hinsicht zwischen dem Organismus und der Umwelt zuträgt.«[100] In diesem Zitat wird deutlich, daß auch die Gestalttherapie die soziale Verwurzelung des Menschen sieht. Die Frage ist allerdings, ob sie daraus auch eine soziale (Mit-) Verantwortung ableitet.

Hier nun treffen wir auf eine der zentralen Schwierigkeiten der ethischen Orientierung der Gestalttherapie: Das Ziel des therapeutischen Prozesses soll auf der einen Seite zwar eine letztlich subjektive Ethik sein; gleichzeitig kann es sich jedoch bei der angestrebten Subjektivität nur um eine bereinigte Subjektivität handeln, d. h. um ethisch verantwortliches Selbst, welches in Respekt und Achtung sowohl vor der eigenen Person als auch vor der des anderen verankert ist. Nichts anderes besagt ja auch der vielzitierte Kategorische Imperativ:

100 F. Perls und P. Baumgardner: Das Vermächtnis der Gestalttherapie, S. 21

Handle so, daß die Maxime deines Willens jederzeit zugleich als Prinzip einer allgemeinen Gesetzgebung gelten könnte!

Beschreiben wir es einfacher:

Was du nicht willst, das man dir tu
Das füg' auch keinem anderen zu!

Ich betrachte jemanden, der dies internalisiert hat, als *wirklich* frei, als *wirklich* autonom.

Je sauberer ein Spiegel ist, desto unverfälschter kann er ein Spiegelbild wiedergeben; je genauer der Resonanzkörper eines Instrumentes gefertigt wurde, desto reiner wird der Klang werden. Es ist meine Aufgabe als Therapeuten, immer wieder aufs neue genau zu untersuchen und zu unterscheiden, wo (um im Bild zu bleiben) ich unverfälschter, unverfälschender Resonanzkörper bin, der aufnimmt und wiedergibt und wo ich durch Hinzufügen oder Abändern die Reinheit des Klanges verfälsche. Dieses Verfälschen wird immer wieder geschehen und läßt sich wohl auch kaum ganz beseitigen; es ist auch kein Problem, jedenfalls nicht so lange, wie ich mir dessen bewußt bin. Die hier geforderte Unterscheidung ist sehr schwer und muß wohl immer wieder neu getroffen werden. Die Verantwortung für diese Entscheidung zu übernehmen, ist auch ein Ziel des Weges, den Klient und Therapeut zusammen gehen. Als einen Testfall für mich, für mein Handeln, nehme ich mir oft die Überlegung: »Wenn ich wirklich und verantwortlich von der Richtigkeit meines Wollens, meines Handelns überzeugt bin, dann kann die Frage, ›wie kommt mein Handeln bei dem anderen an?‹, **kein** Gradmesser für Handeln oder Nicht-handeln sein«.

Eine bekannte Technik in der Gestalttherapie, das sogenannte »Skilful Frustration«, ist nur durch diese Grundannahme möglich: Der Therapeut verweigert sich – u.U. demonstrativ – gegenüber den Verhaltenserwartungen des Klienten. Dies ruft meist Angst, Verunsicherung oder Wut hervor; auf jeden Fall aber findet in der konkreten Situation eine solche Vorgehensweise nicht den Beifall des Klienten. Gleichwohl ist diese Methode – sinnvoll eingesetzt – sehr gut in der Lage, aus einem formlosen, nebulösen Gefühlskonglomerat eine klare Gestalt klarer Befindlichkeiten zu machen. Darüber hinaus verweist sie den Klienten auf *seine* (Selbstheilungs-) Potentiale, auch wenn er selbst sie nur schwer einsetzen kann, oder wenn es für ihn sicherer, weil gewohnter ist, sich als hilflos und unfähig darzustellen.

Der aufgeklärte und mündige Mensch ist also *nicht* derjenige, der ungehemmt und uneingeschränkt bejaht und auslebt, was er in sich vorfindet, sondern ein Mensch, der seine Bedürfnisse nach einem Modell ordnet, daß er ebenfalls seiner Natur unter dem Gesichtspunkt optimaler Humanisierung entnehmen kann. Ein Mensch also, der sein Sollen aus seinem (ethischen) Sein ableitet.
Normen sind das Bindeglied zwischen Sein und Sollen, wobei das Ausmaß der allgemeinen Bejahung die ›Stärke‹ des Bindegliedes beschreibt. Dieser Gedanke führt zu einem der bedeutendsten Themen der Ethik: Sind die Werte absolut, ein für allemal gegeben und für jedermann dieselben, haben wir also sogenannte a priori Wertsysteme, oder sind Werte das Ergebnis subjektiver Begriffsbestimmungen, d. h. wird ein Wert erst durch entsprechende Be-wertung zum Wert?
Warum tun wir Gutes, und warum ist das Gute, das wir tun, gut?

In der klassischen Ethik liegen die Begründungen ethischen Handelns in einer externen und unveränderlich gedachten Begründungsinstanz, nämlich der Natur, während in der modernen Ethik die Begründungszuammenhänge subjektimmanent hergestellt werden. »Moderne Ethik gründet Moral auf die Entscheidung von Subjekten, Prinzipien anzuerkennen, die Moral konstituieren. Klassische Ethik gründet sie auf eine Eigenschaft möglicher Objekte des Wollens, die gut und als gut zu erkennen und durch keine Entscheidung erst gut zu machen ist. Das große Problem moderner Ethik ist: Wie kann eine Entscheidung eines oder aller Menschen Gebote begründen, denen zu folgen jeder Mensch verpflichtet ist? Das große Problem klassischer Ethik ist: Wie kann ein mögliches Wollensobjekt – ein Sachverhalt, dessen Bestehen man wollen oder nicht wollen kann – so beschaffen sein, daß es jedem, der zu ihm Stellung nehmen kann, einen zureichenden Grund zu seiner Bejahung gibt?«[101]

101 U. Steinvorth: Klassische und moderne Ethik, S. 118

Für das erste Modell, das wir daher ›statisch‹ nennen können, ist Aristoteles, für das zweite, das wir ›dynamisch‹ nennen können, Kant als Repräsentant zu nennen.

Die ethischen Lehrmeinungen lassen sich auch in folgende Richtungen unterteilen:

- die heteronomistischen, die die Norm des Guten und Bösen in eine Autorität jenseits des menschlichen Lebens verlegen, sei es nun ein Herrscher oder Gott. Gutsein heißt, dem Weg der Herrscher, dem Weg Gottes folgen. Diese Lehren können nicht erklären, *warum* der Mensch das Gute tun soll;
- die autonomistischen, die diese Norm im menschlichen Leben selbst suchen;
- die intuitionistischen, die davon ausgehen, daß wir intuitiv wissen, welches Verhalten gut und welches schlecht ist. Der ›Grund‹ hierfür ist jeweils unerklärbar.

Wir nennen Wert an den Dingen
nicht, was sie selbst in sich führen,
sondern, was wir in sie hineinlegen
(Montaigne)

Sind z.B. Freiheit oder Autonomie Werte an sich, oder werden sie erst durch handelnde Bewertung, also dadurch, daß man sie aktiv erstrebt, zu einem Wert? Hier wird die an anderer Stelle ausführlicher behandelte Frage nach dem Warum wieder bedeutsam, wenn auch in einem andern Sinn. Wenn es stimmt, daß ein Wert erst dadurch bedeutsam wird, daß er als Zielvorstellung durch konkretes Handeln angestrebt wird, dann erhalten die Warum-Fragen bzw. die Warum-Antworten ethische Bedeutung und sind bei der Suche nach Sinn hilfreich und **sinn**-voll.

Der autonome Mensch ist frei, einer Sache Bedeutung zu verleihen oder nicht.[102] Das Wort ›verleihen‹ bedeutet hier, daß das

102 Der Begriff ›Bedeutungsverleihung‹ wurde von Jakob von Uexküll geprägt; siehe auch: J.v. Uexküll. Die Bedeutunglehre, Leipzig 1940

Subjekt, das ›verleiht‹, mehr ist als nur ein blindes, passiv reagierendes Rädchen in einem Getriebe. Einem Partner eine Bedeutung zuzuerkennen, setzt voraus, daß es mancherlei Bedeutungen gibt, die das Subjekt verleihen kann. Im Optimalfall ist es ein ganzes Arsenal von Bedeutungen, welches zur Verfügung steht und aus dem autonom und verantwortlich ausgewählt werden kann. Dem Briefträger, der an der Haustüre schellt, kann ich die Bedeutung ›bekannt‹ verleihen und ihn entsprechend freundlich behandeln. Der unfreie oder gar gestörte Mensch könnte z.B. aufgrund einer paranoid-mißtrauischen Grundstimmung ihn nicht als den Tag für Tag erscheinenden Briefträger erkennen, sondern ihm die Bedeutung eines Feindes zuerkennen, der in der Maske des Briefträgers vor ihm erschienen ist. Der Grad der Freiheit und der Autonomie eines Menschen mißt sich also auch an der Freiheit der Bedeutungszuerkennung. Dabei sind neben diesem krankhaften Beispiel auch weniger dramatische Einschränkungen, die uns Tag für Tag im normalen Alltag begegnen können, denkbar.

Im Zusammenhang mit dieser Frage ist ein Rückgriff auf die Entstehung von Norm- und Wertebewußtsein recht sinnvoll: Ein Kleinkind verfügt über ein intuitives Gefühl von ›stimmig‹ und ›unstimmig‹; es ist **selbst**-verständlich. Diese Sicherheit hat das Kleinkind aus sich heraus. Die Wertorientierung des Kleinkindes ist noch eine intuitionistische; (vgl. Seite 133). Diese *interne* Instanz bringt das Kind dazu, Dinge abzulehnen oder anzunehmen, sich zu freuen oder wütend zu sein. Das Kind lebt **wirk**-lich, es ist noch fähig, die Umwelt auf sich (ein-) wirken zu lassen; es ist (noch) nicht durch externe Realität verbogen oder besser »versachlicht«.[103] Dies ist auch der Grund dafür, daß Kinder dem Kasperle, wenn er fragt: »Seid ihr alle da?«, laut und deutlich mit »Ja« antworten können. Erwachsene könnten dies, abgesehen

103 Ich möchte an dieser Stelle auf den Unterschied zwischen Wirklichkeit und Realität hinweisen: Realität kommt von res = Sache, in der Realität gelten die Gesetze der Sachlichkeit, die der Naturwissenschaften. Etwas ganz anderes hingegen ist die Wirklichkeit: Hier geht es um das, was **wirkt** – und es gibt Wirkungen, die mit allen sachlichen Mitteln nicht zu ergründen sind; da bleibt uns nur Erstaunen und Wundern. So gesehen gehören die Wunder der Welt der **Wirk**-lichkeit an, der wunder-baren Wirklichkeit. Anders ausgedrückt: an der Wirklichkeit, der Welt der Wirkungen, bin ich ganz persönlich beteiligt, von ihr betroffen; an der Realität, der Welt der Sachen also, nicht unbedingt.

davon, daß sie für eine solch laute und unbekümmerte Antwort viel zu verlegen wären, schon alleine darum nicht in gleicher Weise antworten, weil sie einfach nicht wissen, *wo* sie denn nun sind, ob sie denn nun *da* sind. Im Laufe der ›Erziehung‹ wird diese interne Instanz oft zerstört. Offensichtlich scheint sie für viele Eltern in ihrer Unbestechlichkeit eine Bedrohung darzustellen. Es sei hier an des bekannte Märchen »Des Kaisers neue Kleider« erinnert. An die Stelle dieser internen Instanz von stimmig vs. nicht stimmig wird eine *externe* Instanz von falsch und richtig, von wahr und unwahr gesetzt. Zusätzlich ist darin schädlich, daß diese externe Instanz nicht als subjektive, von den Eltern gegebene Instanz von außen sichtbar gesetzt, sondern oft als objektiv und allgemeingültig dargestellt wird. Diese Eltern trauen sich offensichtlich nicht, dem Kind zu sagen, daß **sie** etwas wollen, weil **sie** etwas wollen, sondern verstecken sich hinter irgendeiner Idee, irgendeinem Ideal o.ä.. Hier fehlt einmal mehr die Balance: Sicherlich ist es sinnvoll und notwendig, externe Werte kennenzulernen und ggf. auch zu übernehmen. Nur so sind Beziehung und Verantwortung möglich. Dazu ist es jedoch nicht erforderlich, daß diese interne Instanz (manchmal auch als gesunder Menschenverstand bezeichnet) aufgegeben werden muß. Hier liegt auch eine der möglichen Ursachen dafür, daß oft gerade intellektuell durchaus fähige Menschen das Opfer von Sekten werden: Die intuitive Sicherheit, nicht stimmig behandelt zu werden, ist nicht mehr vorhanden. Sie sind aufgrund dieses Defizits einfach verführbarer. Ein ›einfaches Gemüt‹ ist da wohl weniger gefährdet.

Alles, was ich weiß, kommt von mir – und
was ich nicht weiß, kommt von woanders.
(Karl Heinz Stockhausen)

Balance bedeutet hier, daß die interne Stimmigkeit mit ethischem Bewußtsein gekoppelt wird; eines ohne das jeweils andere ist Zeichen einer unreifen Entwicklung. »... Da war mir jetzt nach ...« »... Das mußte ich jetzt mal 'rauslassen...« »... Danach fühle ich mich jetzt ...«; solche und ähnliche (beliebte Psycho-) Äußerungen sind eben **kein** Freifahrtschein, alles das zu tun, wonach mir gerade ist! Die Psychofloskel »... Ich muß das jetzt hier mal los-

werden ...« muß als Entschuldigung herhalten, zwischenmenschliche Beziehung als Müllabladestelle oder Abenteuerspielplatz zu mißbrauchen. Solche und ähnliche Sätze sind eher Ausdrucksformen einer kindlichen Stufe von Stimmigkeit. Hier fehlt das (mit-) verantwortliche In-der-Welt-sein.
Bezogen auf das Verhalten des Therapeuten sprach Laura Perls hier von »selektiver Authentizität«. Sie »... verstand in der Therapie darunter ein Aussprechen all dessen, was für den nächsten Therapieschritt förderlich sei. Sie grenzte dies aber entschieden ab von einem Drauflosquasseln in der Annahme, alles, was einem momentan so in den Sinn komme, habe schon mit dem ›Prozeß‹ des Klienten zu tun.«[104]

Die schon an anderer Stelle zitierte »Unendliche Geschichte« von Michael Ende handelt zu einem großen Teil davon, wie der Held im Laufe seiner Individuation die wirkliche Bedeutung der Aufforderung »Tu, was Du willst« vom subjektiv hedonistischen Wollen zum ethisch ausgerichteten Sollen über einen oft recht schmerzvollen Weg erlernt.

Wirk-lichkeit und **Selbstverständ**-lichkeit sind die unverzichtbare Basis sowohl eines jeden Wachstumsprozesses als auch einer konstruktiven Beziehung, einer Ich – Du – Begegnung. Auf dieser Basis ist angstfreies Suchen erst möglich. Zwei faszinierende Beispiele hierzu möchte ich gerne wiedergeben:
Das ist zum einen der Fall des »Winslow-Boy«: Ein kleiner Sohn einer englischen Aristokratenfamilie wird aus einem berühmten Internat vorzeitig nach Hause geschickt, da er gestohlen haben soll, einen minimalen Betrag, 10 Pence, soweit ich mich erinnere. Das Kind beteuert jedoch seine Unschuld. Da nimmt der Vater seinen Sohn zur Seite und fragt ihn: »Hast Du das Geld gestohlen?«
Der Sohn sagt: »Nein.«
Daraufhin ruht der Vater nicht eher, bis nicht nur die Unschuld seines Sohnes bekannt, sondern er vollkommen rehabilitiert ist. Der Fall des Winslow-Boys hat sogar zu einer Unterhauskrise geführt, weil der Vater sich nicht mit der Wiedereinschulung

104 Th. Maurer: Anmerkungen zu Martin Buber – seine Bedeutung für eine dialogische Psychotherapie, S. 175

zufrieden gegeben, sondern auf *vollständige* Rehabilitierung bestanden hat.
Eine solche Beziehung, in der durch Selbstverständlichkeit und Wirklichkeit Urvertrauen wachsen konnte, ist keine Einbahnstraße. Das zweite Beispiel zielt auf die umgekehrte Richtung. In dem bekannten Film ›An einem Tag wie jeder andere‹ brechen drei entflohene Häftlinge in das Familienleben einer ganz normalen Familie ein. Für eine angeblich vorübergehende Zeit nisten sie sich in das Haus der Familie ein. Gegen Ende des Filmes gibt es eine Szene, in der sich der Anführer der drei Häftlinge und der Familienvater gegenüberstehen. Der Vater fordert die Häftlinge ultimativ auf, das Haus zu verlassen, sonst würde er die Polizei benachrichtigen. Wenn er das tue, so der Anführer, würde er den Sohn der Familie erschießen. Dabei hat er den Sohn in seiner Gewalt, er hat ihn fest in seinen Armen und hält ihm eine Pistole, die er zuvor dem Vater entwendet hat, an die Schläfe. Was aber weder der Sohn noch der Verbrecher wissen, ist die Tatsache, daß der Vater die Waffe entladen hat. Der Vater fordert seinen Sohn mit eindringlicher Stimme auf, wenn er ›Jetzt‹ sage, zu ihm zu kommen. Wie zu erwarten droht der Verbrecher, daß er in diesem Augenblick den Sohn erschießen werde.
Daraufhin der Vater: »Jetzt komm herüber zu mir!«
Und der Sohn geht zu seinem Vater!

Auf der Basis einer solchen Beziehung sind Suchen und Finden, angstfreier Versuch und Irrtum ohne Verlustängste möglich.

In der therapeutischen Arbeit vermitteln wir Werte, Einstellungen, Überzeugungen etc., implizit oder explizit und unabhängig davon, ob wir das wollen oder nicht, ob wir das gut finden oder nicht; es geschieht. Tilmann Moser schildert in seinem Buch »Lehrjahre auf der Couch« ein schönes Beispiel: Er stellte im Laufe seiner Analyse erstaunt fest, daß er sich den gleichen Anzug wie sein Analytiker zugelegt hatte. Die Gewohnheiten, Einstellungen und Überzeugungen, die wir uns zu eigen machen, zeigen uns, für wen wir uns halten. Die Ereignisse kommen und gehen, aber es findet keine wirkliche Wandlung in uns statt, bevor nicht eins dieser Ereignisse unsere Selbstwahrnehmung wirklich in Frage stellt. Es ist durchaus möglich, in der gleichen Grundeinstellung zu verharren, bis das nächste große Ereignis eintritt. Doch wenn eine feste Überzeugung davon, was wir sind, wirklich in Frage gestellt wird, beginnt – notwendigerweise – Veränderung.

Wie grundlegend die Beeinflussung durch den therapeutischen Prozeß sein kann, wird mir immer wieder an einem simplen Beispiel deutlich: Ich finde es überdenkenswert, wie adressatengerecht und damit schematisch und letztlich unpersönlich Klienten oft über sich berichten. Da ist der in Bioenergetik Erfahrene, der mir von seinen Verspannungen und Verpanzerungen im Schulterbereich erzählt, ein anderer – der durch die psychoanalytische Mühle gegangen ist – erzählt mir von seinen Allmachtprojektionen, die er auf seinen Chef projiziert; wieder ein anderer berichtet von den Kämpfen, die sein Eltern-Ich mit seinem Kindheits-Ich austrägt – hier habe ich es dann wohl mit einem durch die Transaktionsanalyse Geprägten zu tun ... u.s.f. An solchen Dingen wird deutlich, wie sehr und tiefgreifend wir in der therapeutischen Arbeit immer auch ein ganz bestimmtes Menschen- und Weltbild (Model of man) ›mitliefern‹. Es ist die Aufgabe des Therapeuten, dieses Menschenbild explizit zu machen.
Woran wird z.B der Fortschritt im therapeutischen Prozeß gemessen? Mehrfach habe ich erlebt, wie Therapeuten sehr begeistert über die Fortschritte ihrer Klienten berichteten; die Klienten selbst jedoch diesen Fortschritt überhaupt nicht so erleben konnten. »Ja, er – oder sie – kann aber jetzt viel mehr von seinem Sich-schlecht-fühlen sehen, er kann es jetzt besser fühlen ...« Hier wird deutlich, wie wichtig die Transparenz der Werte und des Menschenbildes ist. Es mag ja geschehen, daß der Klient in dem genannten Beispiel später einmal retrospektiv diesen Fortschritt sehen kann. Doch dann ist zu fragen, was geschehen ist, wie es kommt, daß der Klient ein Geschehen nun mehr **auch** als Fortschritt wertet, welches er, als es aktuell war, ganz und gar nicht so sehen konnte. Was ist hier mit den Bewertungsmaßstäben, mit dem Menschenbild des Klienten geschehen? Hat er, ohne es zu merken, das Welt- und Menschenbild des Therapeuten im Rahmen von Identifikation unkritisch übernommen, oder ist er in ein eigenes, neues hineingewachsen?

Das Menschenbild ist ›normalerweise‹ – in der gesunden Entwicklung – so gestaltet, daß es die Aussage ›...ich bin okay‹ zuläßt bzw. stützt. Und das ist gut so. Problematisch wird es, wenn dieses Menschenbild so gestaltet ist, daß die psychohygienisch wichtige Aussage › ... ich bin okay‹ um den Preis oder mit der Implikation › ... die anderen sind **nicht** okay‹ erkauft werden muß. Ich muß andere schlecht machen, damit ich gut sein kann. Wie sehr diese ungesunde Strategie der Aufrechterhaltung und der Demonstration des Selbstwertes unseren Alltag bestimmt, wird in der politischen ›Kultur‹ gut deutlich: Hier geschieht die Darstellung der eigenen Fähigkeiten immer in Verbindung mit der Abqualifizierung des anderen. Die Rede ist von der Aufteilung der Welt in Sünder und Heilige, in Schuldige und Unschuldige. In diesem Fall ist bei der Vermittlung des Menschenbildes durch die Eltern genauso etwas falsch gelaufen wie bei der Vermittlung eines Menschenbildes durch Lehrer, Pfarrer, Vorgesetzte oder wen auch immer, bei dem ›unter'm Strich‹ immer wieder aufs neue nur › ... ich bin nicht okay‹ herauskommt.

Die Gestalttherapie wird allgemein als ein humanistisches Therapieverfahren bezeichnet; im humanistischen Denken werden wir also die Wurzeln gestalttherapeutischer Ethik suchen müssen. Weiter hat das existentialistische Denken die Gestalttherapie sehr geprägt. Perls war Jude und entstammte einem gläubigen Elternhaus, trennte sich jedoch recht früh von den religiösen Überzeugungen seiner Eltern: »Meine Eltern, vor allem mein Vater, waren ›assimilierte‹ Juden, er lebte in einem Kompromiß zwischen der Scham für seine Herkunft und dem Festhalten an einigen der Bräuche Tempelbesuche an hohen Feiertagen, für den Fall, daß es doch irgendwo einen Gott gab. Ich konnte mich seiner Heuchelei nicht anschließen und erklärte mich recht früh zum Atheisten.«[105] Später hat Perls sich stark an den »Frankfurter Existentialisten« seiner Zeit wie z.B. Buber, Tillich und Scheler orientiert. »Gestalttherapie ist eine existentielle Therapie, die sich in der Tradition Kierkegaards mit solchen Problemen beschäftigt, die aus unserer Furcht entstehen, Verantwortung für das zu übernehmen, was wir sind und was wir tun.«[106] Neben der humanistischen Ethik sind

105 F. Perls: Gestalt Wahrnehmung, S. 62
106 F. Perls und P. Baumgardner: Das Vermächtnis der Gestalttherapie, S. 17

also auch die Gedanken der Existentialisten, namentlich die von S. Kierkegaard, von Bedeutung für unser Thema.

Sehen wir die Störung, das Problem, mit dem der Klient in die Therapie kommt, als »ethische Störung« im Sinne von nicht-respektvollem Umgang mit sich selbst oder der Umwelt an, so wird deutlich, daß Therapie durch angewandte Ethik, durch gelebte Ethik – nämlich der des Therapeuten – zur Ethik führt. Alfred Adler spricht von der Befähigung zum »Gemeinschaftsgefühl« und meint damit Werte und Tugenden wie z.B. Vernunft, Kooperation, Verantwortung, Liebenswürdigkeit, Mitleid, Wohlwollen und Verstehen. Das Ziel der therapeutischen Bemühungen ist es u.a., den Menschen gemeinschaftsfähiger zu machen.

Ein Mitarbeiter Adlers – Carl Furtmüller – beschreibt den Weg durch Ethik zur Ethik, wie ich ihn nennen möchte, wie folgt: »... nicht so, als ob die Ethik ein Mittel der psychischen Gesundheit sein könnte, sondern im Gegenteil, die psychische Gesundheit erscheint als eine Voraussetzung echter Ethik. Alles, was uns dahin führt, die intrapsychische Spannung herabzusetzen, mildert auch die antisozialen und antiethischen Tendenzen. Von hier aus gelangt man zu wichtigsten sozialethischen Ausblicken. Es ist klar, daß unsere heutige Gesellschafts- und Wirtschaftsordnung (1912 verfaßt!) mit ihrem aufs äußerste gesteigerten Konkurrenzkampf und ihren ungeheuren Niveaudifferenzen zur Erhöhung dieser Spannung wesentlich beiträgt.«[107]

107 C. Furtmüller: Ethik und Psychoanalyse, S. 32 f

Das dritte Tal

Das Tal der Erkenntnis, des Erkennenkönnens von Zusammenhängen, des Entdeckens der Wahrheit.

Nach dem Tal, von dem ich (der Wiedehopf) soeben gesprochen habe, kommt noch ein weiteres – das Tal der Erkenntnis, das weder Anfang noch Ende hat. Kein Weg kommt diesem gleich, und die Entfernung, die man zurücklegen muß, um das Tal zu durchqueren, läßt sich nicht abschätzen.
Erkenntnis ist für jeden Reisenden etwas Bleibendes; doch Wissen ist vergänglich. Die Seele befindet sich ebenso wie der Körper in einem Zustand des Fortschritts oder des Verfalls, und der spirituelle Weg offenbart sich nur in dem Maße, in dem der Reisende seine Fehler und Schwächen, seinen Schlaf und seine Trägheit überwunden hat ... man kann auf unterschiedliche Art und Weise zur Erkenntnis gelangen. Wenn die Sonne der Erkenntnis die Straße erleuchtet, empfängt jeder Reisende Licht gemäß seinem Verdienst und erlangt jenen Grad der Erkenntnis der Wahrheit, der ihm bestimmt ist ... Der Strebende wird die Mandel in ihrer harten Schale erkennen können. Er wird nicht mehr mit sich selbst beschäftigt sein, sondern zum Angesicht seines Freundes emporschauen. In jedem Atom wird er das Ganze sehen; er wird über Tausende leuchtender Geheimnisse nachdenken.
Doch wie viele Verirrte kommen bei dieser Suche auf einen, der die Geheimnisse entdeckt hat! Wir müssen den tiefen beständigen Wunsch haben, so zu werden, wie wir sein sollten, um dieses schwierige Tal durchqueren zu können. Seid ihr einmal mit diesen Geheimnissen in Berührung gekommen, werdet ihr wahrlich den Wunsch haben sie zu verstehen.[108]

108 F. Attar: Vogelgespräche, S. 129 f

Die Autonomie und die weißen Mäuse

Ich möchte hier noch einmal bei der Frage der Wertordung verweilen: Ich habe oben dargestellt, daß es zweierlei mögliche Wertordungen gibt, nämlich die der a-priori-Ordnungen und die der persönlichen Evidenz.

Woher kommen die Werte? Hängen sie von uns ab, oder hängen wir von ihnen ab? Sind sie uns gegeben, oder bilden wir sie erst? Zwingen sie sich uns auf, oder bestimmen wir sie willkürlich? Unabhängig von der Antwort auf diese Frage ist noch das Dilemma zu sehen, daß Gedanken und Werte sich um so mehr von der Alltagspraxis entfernen, je mehr sie unter dem Bemühen um allgemeine Geltung bzw. uneingeschränkte Gültigkeit entstanden sind. Anders: Der Preis der universellen Gültigkeit ist die Distanz zur Praxis.

»Der Versuch, die Bereiche des Privaten und des Öffentlichen zu verschmelzen, steht hinter Platons Versuch einer Antwort auf die Frage: ›Warum liegt es im eigenen Interesse, gerecht zu sein?‹, ebenso wie hinter der Behauptung der christlichen Religion, daß vollkommene Selbstverwirklichung durch den Dienst am anderen zu erlangen sei. Solche metaphysischen oder theologischen Versuche, Streben nach Vollkommenheit mit Sinn für Gemeinschaft zu vereinen, verlangen von uns, eine allen Menschen gemeinsame Natur zuzugeben. Sie fordern von uns zu glauben, daß am wichtigsten für jeden von uns das ist, was wir mit anderen gemeinsam haben – daß private Erfüllung und Solidarität aus denselben Quellen kommen. Skeptiker wie Nietzsche haben nachdrücklich erklärt, daß Metaphysik und Theologie durchsichtige Versuche sind, den Altruismus vernünftiger erscheinen zu lassen, als er ist. Aber es ist typisch für solche Skeptiker, daß sie ihre eigenen Theorien über die Natur des Menschen haben. Auch sie behaupten, es gebe etwas allen Menschen gemeinsames – etwa den Willen zur Macht oder libidinöse Kräfte. Der springende Punkt für sie ist, daß es auf dem ›tiefsten Grund‹ des Selbst *keinen* Sinn für Solidarität gibt, daß dieser ›bloß‹ ein Artefakt der Sozialisation des Menschen ist. Also werden solche Skeptiker antisozial. Allein schon die Vorstellung von einer Gemeinschaft, die größer wäre als ein kleinster Kreis Eingeweihter, bringt diese Skeptiker dazu, ihr den Rücken zu kehren.«[109]

Nach meinem Verständnis von Gestalttherapie ist die Gestalttherapie in beiden oben genannten Wertordnungen verankert: Auf der einen Seite ist sie Anwalt eines – oft zu extrem vorgetragenen – Individualismus, nämlich immer dann, wenn sie Werte wie Autonomie und Abgrenzung hervorhebt. Auf der anderen Seite ergibt sich logischerweise aus der Tatsache, daß sie diese und ähnliche Werte als grundlegende menschliche Bedürfnisse beschreibt, eine Verankerung in einer a-priori-Wertestruktur. Wenn es aber stimmt, daß Autonomie, Eigenständigkeit und Verantwortung zentrale Werte der Gestalttherapie sind, dann sind diese Werte nur vor dem Hintergrund einer Wahlfreiheit des Individuums sinnvoll, d. h. einer Entscheidung – aus einer möglichen Menge von Wertestrukturen – *für* ganz bestimmte Werte.
Dies ist für das Verhältnis zwischen Klient und Therapeut von großer Bedeutung: Wer bestimmt denn eigentlich, ob es nun z.B. die weißen Mäuse gibt oder nicht, der Klient, der sie sieht, oder der Therapeut, der sie nicht sieht?
»Wirklich, Don Juan, du und ich, wir sehen die Dinger verschieden. Angenommen, um nur ein Beispiel zu nennen, einer, mit dem ich studiere, wäre hier bei mir gewesen, als ich das Teufelskraut nahm. Wäre es ihm möglich gewesen, mich fliegen zu sehen?«
»Da bist du wieder mit deinen Fragen, was würde geschehen, wenn ... Es hat keinen Sinn, so zu reden. Wenn dein Freund oder irgend jemand das Kraut nimmt, bleibt ihm nichts anderes übrig als zu fliegen. Wenn er dich beobachtet hätte, so hätte er dich vielleicht fliegen sehen oder auch nicht. Das hängt von ihm selbst ab.«
»Aber ich meine, Don Juan, wenn du und ich einen Vogel fliegen sehen, dann sind wir uns darüber einig, daß er fliegt. Aber wenn zwei meiner Freunde mich hätten fliegen sehen, wie ich es heute nacht tat, hätten sie dann beide geglaubt, daß ich geflogen bin?«
»Ja, vielleicht. Du glaubst, daß Vögel fliegen, weil du gesehen hast, wie sie fliegen. Fliegen ist eine bekannte Sache bei Vögeln.

109 R. Rorty: Kontingenz, Ironie und Solidarität, S. 11

Aber du stimmst nicht anderen Dingen zu, die Vögel tun, weil du sie niemals bei Vögeln gesehen hast. Wenn deine Freunde von Menschen wüßten, die mit dem Teufelskraut fliegen, dann wären sie sich einig.«
»Ich will es anders ausdrücken, Don Juan. Ich wollte sagen, wenn ich mich mit einer schweren Kette an einen Felsen festgemacht hätte, wäre ich dann genauso geflogen, weil mein Körper nichts mit meinem Fliegen zu tun hatte?«
Don Juan sah mich kopfschüttelnd an: »Wenn du dich an einen Felsen kettest«, sagte er, »dann, so fürchte ich, wirst du mit einem Felsen an einer schweren Kette fliegen müssen.«[110]

Dieses Beispiel macht, so hoffe ich, deutlich, worum es mir in diesem Zusammenhang geht: Es ist ein Unterschied, ob ich mich mit meinen Aussagen innerhalb ein und derselben Dimension – zwar an unterschiedlichen Punkten – bewege, oder ob ich in zweierlei Dimensionen bin und auch bleiben werde – bleiben kann –, weil es nicht – noch nicht einmal potentiell – einen gemeinsamen Standpunkt gibt. Wenn wir uns nicht einigen *können,* dann *brauchen* wir uns auch nicht zu einigen. Ich erinnere in diesem Zusammenhang an die Diskussion um Lösbarkeit vs. Unlösbarkeit von Problemen: Auch hier wird deutlich, daß ich sowohl als Klient als auch als Therapeut eine ganz andere Grundhaltung einnehme, je nachdem ob ich nun alles für machbar halte oder ob ich die Begrenztheit therapeutischer Machbarkeit akzeptiere.
Klient und Therapeut brauchen eine *gemeinschaftliche* Arbeitsgrundlage, in der die formalen Rahmenbedingungen, aber auch – und das ist wohl der weitaus schwierigere Teil – die Benennung des Problems vorkommen. Eine Therapie ist schwer möglich, wenn Therapeut und Klient dauerhaft von unterschiedlichen Diagnosen zu unterschiedlichen Zielen unterwegs sind. Jemand kommt aufgrund einer Leistungshemmung in Therapie; es wird ihn wohl sehr verwirren, wenn ich als Therapeut an seiner frühkindlichen Vater/Kind-Beziehungsstörung arbeite – was aus fachlicher Hinsicht ja durchaus sinnvoll sein *kann.* Aber ich muß als Therapeut konstatieren, daß der Klient, der mit diesem möglichen Zusammenhang nichts anfangen kann, mit meiner therapeutischen Zugriffsweise

110 C. Castenada: Die Lehren des Don Juan, S. 107

nicht einverstanden ist. Therapeut und Klient sollten tunlichst am gleichen Problem arbeiten – aber wer bestimmt eigentlich, wo das Problem ist? Gefragt ist hier wieder einmal Balance: Da ist auf der einen Seite das Recht des Klienten auf Autonomie, auf einen eigenen Standpunkt, auf der anderen Seite können Klient und Therapeut nur dann dauerhaft zusammen arbeiten, wenn sie eine gemeinsame Arbeitsgrundlage haben. Diese bezieht auch die Diagnose, soweit es sie in der Gestalttherapie gibt, mit ein.
Bei gemeinschaftlicher Grundüberzeugung ist dies im Regelfall kein Problem; interessant wird die Sache, wenn zwei Meinungen sich – evtl. dauerhaft unvereinbar – unterscheiden. Dann wird es spannend: **Wer** bekehrt **wie wen**, ist die interessante Frage; was passiert mit den weißen Mäusen?

Wer bestimmt eigentlich, wo das Problem ist?
Wer bestimmt eigentlich, worüber gearbeitet wird?
Wer bestimmt eigentlich, daß die therapeutische Arbeit feststeckt?
Wer bestimmt eigentlich, wann eine Therapie beendet ist?
Wer bestimmt eigentlich, was hilfreich und was nicht hilfreich ist?

Insbesondere die letzte Frage ist bei einem oft konfrontativen Therapieverfahren, wie es die Gestalttherapie ist, von Bedeutung. Das häufig praktizierte sogenannte »skilful frustration« wird wohl meistens nicht gerade die Zustimmung des Klienten finden. Dazu erinnert es – oberflächlich betrachtet – zu sehr an die die elterliche Bestrafung begleitende Botschaft: »Ich muß dich jetzt bestrafen, aber es ist zu deinem Besten, mir blutet selber das Herz dabei ... «. Hier muß die Intention klar sein. Skilful frustration hat sein Ziel nicht in irgendeiner Bestrafung, sondern entsteht aus der Weigerung des Therapeuten, sich manipulieren zu lassen, die Tricks und Spiele, mit denen der Klient bisher seine Umwelt für sich eingespannt hat, mitzumachen.
Die Gestalttherapie beschwört immer wieder die Autonomie des freien Menschen; gleichzeitig ist sie gerade darin in subtiler Art intolerant: Man darf nur solange und nur in dem Ausmaß anders, schwierig sein, in dem man sich an die – meist unausgeprochenen – Regeln hält. Man schwört auf die Freiheit des Menschen,

aber man macht sie abhängig von den Spielregeln: »Frei bist Du solange wie Du Dich an die Spielregeln hältst.« Hier würde ich mir etwas mehr Einfluß von Paul Goodman wünschen, der ja immer als anarchistischer Querdenker in der Gestalttherapie bezeichnet wird. Wer den Spielregeln nicht folgt, steht macht- und wehrlos außerhalb dessen, was als die (vereinbarte) Realität bezeichnet wird. Dann ist es für den Betroffenen immer noch besser ausgestoßen als klientifiziert zu werden, denn es ist nicht zwangsläufig sein Problem, daß die anderen nichts mit ihm anfangen können. Es besteht ein Unterschied zwischen anders sein und falsch sein. Leider sind bei den meisten von uns diese beiden Signale in der Erziehung oft synonym verwendet worden, so daß die Fähigkeit, sich gegen den – oft sehr subtilen – Vorwurf, falsch zu sein mit aller Kraft zur Wehr zu setzen schaden genommen hat. Nur um dazu zu gehören, haben viele gelernt, die eigene Meinung, die eigene Natur zu verleugnen. Doch es ist ein Unterschied, ob jemand nicht dazugehört, weil er falsch ist, oder weil er simpel anders ist. Jemand, der Katzen züchtet, ist in einem Kaninchenzuchtverein am falschen Platz; nicht er ist falsch, wenn er im Kaninchenzuchtverein ist, sondern sein Platz, seine Mitgliedschaft in eben diesem Verein. Viele Therapeuten nehmen es ihren Klienten sehr übel, wenn diese plötzlich aus dem therapeutischen Definitions- und damit Machtrahmen herausspringen und ihre Skepsis beibehalten. Skepsis ist ein wichtiger Motor der Autonomie und verdient die Begleitung des Therapeuten. Skepsis ist nicht einfach, sie ist ein Januskopf: »Selbstverständlich zwar steckt in der Skepsis etwas, was ihn (den Menschen, der nach Autonomie strebt) in Distanz bringt zunächst einmal zur Naivität. Denn die Reflexion hat als solche ein doppeltes Gesicht: Sie ist notwendiges Gegengift gegen die Halbbildung, aber sie kann auch die Wurzeln der Wertgefühle schädigen.

Das Problem, das darin liegt, daß die Reflexion den Wertgefühlen gegenüber eine doppelte Rolle spielt, hat Kierkegaard zu fassen versucht, indem er von der notwendigen Doppelreflexion spricht: Im ersten, fragwürdigen Stadium (fragwürdig im Verhältnis zur Naivität) zerstört sie vieles, was zum Unsagbaren gehört, durch den Glauben an das Ausgedachte. Im zweiten Stadium hilft sie, den Horizont, den sie vorher an vielen Stellen verschlossen hat, wieder zu öffnen. Erst in diesem Stadium zeigt sich dann die

Reichweite einer Skepsis, die auch dem Ausgedachten gegenüber unbestechlich bleibt und dem Glauben einen so weiten Raum gibt, daß auch die naive Empfindungs- und Wertewelt darin Platz hat.«[111] Hier wird, so meine ich, sehr prägnant deutlich, wie sehr die gelebte Autonomie des Therapeuten, die den Klienten nicht braucht – und daher auch nicht mißbraucht – Voraussetzung für die Entstehung der Autonomie des Klienten ist.

Eine Mutter steht mit ihrem kleinen Sohn vor einem Nilpferdbecken; eines der Tiere ist gerade im Wasser. »Guck mal, da ist ein Walfisch.« Ein Herr, der das zufällig mithört: »Entschuldigen Sie, daß ich mich da einmische, aber das ist ein Nilpferd!« In diesem Augenblick kommt das Nilpferd aus dem Wasser. »Sehen sie«, sagt der Mann, »daß es ein Nilpferd ist? Walfische können nämlich nicht an Land gehen!«
Die Frau darauf: »Sie sehen doch, daß *dieser* Walfisch das kann!«

»Nicht das Stück, das Publikum ist durchgefallen.«
(Claus Peymann, Direktor des Wiener Burgtheaters, zu der von ihm inszenierten Aufführung des Stückes »Raststätte oder Sie machen's alle« von Elfriede Jelinek, das bei den Zuschauern wenig Anklang fand)

111 H. Burkhardt: Selbstsein oder Weltbeglückung, S. 223 f

Das vierte Tal

Das Tal der Befreiung von allen Wünschen und der Loslösung von allen Bindungen:

Dann kommt das Tal, in dem es weder das Verlangen gibt, etwas zu besitzen, noch den Wunsch, etwas zu entdecken. In diesem Zustand der Seele bläst ein kalter Wind, so heftig, daß er binnen einer Sekunde ungeheuren Raum verwüstet: Die sieben Ozeane sind nicht mehr als ein Teich, die sieben Planeten nicht mehr als ein bloßer Funke, die sieben Himmel ein Leichnam und die sieben Höllen zerbrochenes Eis. Doch dann etwas Wunderbares, etwas, was über unseren Verstand hinausgeht! Eine Ameise hat die Kraft von hundert Elefanten, und hundert Karawanen kommen um in der Zeit, die eine Saatkrähe braucht, um ihren Kropf zu füllen ... In diesem Tal hat nichts Altes oder Neues Wert; man kann handeln oder nicht handeln ... Wenn unzählige Seelen in diesen unendlichen Ozean fielen, wäre es nicht mehr als ein Tautropfen. Wenn Himmel und Erde in winzig kleine Teilchen zersprängen, so wäre das nicht mehr als ein Blatt, das vom Baume fällt; und wenn alles ausgelöscht würde, vom Fisch bis zum Mond, fände man in den Tiefen einer Grube das Bein einer lahmen Ameise? Wenn weder vom Menschen noch vom Dschinn auch nur eine Spur übrigbliebe, müßte man immer noch über das Geheimnis des einen Wassertropfens nachdenken, aus dem alles gebildet worden ist.[112]

112 F. Attar: Vogelgespräche, S. 133 f

Verantwortung oder: »Beim Duschen wird man meistens naß«

– Autonomie **und** Verantwortung – Autonomie **vs.** Verantwortung – Oder: Wer die Musik bestellt hat, der muß sie auch bezahlen!

Verantwortung sollte ein zentraler Gedanke sowohl in der Ethik als auch in der Therapie sein. In der Diskussion um und über Verantwortung finden wir all jene Gedanken vereint wieder, die in bezug auf Autonomie und Verantwortung schon einzeln dargestellt wurden. Geht man vom allgemeinen Sprachgebrauch aus, so ergeben sich vier verschiedene Aspekte von Verantwortung:

- Jemand *trägt* die Verantwortung, *ist* verantwortlich;
- Jemand *übernimmt* die Verantwortung für etwas;
- Jemand wird *zur Verantwortung gezogen*;
- Jemand *handelt* verantwortlich.

In allen vier Fällen stellt sich die Frage: *Wer* hat *wofür, vor wem* und *nach welchen Kriterien* eine Verantwortung? Diese Frage taucht in ihrer Komplexität immer und immer wieder, ganz oder in Teilaspekten auf. Verantwortung hat auch mit Kontakt zu tun: Es wird nämlich erst im Kontakt mit der Umwelt sichtbar, daß gelebte Verantwortung sowohl Beziehung zwischen Menschen stiftet, als auch erst aus einer solchen entsteht.
Verantwortung steht in enger Wechselbeziehung mit Freiheit und bildet gemeinsam die Basis für das, was ich **ethisch verankerte Subjektivität** nennen möchte. »Für die moderne Konstellation des Begriffpaares Freiheit und Verantwortung liegt diese Zielorientierung in der Autonomie. Die Autonomie des Subjektes ist zwar die Grundbedingung zur Realisierung von Freiheit in Verantwortung, zugleich gilt sie aber sowohl als Rahmen, den das handelnde Subjekt nur um den Preis seiner Selbstaufgabe verlassen kann, als auch zugleich als Prüfkriterium jeder einzelnen Handlung: Dort,

wo der Handelnde nach kritischer Prüfung zu dem Schluß kommt, daß seine Handlung nicht selbst-, sondern fremdbestimmt war, qualifiziert sich seine Handlung als unfrei und unverantwortlich. Die Autonomie entfaltet als Zielorientierung der modernen Ethik zugleich jene Idee, deren Entdeckung das Kennzeichen der Moderne ist: die Subjektivität.«[113] Hier muß jetzt noch hinzugedacht werden, daß es subjektiv begründete bzw. begründbare Gewichtungen der Verantwortung gibt: Bei einem Schwerverletzten z.B. ist die Verantwortung eines Arztes größer als die eines medizinischen Laien. Das ist, was ich oben mit ethisch verankerter Subjektivität gemeint habe. Nur in diesem Zusammenhang ist die Inanspruchnahme von Autonomie ethisch und nicht a-sozial im eigentlichen Wortsinn zu nennen.
Ich meine, spätestens hier müßte nun die Bedeutung der Diskussion über Verantwortung für die therapeutische Arbeit sichtbar sein.

Die Gestalttherapie stellt mit Nachdruck – und das zu Recht – den autonomen Menschen in den Vordergrund. Autonomie bedeutet jedoch auch Verantwortung für »Selbstregulation« oder, um es gestalttherapeutisch auszudrücken, für die Aufrechterhaltung der Homöostase. Da die semantische Logik es zuläßt, bei Substantiven mit dem Vorsatz ›selbst‹ diesen Vorsatz ›selbst‹ durch das Substantiv zu ersetzen, kann logischerweise gesagt werden: Autonomie = Selbst-Regelung = Regelung der Regelung; d. h. der autonome Mensch regelt seine eigene Regelung. So wird deutlich, daß Autonomie ohne Verantwortung – für sich und andere – eine leere Formel bleibt. Ich möchte in diesem Zusammenhang ein längeres Zitat von Heinz v. Foerster bringen, einem Wissenschaftler, bei dem Bedeutung und Bekanntheitsgrad leider in umgekehrtem Verhältnis zueinander stehen. Hier wird der Zusammenhang zwischen Autonomie, Verantwortung, Menschenbild (= Sicht des Menschen) und Ethik sehr gut deutlich:
»Es mag in einer Zeit wie der unseren seltsam anmuten, Autonomie zu fordern, denn Autonomie bedeutet Verantwortung: Wenn ich selbst der einzige bin, der entscheidet, wie ich handle, dann bin ich für meine Handlungen verantwortlich. Da die Regel eines der

113 A. Brenner: Streit um die ökologische Zukunft, S.142

populärsten Spiele, das man heute spielt, darin besteht, jemand anderen für *meine* Handlungen verantwortlich zu machen – der Name des Spiels lautet ›Heteronomie‹ –, führen meine Überlegungen, soweit ich sehe, zu einer höchst unpopulären Auffassung. Ein Verfahren, diese Auffassung unter den Teppich zu kehren, besteht darin, sie bloß als einen erneuten Versuch der Rettung des ›Solipsismus‹ zu betrachten, d. h. der Ansicht, daß diese Welt nur in meiner Vorstellung existiert und daß die einzige Realität nur das sich etwas vorstellende ›Ich‹ ist. In der Tat habe ich genau dieses vorhin festgestellt, ich habe dabei jedoch von einem einzigen Organismus gesprochen. Die Situation ist völlig anders, wenn es zwei davon gibt, wie ich mit Hilfe des in der Abbildung gezeichneten Herrn mit der Melone auf dem Kopf demonstrieren möchte:

Dieser Herr besteht darauf, daß er die einzige Realität ist und daß alles übrige nur in seiner Vorstellung existiert. Auch dieser Herr kann jedoch nicht leugnen, daß das von ihm imaginierte Universum mit Erscheinungen bevölkert ist, die ihm selbst durchaus nicht unähnlich sind. Er muß folglich zugeben, daß auch diese Erscheinungen selbst darauf bestehen könnten, daß **sie** die einzige Realität sind und daß alles andere lediglich ein Produkt ihrer Einbildung ist. In diesem Falle aber ist das von ihnen imaginierte Universum mit Erscheinungen bevölkert, zu denen auch **er**, d. h. der Mann mit der Melone auf dem Kopf, gehören muß. Nach dem Prinzip der Relativität, das eine Hypothese ablehnt, die für zwei Phänomene zusammen nicht gilt, obwohl sie für jedes der beiden Phänomene allein zutrifft – Erdbewohner und Venusbewohner mögen beide darin übereinstimmen, daß sie behaupten, der Mittelpunkt des Universums zu sein, ihr Anspruch zerfällt aber, wenn sie aufeinandertreffen –, löst sich auch der solipsistische Standpunkt auf, sobald ich neben mir noch einen weiteren autonomen Organismus erfinde. Da das Prinzip der Relativität aber logisch nicht notwendig ist, noch auch eine Behauptung darstellt, die als wahr oder falsch zu erweisen ist, ist hier besonders hervorzuheben, daß der entscheidende Punkt, um den es hier geht, darin liegt, daß es mir freisteht, dieses Prinzip anzunehmen oder zu verwerfen. Wenn ich es ablehne, dann bin ich der Mittelpunkt des Universums, meine Wirklichkeit sind meine Träume und Alpträume, meine Sprache ist ein Monolog, meine Logik eine Monologik. Wenn ich das Prinzip akzeptiere, kann weder ich noch auch ein anderer den Mittelpunkt des Universums bilden. Es muß wie im heliozentrischen System etwas drittes geben, das den zentralen Bezugspunkt bildet. Dies ist die Relation zwischen Du und Ich, und diese Relation heißt IDENTITÄT:

Wirklichkeit = Gemeinschaft.

Was folgt aus all dem für Ethik und Ästhetik?
Der **ästhetische Imperativ:** Willst du erkennen, lerne zu handeln.

Der **ethische Imperativ:** Handle stets so, daß die Anzahl der Möglichkeiten wächst.

So konstruieren wir aus unserer Wirk-lichkeit in Zusammenwirkung unsere Wirklichkeit.«[114]

Ethisches Handeln setzt ein autonomes, sich bewußt **für** etwas entscheidendes Individuum voraus. Nur am Rande sei hier die Frage an die klassische Psychoanalyse aufgeworfen, wie in ihrem System eine Ethik überhaupt möglich ist, wenn nach ihrem Menschenbild der Mensch unter dem Kuratel des Es steht, oder – wie Freud es selbst ausdrückte – »das Ich nicht Herr im eigenen Haus« ist. Zwar soll durch die psychoanalytische Arbeit Ich dort werden, wo Es war, aber heißt das nicht auch implizit, daß im Lichte der Psychoanalyse nur der ›durchanalysierte‹ Mensch ethisch, weil autonom handeln kann?

Die Angst vor Verantwortung zu verlieren, aufhören, andere für sich handeln zu lassen, dies sind wichtige Ziele und Werte der Gestalttherapie. Weil das (Ur-) Vertrauen in unsere Ressourcen oft zerstört worden ist, haben wir mehr und mehr Fähigkeiten darin entwickelt, andere so zu manipulieren, daß sie sich für uns verantwortlich fühlen. Davon abzulassen fällt schwer – wir sind Meister im ›beweisen‹, daß wir »diesmal wirklich nicht können ...«.
Das kindliche »... will selber machen ...« ist eine äußerst wichtige Entwicklungsphase zur Entwicklung der Autonomie, da hier das Kind Vertrauen in die eigenen Fähigkeiten entwickelt. Vor allem aber kann auf dieser Entwicklungsstufe das Ausprobieren-können gelernt werden. Dazu ist jedoch die Freiheit, daß es nicht beim ersten Mal klappen muß, erforderlich.

Es gibt eine Gruppenübung zum Thema Verantwortung, die, obwohl sie immer wieder gleich verläuft, immer wieder aufs neue sehr eindrucksvoll ist:
Die Gruppe wird gebeten, eine »Powerline« zu bilden, die Mitglieder der Gruppe sollen sich in einer Reihe aufstellen, und zwar so, daß – je nach Selbsteinschätzung – auf Platz eins das Gruppenmitglied steht, welches die meiste Macht, die größte Bedeutung oder die wichtigste Position in der Gruppe innehat. Auf dem letzten

114 Heinz v. Foerster: Wissen und Gewissen, S. 47 ff

Platz steht dann entsprechend der- oder diejenige, der/die von sich denkt, daß er/sie den geringsten Einfluß, die geringste Macht innerhalb der Gruppe hat. Wichtig dabei sind folgende Hinweise: Die Merkmalsbeschreibung wird extra etwas vage gehalten, damit jeder seine inhaltlichen Vorstellungen von Bedeutung, Macht oder Einfluß mit einbringen kann; zweitens wird darauf hingewiesen, daß keine Position doppelt besetzt werden darf.
Was dann folgt, ist in jeder Gruppe mehr oder weniger ähnlich: Zunächst wird die Übung abgelehnt, weil »wir ja alle gleich sind ...«,«...weil wir ja gerade hier in der Gruppe den verdammten Sozialdarwinismus ablegen wollen ...«; dann wird versucht, die Übung zu bagatellisieren, indem man ein Spiel daraus macht, sie nicht ernst nimmt und immer wieder betont, daß es »draußen« so etwas nicht gebe .... . Als nächstes stellen sich alle auf Platz drei oder vier – jedenfalls irgendwo in die Mitte der Reihe. Wenn nun nach einiger Zeit die Reihe wirklich steht, und nachdem ich angeregt habe, jeder solle noch einmal genau nachfühlen, ob er mit der augenblicklichen Stellung zufrieden sei, werden die Gruppenmitglieder aufgefordert, den Satz zu vervollständigen: »Ich habe mich auf Platz X gestellt, weil ...«. Auch die dann kommenden Antworten sind meist sehr ähnlich: »Ich habe mich auf Platz drei gestellt, weil die anderen mich dahin geschoben haben«. »Ich stehe zwar auf Platz vier, aber *eigentlich* würde ich mich auf Platz zwei stellen«. Auffallend ist auch, daß sich offensichtlich gerade Menschen, die im Sozialbereich arbeiten, schwer mit dieser Übung tun; schwer damit tun, eine verborgene Machtstruktur innerhalb einer Gruppe offen zu machen, sich zu ihr zu bekennen und mit ihr umzugehen.

Verantwortung erkennen und übernehmen heißt nicht nur irgendwelchen Geboten zu folgen, sondern auch auf die vorausschaubaren Folgen der Handlungen zu achten und für sie aufzukommen.
Eine Klientin wollte bei mir Therapie machen. Im Erstgespräch erzählte sie, daß sie schon in verschiedenen Therapierichtungen »gearbeitet« habe; jedoch sei sie immer wieder an den Punkt gekommen, wo sie »sich verpisst« habe. Darum wolle sie jetzt eine Gestalttherapie – bei einem Mann – machen, damit dies nicht mehr passiere. Ich mußte sie enttäuschen: »Ziel meiner therapeutischen Arbeit ist es **nicht**, Ihr ›Verpissen‹ zu verhindern,

sondern ich möchte, daß Sie sich *bewußt* ›verpissen‹, damit wir gemeinsam herausfinden können, was genau für Sie in einem solchen Augenblick geschieht; wie kommt es, daß an einem ganz bestimmten Punkt das ›Verpissen‹ für Sie die einzig zur Verfügung stehende Reaktionsmöglichkeit zu sein scheint?«
Verantwortung zu übernehmen heißt in diesem Beispiel: Aufhören, das ›Verpissen‹ dieser oder jener Therapieform zuzuschreiben – oder diesem oder jenem Therapeuten –, sondern **ich selbst** bin es, der/die sich verpisst – es ist **meine** Entscheidung, für die ich – und das steht außer Zweifel – **meine** Gründe habe.
Perls entlarvte bei seinen Klienten immer wieder die »Opfersprache« der Muß-, Soll-, Kann-nicht-Formulierungen, die uns selbst und anderen gegenüber suggerieren sollen, daß die »Umstände« uns zu bestimmten Handlungen oder Gefühlen zwingen und uns daher die (Eigen-) Verantwortung abgenommen sei. »Tatsächlich haben wir jedoch als Lebewesen immer wieder einen Spielraum an Handlungsmöglichkeiten, der uns zwar eingrenzt, aber immer noch – rein logisch betrachtet – unendlich viele Handlungsmöglichkeiten offenläßt. So war es z.B. eine häufige Strategie von Virginia Satir, ihre Klienten nach Darstellung ihrer Handlung mindestens noch drei andere Handlungsmöglichkeiten aufzählen zu lassen. Mit der ›Opfersprache‹ vermeiden wir, uns als verantwortlich zu betrachten, aber wir sind verantwortlich, z.B. für unsere Kopfschmerzen. Wenn ich mir die Welt so konstruiere (und so sehe), daß ich nur eine Alternative habe, dann bin ich nicht verantwortlich für diese Alternative, aber ich bin verantwortlich dafür, daß ich mir die Welt so konstruiert habe.«[115]

In der Übernahme der Verantwortung für unser Handeln sah Perls eines der zentralen Anliegen seiner Arbeit. Meiner Meinung nach schoß er hierbei jedoch immer wieder über das Ziel hinaus, wenn er teilweise recht konfrontativ von seinen Klienten Verantwortung für ihr Handeln und Nicht-Handeln einklagte. Hier verwechselte er, so meine ich, häufig Ausgangspunkt und Zielformulierung der Therapie. Viele Menschen begeben sich gerade darum in Therapie, weil sie sich – zu Recht oder Unrecht – nicht in der Lage sehen,

115 D. Teschke: Der radikale Konstruktivismus und einige Konsequenzen für die therapeutische Praxis, S. 25

diese geforderte Leistung zu erbringen. An einem Bild möchte ich dies verdeutlichen: Manchmal kommen mir die Anforderungen Perls' an seine Patienten vor wie ein Krankenhaus, das nur dann gewillt ist, Kranke aufzunehmen, wenn sie gesund sind.
So soll sich Perls z.B. geweigert haben, mit einer Frau zu arbeiten, weil sie ein anderes Gruppenmitglied um Feuer bat, obwohl sie selbst Streichhölzer hatte. Perls sah darin ein Zeichen von Manipulation der Umwelt und der Nichtübernahme von Verantwortung. Es scheint so, als müßte man fertig sein, um bei Perls Therapie machen zu dürfen, auf keinen Fall aber durfte man offensichtlich *fertig* sein.
In der Ausbildungsrichtung, wie sie vom Hartfort Family Institute vermittelt wird, steht der Gedanke der Unterstützung im Vordergrund. Damit ist die ethische Grundauffassung gemeint, daß alles Handeln in jeder Situation die jeweils bestmögliche der in dieser konkreten Situation zur Verfügung stehenden Alternativen darstellt. Von Perls stammt der Satz: »In diesem Augenblick kann ich nicht anders sein, als ich in diesem Augenblick bin«.
Wir kommen also, wie an anderer Stelle beschrieben, nach dieser Grundauffassung ständig unserer ›Pflicht‹ nach, uns selbst zu dem zu machen, was wir werden sollen, nach unseren besten subjektiven und situativen Fähigkeiten. »Obwohl Perl's Worte keinen Zweifel daran lassen, daß er hochempfindsam für die Frage der Verantwortung war und über die Tatsache Bescheid wußte, daß der Therapeut die Last der Verantwortung des Patienten nicht akzeptieren darf, war er niemals in der Lage (ich glaube, eigentlich erkannte er es auch nie im vollen Ausmaß), das Paradox seines Therapieansatzes zu lösen. Dem Patienten wird gesagt, daß er ›Verantwortung übernehmen‹ soll. Aber welches ist die übrige Erfahrung des Patienten? Eine Begegnung mit einem außerordentlich machtvollen, charismatischen, weisen, alten Mann, der nonverbal zum Ausdruck bringt: ›Und ich werde Dir genau sagen, wann und warum Du es tun mußt‹. Perls' aktiver, persönlicher Stil, seine Aura der Macht und Allwissenheit standen im Widerspruch zu seinen Worten. Gleichzeitig zwei einander widersprechende Botschaften zu erhalten, die eine implizit, die andere explizit, heißt, in eine klassische Double-bind Beziehung gebracht zu werden.«[116]

---

116 I.D. Yalom: Existentielle Psychotherapie, S. 298

Kann ich es einem Quintaner verübeln, daß er keine Integralgleichung lösen kann? Sicherlich nicht. Ich kann von ihm verlangen, daß er zugibt, dies nicht zu können, nicht aber die Lösung solcher Aufgaben. Um letzteres zu lernen, geht er ja zur Schule. Um in diesem Beispiel zu bleiben: Es ist gestalttherapeutisch sinnvoll, ja für eine therapeutische Arbeit geradezu unerläßlich, daß der Quintaner für sein Nichtkönnen Verantwortung übernimmt. In der Gestalttherapie ist Verantwortung im Sinne Sartres gemeint, der schreibt, verantwortlich zu sein heißt »der unbestrittene Urheber eines Ereignisses oder einer Sache zu sein.«[117]

Man schlägt den Ochsen, der sich dem Joch nicht beugt,
doch wird er nicht gestraft, wenn er nicht fliegt.
(Rumi)

»Verantwortung bedeutet Urheberschaft. Sich der Verantwortung bewußt zu sein heißt, daß man sich dessen bewußt ist, daß man sein eigenes Selbst, sein Schicksal, sein Lebensdilemma, seine Gefühle und, wenn es der Fall ist, sein eigenes Leiden erschafft. Für den Patienten, der solche Verantwortung nicht akzeptieren will, der darauf besteht, andere zu beschuldigen – entweder andere Personen oder andere Mächte – für seine oder ihre Dysphorie, ist keine wirkliche Therapie möglich.«[118] Dies ist so lange der Fall, wie ich z.B. mein Frieren dem Wetter anstatt meiner unangemessenen Kleidung zuschreibe.

Unter der Überschrift ›Verantwortung‹ treffen sich Wissen und Vertrauen, wobei das eine erst das andere ermöglicht. Oder anders: Es gibt ein Vertrauen, das verantwortungslos der eigenen Person gegenüber ist, weil ihm die Komponente des Wissens fehlt. Neben einem gewiß immer vorhandenen ›Restrisiko‹ gehört zum Vertrauen, daß ich – wie auch immer – weiß, *wem* ich *warum* traue; wäre dies nicht so, so müßten wir nicht von Vertrauen, sondern von Leichtsinn, zumindest aber Vertrauensseligkeit sprechen. Der Weltumsegler **weiß**, daß sein Boot gut ausgerüstet ist, er **weiß** um seine Fähigkeiten und Kenntnisse, er **weiß**, daß er sich sorgfältig

117 J.P. Sartre: Das Sein und das Nichts, S. 633
118 I.D. Yalom: Existentielle Psychotherapie, S. 261

vorbereitet hat, und gerade darum ist er in der Lage, sich der weiten See anzuvertrauen. Daraus folgt, daß Wissen, aber auch Vertrauen Vorbedingungen der Verantwortung sind.

Erst wirbeln wir den Staub auf und beschweren uns dann,
daß wir nicht mehr durchblicken.
(P. Watzlawick)

Dieses Problem wird oft in der Paartherapie deutlich, wenn einer der beiden Partner ›fremdgeht‹, aber nicht die Verantwortung dafür übernehmen will, indem er sich den Reaktionen des anderen – seien es nun Wut, Trauer oder Rachebedürfnisse – nicht stellen will, wobei hier zu unterscheiden ist zwischen dem Bekenntnis zu einer Handlung **und** deren Konsequenzen auf der einen Seite und dem Schuldigmachen – und damit abhängig von ›Vergebung‹ werden – auf der anderen Seite. Dies ist natürlich eine äußerst schwierige Sache, da sie von beiden Seiten ein hohes Maß an Reife und Integrität verlangt: Der Täter soll offen sein für die Reaktionen, die er beim Opfer auslöst; das Opfer muß in der Lage sein, seine Reaktionen in kongruenter Weise mitzuteilen, d. h. im Sinne einer Mitteilung über die eigene Befindlichkeit und nicht im Sinne einer Schuldigmachenden Anklage. Doch bis dahin ist es oft ein weiter, manchmal schmerzhafter Weg.

Oder ein anderes simples Beispiel, das Zuspätkommen: Macht der Klient oder auch der Therapeut, der zu spät zu einer Sitzung kommt, den Verkehrsstau, die Unpünktlichkeit der Straßenbahn oder das Wetter verantwortlich, oder ist er in der Lage, Verantwortung für sein Zuspätkommen zu übernehmen und einfach zuzugeben, daß **er** zu spät kommt, weil **er** sich zu spät auf den Weg gemacht hat?

Oder Entschuldigungen: Entschuldigungen sind mir meist suspekt; oft steht im Vordergrund der Entschuldigung, daß sich der Täter *ent* – schulden will, und nicht die Betroffenheit über das, was der Täter durch seine Tat bei dem Opfer an Wut, Enttäuschung oder Rückzug ausgelöst hat. So ist denn auch die Botschaft einer so gemeinten ›Entschuldigung‹, wenn man sie übersetzt » ... sei bitte nicht mehr böse mit mir ...«. Nur, weil der Täter mit dem Schmerz, der Wut und vor allem mit der daraus resultierenden Abgrenzung nicht leben kann, soll das Opfer all' diese Gefühle ›wegstecken‹. So wird das Opfer gleich doppelt zum Opfer gemacht: Zum einen durch die Kränkung als solche, zum anderen dadurch, daß ihm seine Reaktionen verboten oder wegmanipuliert werden. (Wer geschlagen wird, hat das Recht, »... Aaua« zu sagen!). Im Vordergrund einer wirklichen Entschuldigung muß daher auf jeden Fall ein deutliches Bekenntnis zu dem Zusammenhang zwischen einer Handlung und dem, was sie bei dem Opfer ausgelöst hat, stehen. Das Ziel der Entschuldigung sollte deutlich zum Ausdruck kommen: Es geht **nicht** darum, daß das Opfer nunmehr aufhören soll, enttäuscht, traurig oder wütend zu sein. (»Jetzt habe ich mich doch entschuldigt, nun lass' uns doch wieder gut sein ... .«).

Im Thema Verantwortung treffen sich in sinnvoller Weise auch die Forderungen nach einer neuen Ethik mit dem Gedankengut der ›Naturvölker‹. Nahezu alle bisherige Ethik blickt auf den unmittelbaren Umkreis einer Handlung, auf das Hier, das Jetzt, den Mitmenschen, den »Nächsten«. Daß der Mensch das unermeßliche Meer, die ganze Natur gefährden könne, war für unsere Vorfahren außerhalb jeder Denkbarkeit. Daß wir der nächsten Generation eine intakte Welt, eine intakte Natur schulden, dies ist im westlichen Denken recht neu, während der indianische Satz »Wir haben die Erde nur von unseren Kindern geliehen« sehr alt ist.
In den Generationenvertrag muß also die (Um-) Welt mit einbezogen werden. Dies ist jedoch insofern recht schwierig, als in der ›zivilisierten‹ Welt (welche Berechtigung gibt es eigentlich für dieses Adjektiv?) schon der ›normale‹ Generationenvertrag der Fürsorge und des Sorgens der Generationen untereinander nicht mehr intakt ist.
Ein Mullah auf die Frage, warum er allmorgendlich fünf Fladenbrote kaufe: »Eines esse ich, zwei gebe ich zurück und zwei leihe ich aus.« »Wem gibst du zurück, und wem leihst du aus?« »Meinen Eltern gebe ich zurück, was sie mir in meiner Jugend gegeben haben, und meinen Kindern leihe ich, was sie mir in meinem Alter erstatten.«
Diese schöne Geschichte mutet ja fast wie der Bericht aus einer anderen Welt an.

»Zu den wichtigsten Sozialschemata, die von einer Generation an die andere weitergegeben werden, gehört das Verhältnis zwischen den Generationen selbst. Es liegt hier – wie die Entwicklung des Generationenproblems in Theorie und Praxis des letzten Jahrzehnts gezeigt hat, einer der bestimmendsten Faktoren für den habituellen Reifegrad einer Gesellschaft.«[119] Dies hat Szczesny 1971 geschrieben. Inzwischen ist die hier umschriebene Fragestellung eher noch brisanter geworden; man denke etwa an die Diskussion zum Thema Renten! Selbstverständlich bedarf es – alleine aufgrund der demographischen Bevölkerungsentwicklung – der Neuorientierung in diesem Bereich. Ich finde es jedoch erschreckend, daß dieses Thema ausschließlich unter ökonomischen Gesichtspunkten besprochen wird. Wer ist heute noch bereit, täglich fünf Fladenbrote zu kaufen?

Aber auch aus durchaus egoistischen Motiven kann es sinnvoll sein, sich für die Erhaltung der Umwelt, der Erde einzusetzen: Wenn an der Sache mit der Wiedergeburt wirklich ›was 'dran‹ ist – ich selber bin mir da noch nicht abschließend sicher –, dann sollten wir doch daran interessiert sein, im nächsten Leben nicht in einer Wüste, einem nuklearen Ruinenfeld, sondern in einer intakten Umwelt wiedergeboren zu werden.

Es muß hier aber auch über die Verantwortung des Therapeuten gesprochen werden: Es geht nicht an, daß therapeutischer Erfolg dem Können des Therapeuten, Mißlingen aber der Verantwortung des Klienten, der sich nicht einbringen wollte, einbringen konnte, der zu widerspenstig war, zugeschrieben wird. Die Sache ist doch ›eigentlich‹ ganz simpel: Es gibt *auch* miserable Therapeuten, genauso wie es miserable Lehrer, Pfarrer oder Autoschlosser gibt. Warum eigentlich nicht ...? Wie jeder Berufsstand, so sollte auch der des Therapeuten für die Qualität seines ›Produktes‹ verantwortlich sein und verantwortlich gemacht werden (können). Die oben beschriebene Haltung erinnert mich jedenfalls an die christliche oder besser katholische Grundhaltung – jedenfalls so wie sie mir einsozialisiert wurde, nach der Gott für alles Gute zuständig ist und ich mich daher für alles Gute bei ihm bedanken muß, das

119 G. Szczesny: Das sogenannte Gute, S. 107

Schlechte in dieser Welt dagegen Produkt des Menschen ist, der sich für das Schlechte entscheidet.

Das fünfte Tal

Das Tal der Einswerdung, der Erkenntnis, daß alles Eins ist und daß nichts außer Gott von Bedeutung ist:

Als nächstes müßt ihr das Tal der Einheit durchqueren. In diesem Tal wird alles in Stücke zerbrochen und dann vereint. Alle, die hier ihre Köpfe emporheben, erheben sie aus demselben Kragen. Obwohl es euch so vorkommt, als sähet ihr viele Wesen, gibt es in Wirklichkeit nur eines – alle ergeben eines, das in seiner Einheit vollkommen ist. Das, was ihr als Einheit wahrnehmt, unterscheidet sich nicht von dem, was als Vielzahl erscheint. Und da dieses Wesen, von dem ich spreche, jenseits von Einheit und jenseits von Zählung steht, teilt die Ewigkeit nicht mehr in ›Vorher‹ und ›Nachher‹ ein; und wenn diese beiden Ewigkeiten ausgelöscht sind, braucht ihr auch nicht mehr von ihnen zu sprechen. Wenn alles Sichtbare zu nichts zerfällt, was bleibt dann noch übrig, worüber ihr Betrachtungen anstellen könnt?[120]

120 F. Attar: Vogelgespräche, S. 138

Humanistische Psychologie und Existentialismus

Zu den Grundproblemen jeder Ethik gehören die Fragen, inwieweit wir das, was wir tun *können*, auch tun dürfen, und darüber hinaus, was wir unabhängig vom Dürfen tun *sollen*. Dabei suche ich eine handlungsbezogene Ethik, die **Teil** der Handlung ist: »Wenn ein ethisches Gesetz der Form ›Du sollst‹ aufgestellt wird, dann ist der erste Gedanke: ›Und was dann, wenn ich es nicht tue?‹. Es ist aber klar, daß die Ethik nichts mit Strafe und Lohn im gewöhnlichen Sinne zu tun hat. Also muß diese Frage nach den Folgen einer Handlung belanglos sein. (Nichtsdestoweniger) muß es eine Art von ethischem Lohn und ethischer Strafe geben: *Diese müssen in der Handlung selbst liegen.*«[121]

Wenn diese Annahme für die positive Verstärkung ethischen Verhaltens stimmt, dann muß sie logischerweise auch für die Folgen von Handlungen im Sinne von negativer Verstärkung zutreffen, das heißt wir werden nicht **für**, sondern **durch** das jeweilige Verhalten bestraft bzw. belohnt. »Die Strafe sühnt nicht, Vergebung löscht nicht aus, Getanes wird nicht ungetan gemacht. Damit, daß jemand etwas vergißt, ist bei weitem nicht erwiesen, daß etwas nicht mehr ist ... eine Tatsache zieht ihre Konsequenzen, im Menschen und außer dem Menschen, gleichgültig ob sie als bestraft, gesühnt, vergeben und ausgelöscht gilt.«[122]
Diesem Gedanken widerspricht auch nicht die Tatsache, daß jede Gesellschaft Regularien und Sanktionsmechanismen zur Durchsetzung bzw. Aufrechterhaltung von Normen, Sitten und Werten braucht. »Moralische Regeln sind also Richtlinien des Handelns, deren Zweck darin besteht, Handlungen zu verhindern, die mit der Achtung aller Lebewesen unvereinbar sind. Moral antwortet also nicht, wie manche meinen, auf die Frage ›Was soll ich tun?‹, sondern vielmehr auf die Frage ›Was darf ich nicht tun?‹ Die

121 Wittgenstein: Tractatus logico-philosophicus, 6. 422
122 F. Nietzsche: Wie man wird, was man ist, S. 190

Regeln der Moral sind deshalb ausschließlich Verbotsnormen. Es sind Normen, die uns nicht dazu auffordern, das Gute zu tun, sondern dazu, das Böse zu lassen. Das schließt nicht aus, daß das Unterlassen des Bösen eine aktive Handlung fordert.«[123]
Nach meiner Überzeugung bedeuten diese durchaus richtigen Überlegungen noch nicht zwingend, daß sich der Ort der Begründung moralischen/ethischen Handelns *nicht* aus der Handlung selbst ergibt/ergeben soll bzw. Teil von ihr ist.
Von **außen gesetzte** ethische Forderungen und Vorschriften laufen ihrer Natur nach der Autonomie des Handelnden entgegen. Dies mag in größeren Gesellschaften bis zu einem gewissen Grade sinnvoll bzw. erforderlich sein. Doch ist hier schon der Keim für ein oft und gern gebrauchtes Herrschaftsinstrument durch den – selbst erklärten – Sachwalter über Richtig und Falsch, über Moral und Unmoral gelegt. Sollte jemand zwischen diesen Zeilen u.a. Kritik an den Kirchen, insbesondere der katholischen, lesen, so trifft dieser Eindruck durchaus zu. Mich erstaunt es immer wieder, mit welcher in der Maske moralischer Empfehlungen daherkommenden Mischung aus Intoleranz und Herrschsucht die katholische Kirche sich Gehör verschafft – und wie sehr ihr dabei auch noch zugehört wird! Schlimmer noch als die schuldigmachende, intolerante Herrschsucht des Herrn Woityla finde ich die Macht, die ihm zugebilligt wird!

Für unser Thema ist die humanistische Auffassung, nach der der humanistisch orientierte und handelnde Mensch nach einem ihm innewohnenden Gesetz nach ›bestem Wissen und Gewissen‹ handelt, d. h. nach seinem besten Potential handelt, von zentraler Bedeutung. In jeder Situation gibt jeder Mensch sein in *dieser Situation* Bestes, er tut genau das, was ihm unter Zugrundelegung seiner Möglichkeiten und seiner Logik als das Sinnvollste erscheint.

Wie an verschiedenen anderen Stellen schon beschrieben, kann und soll die hier umrissene Ethik eine Ethik aus dem Alltag für den Alltag, aus dem Handeln für das Handeln sein. »Wer zu einem

---

123 P. Tiedemann: Über den Sinn des Lebens, S. 195

Wahrheitssucher werden will, wird dies selten auf den etablierten Wegen der Wahrheitssuche in Wissenschaft, Philosophie und Theologie, also auf dem Weg der Hochschulkarriere erreichen. Sokrates, Seneca, Kierkegaard und Nietzsche gingen ihren Pfad existentieller Wahrheitssuche fern der Hochschulen oder akademischer Betriebe. Der Hochschulweg zwingt zu Wahrheitsobjektivationen in lehrbuchartiger oder lexikographischer Form, in zumindest offenen Systemgebilden oder in Gestalt von Fachzeitschriftenaufsätzen, in denen die eigene, die nur diesem Betreffenden zugehörige existentielle Wahrheit entwichen ist, **die anderen Menschen bloß zur Anregung werden kann.**«[124]

Wissenschaftliche Kriterien mögen ja durchaus wissenschaftlichen Kriterien genügen:

Die Wissenschaft hat festgestellt,
daß der Arsch die Beine hält
und daß diese so gestellt,
daß der Arsch nicht 'runter fällt.
(Georg Rudinger)

Doch wichtiger als die Frage, ob Therapie wissenschaftlichen Kriterien genügt, ist für mich die Frage, ob sie den Kriterien des Alltags genügt. Insofern sehe ich die Aussage, daß z.B. ein Buch über Therapie nicht wissenschaftlich (genug) sei, eher als Lob denn als Kritik an.
Bei einem solchen Wissenschaftsverständnis wird, so meine, ich Integrität und Seriosität zu Unrecht mit Wissenschaftlichkeit gleichgesetzt. Wissenschaftliche Absicherung meines therapeutischen Handelns mag zwar gut und schön sein, doch ethisches Handeln ist dadurch sicherlich nicht automatisch garantiert.
»... Trotz dieser positiven Beispiele sollte unzweideutig ausgesprochen werden, daß die Fachwelt von einer überschaubaren, gut fundierten und erfolgreichen Methode der Psychotherapie noch weit entfernt ist. Selbst die besten und erfolgreichsten Methoden sind heute noch fragmentarisch und lassen eine gründliche theoretische Absicherung vermissen.«[125] Dem Autor dieser Zeilen möchte

124 P. Hoßfeld: Konkrete Ethik, S. 20
125 H. Hemminger und V. Becker: Wenn Therapien schaden, S. 268

ich sagen, daß dies auch nicht mein (Haupt-) Ziel ist. Ich kenne wissenschaftlich sehr gebildete Therapeuten, deren therapeutische Kompetenz für mich jedoch eher fragwürdig ist – genau wie umgekehrt wissenschaftlich wenig gebildete Menschen hervorragende Arbeit leisten. Für mich geht es hier nicht um wissenschaftliche Absicherung, soweit dies überhaupt möglich ist, sondern um persönliche Glaubwürdigkeit und ethische Fundierung. Jemand, der die Menschen (einschließlich seiner selbst) nicht liebt, kann nach meiner Überzeugung kein guter Therapeut sein!

Die in meinen Augen wenig sinnvolle Sucht, wissenschaftlich zu arbeiten – was der Einzelne auch immer darunter verstehen mag – erinnert mich an meine Studentenzeit: Kommilitonen, die eine Ausbildung in Gesprächspsychotherapie machten, saßen nächtelang über ihren Tonbandprotokollen und klassifizierten ihre Interventionen danach, ob sie, wie vorgeschrieben, 61 % VEE erreichten.[126] Soweit ich weiß, gibt es diesen ›wissenschaftlichen‹ Blödsinn heute nicht mehr.

R. Otto schrieb 1917 über den Zusammenhang zwischen mystischen, rationalen und irrationalen Aspekten der Religion:
»Daß in einer Religion die irrationalen Momente immer wach und lebendig bleiben, bewahrt sie davor, zum Rationalismus zu werden. Daß sie sich reich mit rationalen Momenten sättigt, bewahrt sie davor, in Fanatismus oder Mystizismus zu sinken oder darin zu verharren, befähigt sie erst zur Qualitäts-, Kultur- und Menschheitsreligion. Daß beide Momente in gesunder und schöner Harmonie stehen, ist wieder ein Kriterium, woran die Überlegenheit einer Religion gemessen werden kann, und zwar gemessen an einem ihr eigenen religiösen Maßstab.«[127]
Religion und Therapie sind zwar zweierlei Dinge, gleichwohl glaube ich, daß sich dieses Zitat – zumindest im Grundsatz – sehr gut auf Therapie und therapeutische Ethik und therapeutische Weltanschauung übertragen läßt. Ausgerechnet Freud sprach in diesem Zusammenhang von der Psychotherapie als »weltlicher Religion«!

126 VEE = Verbalisierung emotionaler Erlebnisinhalte, ist eine der drei Hauptvariablen, die die Gesprächspsychotherapie von ihren Therapeuten verlangt.
127 R. Otto: Das Heilige, S. 146

Jede Beschreibung der Realität – und das ist unabhängig von dem Grad der Wissenschaftlichkeit – ist eben nur eine Beschreibung und nicht die Realität. Das ist recht simpel und einleuchtend, gleichwohl wird es immer wieder schnell vergessen. Auch unter diesem Blickwinkel erscheint der Zwang, wissenschaftlichen Kriterien genügen zu müssen, zumindest hinterfragenswert.

»Wir haben tatsächlich eine Landkarte im Maßstab eins zu eins gemacht!«

»Konnten Sie sie gut gebrauchen?« fragte ich.

»Wir haben sie noch nie ausgebreitet«, sagte mein Herr. »Die Bauern waren dagegen: Sie sagten, sie würde das ganze Land bedecken und das Sonnenlicht abhalten! Jetzt nehmen wir deshalb das Land als seine eigene Karte, und ich versichere Ihnen, es ist fast genauso gut!«

(Lewis Carroll)

In der Geschichte der Menschheit war, so schreibt J. Jaynes, die Triebfeder wissenschaftlichen Fortschrittes meist eine beharrliche Suche nach dem verborgenen Gott bzw. der Versuch, seine Existenz und Größe zu belegen. (Mysthische) Suche und wissenschaftliches Bemühen müssen kein Widerspruchspaar sein. »Wir haben uns die Vorstellung gebildet und finden mitunter sogar eine Genugtuung darin, daß jene beiden Bestrebungen, die den größten Einfluß auf die Menschheit ausübten, die Religion und die Wissenschaft, seit jeher Erbfeinde sind, die uns in gegensätzliche Richtungen zu locken suchen. Doch das ist blanker Unsinn, denn hier werden wieder einmal die sprichwörtlichen Äpfel mit den sprichwörtlichen Birnen verglichen. Nicht zwischen Religion und Wissenschaft, sondern zwischen Kirche und Wissenschaft tobte der Streit. Und der Anlaß war Konkurrenz, nicht Gegensätzlichkeit. Beide Gegner waren religiöse Instanzen: zwei Riesen, die sich wutschnaubend schlugen. Jeder der beiden hatte sich selbst zum einzigen Weg erklärt, der zur göttlichen Offenbarung führe.«[128]

»Der Fortschritt der Psychotherapie wird weitgehend davon abhängen, ob es uns gelingt, uns von den Vorschriften der Wissenschaften freizumachen oder nicht. Die aufgezwängten Regeln,

128 J. Jaynes. Der Ursprung des Bewußtseins durch den Zusammenbruch der bikameralen Psyche, S. 531

die auf den äußeren Betrachter zugeschnitten sind, müssen abgeschafft und der inneren Erfahrung muß wieder der Platz eingeräumt werden, den sie seit Jahrtausenden innehatte. Der innere und der äußere Betrachter stehen in einem Komplementärverhältnis. Was der eine sieht, sieht der andere nicht, und umgekehrt. Diese Hinnahme der Grenzen des menschlichen Beobachters läßt uns mit den Anschauungen der modernen Physiker übereinstimmen.«[129]

Bei unserer Suche erscheinen mir zwei Dinge wichtig: Zum einen suchen wir **konkrete** ethische Vorstellungen; zum anderen ist auch zu überlegen, wie diese in Alltagshandeln umgesetzt werden können. Die Akzeptanz eines Wertes sagt ja noch nichts über die Verhaltensbereitschaft aus. Und Verhaltens*bereitschaft* noch nichts über das *tatsächliche* Verhalten.

Andererseits: Nachts um 3.30 Uhr auf einer einsamen Landstraße ist eine Ampel, die gerade auf ›Rot‹ steht. Ein Autofahrer fährt heran und hält an. Warum?

»Fronleichnam 1990: In der Kölner Südstadt stauen sich vor einer Tankstelle, die ein Schild als ›geschlossen‹ ausweist, lange Autoschlangen. Denn es hat sich herumgesprochen, daß es an allen Zapfsäulen ›Frei-Benzin‹ gibt, eines Irrtums wegen: Eine Aushilfskraft hatte am Vorabend vergessen, die Säulen zu sichern. Die vielen Autofahrer, die ›die günstige Gelegenheit genutzt haben, einmal kostenlos vollzutanken, nennt ein Berichterstatter drei Tage später nicht etwa ›diebisch‹, sondern ›pfiffig‹. Und gewiß waren sich viele der ›Pfiffigen‹ nicht bewußt, daß sie sich eines Diebstahls schuldig gemacht hatten...«[130]

In der Illustrierten »Stern« habe ich eine Bestsellerliste gelesen, in der neben den Kategorien ›Kino‹, ›Belletristik‹, ›Sachbuch‹ und ›Pop‹ auch die Kategorie ›Diebesgut‹ vorkommt. Dort sind die beliebtesten ›Mitnehmsel‹ aus den Hotels aufgelistet. (In der Schweiz, so diese Statistik, läßt man jährlich für ungefähr 17. 000 000,- Franken Gegenstände aus den Hotels ›mitgehen‹).

Die Konkretisierung von Werten im Sinne von genau beschriebenen Verhaltenserwartungen erhöht zwar nicht automatisch die Verhaltensbereitschaft, wohl aber macht sie es schwieriger, sich

129 J. Ruesch, zitiert in: F.W. Matson: Rückkehr zum Menschen, S. 249
130 T. Meissner: Moses hol die Tafeln ab, S. 11

zu entziehen. Soziale Nähe hilft Vorurteile zu verhindern; ähnlich könnte die Konkretisierung der Ethik die Verhaltensbereitschaft positiv beeinflussen.

Eine Überzeugung zu haben ist eine Sache, sie zu leben eine zweite und sie zu vertreten eine dritte Sache.
Der Mullah kommt nach Hause und findet seine Frau in Tränen aufgelöst vor. »Was weinst du denn so, liebe Frau?« fragt er. »Ach, lieber Mann«, so die Frau des Mullahs, »ich weine, weil alles so vergänglich ist.« »Das ist doch kein Grund zur Trauer; natürlich ist alles vergänglich, aber du weißt doch auch, daß in jedem Vergehen auch wieder neues Entstehen ist und daß wir nichts ewig festhalten können. So sei nicht weiter traurig!« »Dann bin ich durch deinen Trost beruhigt; mir ist nämlich eben deine wertvolle Lieblingstasse hingefallen, und nun ist sie vergangen!«

Nach meiner Überzeugung ist die Diskussion handlungsbezogener Ethik vergleichbar mit dem Schritt von der ›Hilfe zur Selbsthilfe‹ – wie ich es als Sozialarbeiter gelernt habe – zur ›Befähigung zur Hilfe für andere‹. Ich habe den Eindruck, daß die Schere zwischen ›einen Wert teilen‹ und ›einen Wert leben‹ immer weiter auseinandergeht. Dies kann auf lange Sicht nicht gut gehen. Ich sehe hier Parallelen zur politischen Situation unserer Zeit, in der die viel besprochene Politikverdrossenheit ja nicht in erster Linie durch falsche oder schlechte Politik, sondern durch das **Fehlen** von Politik, durch Lavieren an Stelle von Festlegung hervorgerufen wird. Es fehlt ja nicht an Standpunkten, sondern an deren Durchsetzung. Aus dieser Überzeugung leite ich meine Forderung nach ›Flaggezeigen‹ ab. Ich halte nichts von falsch verstandener, sich nicht festlegen wollender (Pseudo-) Toleranz; denn wo alles **gleich gültig** ist, wird in der Folge alles bald **gleichgültig**.
Die Politfloskel »Dialog suchen« beschreibt, was ich meine: »So oft, wie er gefordert wird, verrät der »Dialog« entweder das Ausmaß gesellschaftlichen Schweigens oder die Leere seiner funktionalen Bedeutung. Denn Dialog ist allein eine Formbestimmung, die übersetzt soviel bedeutet wie: Das Recht auf unverbindliches Sprechen. ... Wenn nichts mehr geht, kann man sich immer noch auf die Bereitschaft zurückziehen, die Lippen zu bewegen. ... Wer Dialog einfordert, tut dies zunächst in der Vorfreude des eigenen

Sprechens. In zweiter Hinsicht beschwichtigt er durch seine Forderung meist den oppositionellen Standpunkt und seine Ansprüche. Im Grunde zielt er auf jenen Kompromiß, der sich der Etikette verdankt. Er ist das Sedativ, das sich als Stimulans deklariert. ... Wörter, die niemandem schaden, nützen auch niemandem, aber gerade deshalb genießen sie hohes Prestige ... Wer den Dialog fordert oder anbietet, führt meist nichts anderes im Schilde als Tautologien. Er etabliert eine Ordnung der Rede statt der Sachverhalte. Der Dialog wird erklärt, als sei er nicht Weg, sondern schon Resultat.«[131]
Mich kotzen sie an, diese Herrschaften, die, anstatt sich zu fragen, warum ihnen keiner zuhört, verknatscht den »Dialog suchen«, die Herrschaften, deren Aussage, »Wir suchen den Dialog mit der Jugend« sich penetrant nach einer Ohrfeige für eben diese Jugend anhört.

Ich habe den Eindruck, daß in der Verklärung des Unverbindlichen als Folge der Verwechslung von Freiheit und Standpunktlosigkeit der Einfluß des spezifisch amerikanischen Freiheitsbegriffes besonders deutlich wird. Immer, wenn ich in Amerika bin und dort den Alltag erlebe, bin ich abwechselnd erstaunt, belustigt oder erschüttert mitzuerleben, wie sich die amerikanische Freiheitsideologie im Alltagsleben bemerkbar macht. Da steht die geradezu faschistoid reaktionäre (angeblich christliche) Sekte neben der Gruppe von Anarchisten, der Ku Klux Klan neben engagierten, aktiven Bürgerrechtlern. Es ist augenscheinlich tatsächlich für *alles* Raum da, der es dann ermöglicht, ermöglichen soll, daß jeder nach seiner Façon glücklich werden soll. So ist es z.B. auch zu erklären, daß die Scientologybewegung, eine wahrhaft kriminelle Vereinigung, in Amerika als gemeinnützige Organisation anerkannt ist, während sie in Deutschland zurecht und noch viel zu wenig verfolgt wird. Ich habe an anderer Stelle schon beschrieben, daß ich diese Einstellung, diesen Freiheitsbegriff nicht teile, sie/ihn sogar als gefährlich, zumindest aber als blauäugig ansehe. Ein solcher – falsch verstandener – Pluralismus leugnet die Tatsache, daß eben **nicht** alle und alles gleich sind/ ist. Ein Straßenpenner

131 R. Willemsen in K. Bitterman und G. Henschel: Das Wörterbuch des Gutmenschen, S. 35 f

in New York wird wohl niemals Tellerwäscher, geschweige denn Millionär werden. Startchancen und Ressourcen *sind* ungleich und damit ungerecht verteilt! Manche Überzeugungen *sind* lebens- und lebendigkeitsfeindlich, und ich weigere mich, ihnen nur aufgrund eines angeblichen Liberalismus' Raum zu geben. Ich tue mich schwer damit, die Existenz des Ku Klux Klan als Beleg der Freiheit für/zu alles/allem anzuerkennen. Gleichzeitig bin ich mir im klaren darüber, und das ist das nicht auflösbare Dilemma, daß die von mir vertretene Auffassung eine elitäre Form annehmen *kann*: Von welcher Warte aus entscheide ich, welcher Einstellung gebe ich Raum und welcher nicht; wer bin ich denn, daß ich mir dieses Urteil anmaße? Wie z.B. würden wir heute über die Männer des 20. Juli 1944 urteilen, wenn der Faschismus *nicht* niedergeschlagen worden wäre? Aber aus diesem Dilemma kann uns niemand entlassen. Ich bin daher der Meinung, daß es immer noch sinnvoller ist, Stellung zu beziehen und vielleicht ›Unrecht‹ zu haben, als die Weigerung oder die Unfähigkeit, sich festlegen zu können, zu wollen, mit angeblichem Pluralismus zu kaschieren.
Ein anderes Beispiel: Ich habe einen Bericht über Teufelsaustreibungen in Italien gesehen; wohlgemerkt nicht über mittelalterliche, sondern über heutige Praktiken. Ich lehne solche Rituale ab. Sie sind schlimm und sollten bekämpft werden. Ich habe jedoch die Überzeugung – und werde sie hoffentlich auch nie verlieren –, daß diese Teufelsaustreiber nach *ihrem* besten Wissen das *ihnen* Sinnvollste tun.

In diesem Sinne geht es in der therapeutischen Arbeit *nicht* darum, ›Werte‹ zu lernen, sondern ›**werten**‹ (= Stellung beziehen) zu lernen. Auseinandersetzung ist nur mit dem möglich, der auch einen Standpunkt, einen Standort hat. Nichts ist mir so zuwider wie die aggressive, alles verzeihende, alles verstehende und letztlich standortlose Toleranz, wie sie in manchen Sekten, aber auch in manchen Psychokreisen gang und gäbe ist. Ich habe dort gar nicht erst die Chance, ›schlecht‹ zu sein. Noch bevor ich in Ruhe fertig gesündigt habe, ist mir schon verziehen worden. Ich fühle mich – gelinde gesagt – weder gesehen noch ernst genommen, sondern als Bestätigung dafür mißbraucht, daß die anderen so gütige Verzeiher sein können.

Erst ein Festlegen im ›Ja‹ und ›Nein‹ ermöglicht Orientierung, ermöglicht Auseinandersetzung. In diesem Sinne ist nach meiner Meinung der der sogenannten New-Age-Bewegung eigene Pantheismus **kein** Hinweis auf mehr Glaubensbereitschaft, sondern er zeigt, da er der oft falsch verstandenen, alles gleich-(-gültig – s.o.) -machenden Maxime »jeder soll nach seiner Façon glücklich werden« folgt, eher das Gegenteil auf. Genauso verhält es sich mit einer Vielzahl therapeutischer Schulen und Angebote: Der lange Marsch durch den Therapiemarkt, das Wandern von Therapieform zu Therapieform, von Gruppe zu Gruppe, von Therapeut zu Therapeut stehen *gerade nicht* für ein Mehr an Veränderungsbereitschaft. Im Gegenteil: Es scheint nicht das Ziel eines solchen Marsches zu sein, satt zu werden, sondern eher wohl gar nicht erst das Gefühl des Hungers aufkommen zu lassen und sich damit aktiv auseinandersetzen zu müssen. Doch es ist eine Illusion, daß man dem Wechselspiel aus Angst vor Kontakt, Angst vor Entbehrlichkeit und Angst vor Austauschbarkeit dauerhaft durch eine solche Psycho-Ochsentour entgehen kann.

Dies erinnert mich an einen Klienten, dem es aufgrund einer Trennung über längere Zeit sehr schlecht ging. Immer wieder berichtete er mir in der Therapie davon, daß er mit diesem Freund, (der auch Therapeut sei?!), mit jener Exfreundin und diesem Bruder und, und, und ... gesprochen habe; »die haben auch gesagt, daß ...«. Eine solche Strategie beschreibt ein ähnliches Muster wie das oben wiedergegebene. Zum Überleben in schlimmer Zeit ist ein solches Muster wohl recht hilfreich, und es ist in schwieriger Zeit schön, Freunde zu haben, die einen auffangen können. Doch zur Heilung kann man durch diese Feuerwehrstrategie nicht gelangen. Das Problem wird so auf viele kleine Töpfchen verteilt, und es dauert ewig, bis alles durchgegart ist. Der Aufforderungscharakter, das Drängen nach Bearbeitung der Probleme geht verloren. In *einem* Topf läßt sich wohl sinnvoller kochen. Diese Strategie, die in einer Zeit des bloßen psychischen Überlebenwollens sinnvoll und unterstützenswert ist, ist auf die Dauer gesehen eine Art des Festhaltenswollens am Alten, da sie Heilung und Integration verhindert.

Diese Gedanken spielen auch bei folgender Entscheidung eine Rolle:

Wenn ein Klient sich dafür entschieden hat, bei mir Therapie zu machen (nach drei Probesitzungen), dann bin ich nicht damit einverstanden, wenn er oder sie zusätzlich noch bei jemand anderem in Therapie ist. Genauso ist es sinnvoll, außerhalb des therapeutischen Rahmens nicht über die Inhalte der Therapie zu sprechen; nicht, weil hier irgendwelche Geheimnisse offenkundig werden können, sondern simpel, weil dadurch Heilung erschwert (vielleicht zwar Schmerz vermindert) werden kann.

Es geht hier um Sich-einlassen, auch wenn der Thrill des Neuen nicht mehr aktuell ist. Doch gerade dann beginnt die eigentliche Arbeit. Die vielen pseudotherapeutischen Schnickschnack Angebote nach dem Prinzip »Wer vieles bringt, wird manchem etwas geben« leisten der ›Thrillsucht‹ Vorschub: Die tantrische Sensitivity Gruppe mit astroenergetischen Elementen, indianischen Schwitzhütten und germanischen Mondscheinriten ist ein nur leicht übertriebenes Beispiel hierfür.

»Alles heilt und hilft irgendwie, Hauptsache harmonisch, ganzheitlich und im Einklang mit dem Kosmos. Ob ›der innere Weg‹ oder ›Begegnung mit der inneren Welt‹ – zu entdecken gibt es den ›inneren Buddha‹, den ›inneren Geliebten‹ und nicht zuletzt das ›innere Kind‹. Und für dieses dann wahlweise ›Die Heilung des inneren Kindes‹ oder ›Die Aussöhnung mit dem inneren Kind‹. In einer Welt, in der sich Freiheit im wesentlichen auf die Freiheit des Konsums reduziert hat, wollen Menschen in die innersten Kammern ihrer Seelen auf die gleiche leichte Weise eindringen, wie sie den tiefsten Amazonas-Urwald, die höchsten Gipfel des Himalaja und sogar die entlegensten Polarregionen ›erobern‹. Mit der Mentalität von Touristen unternehmen Millionen Kurztrips zu exotischen Zielen im seelisch-spirituellen Neuland, das sich nicht selten als Niemandsland erweist. Beim Grenzverkehr mit dem Unendlichen sind oft Schnellverfahren gefragt, Instant-Mystik und religiöser Sofortservice. ... Doch in der ›Erlebnisgesellschaft‹ ... scheint die Sehnsucht nach Neuem und Echtem unstillbar zu sein. ›In Glaubensdingen‹, sagt der von der katholischen Kirche geächtete Religionswissenschaftler Adolf Holl, entstehe ›eine Schnuppermentalität‹. Das Wandern zwischen den Religionen führt zum

Allround-Glauben mit Swatch-Spiritualität – man hat viele, trägt heute die und morgen eine andere.«[132]
Hier wird der häufig übersehene Unterschied zwischen Neugierde und Interesse deutlich: Neu-gierde ist die Gier nach ständig Neuem, es muß immer wieder etwas Neues her, wobei meist das Alte noch nicht einmal ›aufgegessen‹ wurde. Ganz anders Interesse: hier bin ich *in einer* Sache und mit ihr in Kontakt.

Bei der Forderung nach einem deutlichen Wertebekenntnis stoßen wir auf einen wichtigen, erörterungsbedürftigen Widerspruch: Da ist auf der einen Seite die Forderung an den Therapeuten, den Klienten nicht-wertend annehmen zu können, und auf der anderen Seite die Erwartung, daß er Werte für sich anerkennt und sie – durchaus parteiisch – vertritt, er soll Farbe bekennen. Wie ist also z.B. – um am Extremfall die Probe auf's Exempel zu machen – mit dem Kindesmißhandler therapeutisch zu arbeiten? Sein Verhalten ist weder tolerierbar noch akzeptierbar. Doch *das* weiß der Betroffene mit Sicherheit selbst; er braucht mich also nicht, um über richtig und falsch belehrt zu werden. Darüber hinaus ist er in aller Regel bereits *durch* seine Fehler bestraft, er braucht mich also auch nicht, damit ich ihn *für* seine Fehler bestrafe. Nach meiner Überzeugung braucht er mich in erster Linie, weil ein Teil seiner Person, der unter diesem Verhalten mit all seinen Folgen leidet einen Verbündeten sucht. Das Schwierige – für den Therapeuten – ist die an sich logische Tatsache, daß dieser Verbündete um so wichtiger ist, je kleiner der Anteil ist, der ihn braucht. Es ist wohl kaum ein Problem, der Verbündete zu sein, wenn der leidende, Veränderung suchende Teil – um eine Zahl zu nennen – 90 % aller Antriebe ausmacht. Aber, so ist zu fragen, wie sieht es denn aus, wenn dieser Teil nur ganze 5 oder 10 % ausmacht und der Rest ein fieser, abstoßender Mensch ist? Ich denke, hier sind zwei Dinge wichtig:
Zum einen ein deutliches Bekenntnis zu meiner Überzeugung, die ein solches Verhalten nicht akzeptieren kann und will; zum anderen der Versuch, das Kind im Erwachsenen zu sehen, dem all' das, was Thema der Therapie ist, widerfahren ist. Eine Grundannahme der Gestalttherapie besteht ja darin, daß wir alle das

132 J. Neffe: Soviel Psi war nie; Der Spiegel, Nr. 52/26.12.1994, S. 89

weitergeben, was wir – in unserer Kindheit – bekommen haben. Oder anders: Der heutige Täter wurde in einer Zeit, da **er** Opfer war, zum Täter gemacht. Ich kann und will als Therapeut nicht mit jedem Klienten arbeiten; ein wichtiger Indikator für mich ist, ob und inwieweit es mir gelingt, zu dem Kind aus der Zeit, als es Opfer war, Kontakt aufzunehmen, Kontakt zu spüren.

Zur Klarheit des Wertebekenntnisses gehört auch die Klarheit des ethischen Menschenbildes:
Generell möchte ich drei Klassen von Menschenbildern unterscheiden:

- Die kausal orientierten:

Hier determiniert, prägt der Beginn den Rest des Lebens. Das Extrembeispiel hierfür ist wohl der hinduistische Karma-Gedanke. Der Mensch ist das Gegebene; Veränderungen sind nur graduell, nicht aber prinzipiell möglich. Ich muß lernen, mich mit dem Gegebenen abzufinden und ›das Beste 'draus zu machen‹. Der Mensch ist die Antwort, auf die wir die (richtige) Frage (noch) nicht wissen. In der Psychoanalyse, aber auch im Weltbild der Verhaltensforschung finden wir starke Anteile dieses Menschenbildes.

- Die final orientierten:

Es gibt ein Ziel, das es zu erreichen gilt; die Startbedingungen mögen zwar unterschiedlich sein, sie haben jedoch keinen Einfluß auf die Zieldefinition und die *grundsätzliche* Erreichbarkeit des Ziels. Der Mensch ist hier eine Frage, auf die wir die (richtige) Antwort (noch) nicht wissen und darum suchen. Sowohl im Christentum als auch im Buddhismus finden wir dieses Menschenbild deutlich vor, wobei die Sache im Buddhismus mit seinem »ziellosen Ziel« etwas komplexer ist.
Die Verhaltenstherapie definiert ein Ziel, welches durch entsprechende Übungen erreicht werden kann, kausale Einschränkungen sind ihr – sinnvollerweise – fremd.

- Die prozeß-wachstumsorientierten:

Es mag fördernde oder auch hemmende Start- Randbedingungen geben; es mag Ziele geben, aber ihr Erreichen ist ungewiß, es gibt keine Garantie ... Ich kann mich vorbereiten, doch *ob* und *wann* ich das Ziel erreiche, ist unklar und außerhalb meiner Macht. Hier kommt dem, was man »göttliche Gnade« nennt, große Bedeutung zu. Die logische Konsequenz ist die Betonung des Weges und des Unterwegsseins, der Weg als Übung. Der bekannte Satz ›der Weg ist das Ziel‹ gehört hierhin. Der Weg ist das Ziel, es gibt keine end-gültige Antwort, weil es keine end-gültigen Fragen gibt. Die Betonung des Prozeßhaften, des Unterwegsseins ist jedoch nicht mit Ziellosigkeit gleichzusetzen. Ein Weg erhält seine Bedeutung, seinen Sinn ja erst dadurch, daß er einem bestimmten Ziel zugeordnet ist.

Wir wurden erzogen in der Vorstellung: Was man
sät, das erntet man auch. Und so verwarfen wir den
Gedanken, daß das Tun an sich schon eine Belohnung ist.
(Janet Harris)

Der Weg ist das Ziel – erst durch die Zuordnung zu
einem Ziel wird der Weg zum Weg; andernfalls gilt:
Der Weg ist das Ziel – das Ziel ist weg!

Wer den Hafen nicht kennt, in den er segeln
will, für den ist kein Wind ein günstiger.
(Seneca)

Mit ihrer ausgeprägten Orientierung am Hier und Jetzt ist die Gestalttherapie wohl in die letzte der drei Kategorien einzuordnen. Hier und jetzt sind wir unterwegs, das Leben ist ein ständiges Sichöffnen und Schließen von Gestalten. Weder sind wir irgendwann am Ziel, ›fertig‹, noch sind wir eingepfercht durch irgendwelche Prägungen, Karma oder was auch immer. Interessanterweise sind es oft gerade die Klienten, die, unterstützt von ebenso denkenden Therapeuten, sich als hilflose Opfer ihrer Vergangenheit empfinden, und – paradoxerweise – gleichzeitig als triumphierende, machtvolle Beherrscher der Zukunft. Diese pseudounschuldige Allianz bestärkt uns in dem Glauben, etwas Besonderes zu sein. Darauf zu bestehen, daß man etwas Besonderes sei, ist nur eine Weise, um sich von den anderen Menschen unnötig isoliert zu fühlen. Ein stark vereinfachtes Welt- und Menschenbild kann eine

Person ebenso von den alltäglichen gemeinsamen Erfahrungen vieler anderer Menschen ausschließen.

Die Gestalttherapie wird allgemein als humanistisches Verfahren bezeichnet. A. Maslow, einer der Exponenten dieser Richtung, bezeichnet die humanistische Psychologie als »dritte Kraft« neben der Psychoanalyse und dem Behaviorismus. Die entscheidende Gemeinsamkeit der Vertreter dieser Richtung war und ist die Überzeugung, daß man eine gesunde Lebensform aufzeigen kann, in der eine Entwicklung in die Richtung auf Wertverwirklichung in schöpferischem Tun, im **konkreten Handeln** die ›normale‹ ist und daß – im Unterschied zum Freudianismus – diese nicht als Resultat eines äußeren Drucks, sondern im Sinne einer Selbstverwirklichung in Verantwortung und sozialer Verbundenheit aufzufassen ist.

Die Bezeichnung »Humanistische Psychologie« entstand 1961; Abraham Maslow gründete in diesem Jahr zusammen mit einer Anzahl gleichgesinnter Kollegen das »Journal of Humanistic Psychology« und ein Jahr später die »American Association for Humanistic Psychology«.

Die weltanschaulichen Aussagen dieser Richtung sind im wesentlichen vor dem Hintergrund der Auseinandersetzung mit den in dieser Zeit vorherrschenden Strömungen der Psychoanalyse und des Behaviorismus zu sehen, viele der Aussagen aus dieser Zeit sind jeweils in Abgrenzung zur Psychoanalyse, zum Behaviorismus entstanden.
»Die entscheidenden Gesichtspunkte, welche die Gründer dieser, heute zu einer Art Bewegung angewachsenen Vereinigung gemeinsam hatten, war die Überzeugung, daß man eine *gesunde Lebensform* aufzeigen kann, in der eine Entwicklung in der Richtung auf Wertverwirklichung und in schöpferischem Tun die »normale« ist und daß – im Unterschied zu Freudianismus – diese nicht als Resultate äußeren Druckes, sondern im Sinne einer ›Selbstverwirklichung‹ aufzufassen ist.«[133]

133 C. Bühler und R. Ekstein: Anthropologische Resultate aus biographischer Forschung, in: H.G. Gadamer und P. Vogler (Hrsg.): Neue Anthropologie, Bd. 5, S. 374

Ihr Ausgangspunkt ist daher kein klinisches Material über fehlangepasste Normabweichler, sondern der normale Mensch in seiner normalen Biographie. Die Wachstumsmotivation ist, so einer der Grundgedanken der humanistischen Psychologie, wesentlicher als die Defizienz-Motivation. Der humanistische Grundgedanke kommt auch in der Überzeugung vor, daß das Individuum nach einem ihm selbst innewohnenden Gesetz und entsprechend seinen eigenen besten Potentialen handeln will. Maslow betont in seinen Werken die schöpferischen Tendenzen und die Wertorientierung des Individuums.

»... Diese Kreativität, die das Individuum dazu bringt, sich selbst auf verschiedene Weise zu entfalten, steht im starken Gegensatz zu dem Bedürfnis nach homöostatischer Spannungsabfuhr, die von der Psychoanalyse als die einzige Grundtendenz angesehen wird. Im Gegensatz zu dem Drang nach Spannungsabfuhr und Bedürfnisbefriedigung empfindet der schöpferisch aktive Mensch bei schöpferischer Anspannung ein Hochgefühl.«[134]

Namentlich Karl Bühler ersetzte z.B. die Grundmotivationen, wie sie sich nach psychoanalytischer Lehrmeinung aus dem Zusammenspiel zwischen Es, Ich und Überich ergeben, durch vier Grundtendenzen, die er

- Bedürfnisbefriedigung
- Selbstbeschränkende Anpassung
- Schöpferische Expansion
- Aufrechterhaltung der inneren Ordnung

nannte. Diese Themen, die für eine *handlungsbezogene* Ethik unter Einschluß sowohl verantwortungsethischer (utilitaristischer) als auch gesinnungsethischer (deontologischer) Gedanken von Bedeutung sind, sollen etwas genauer dargestellt werden:

- Bedürfnisbefriedigung

meint die Tendenz, psychophysische Bedürfnisse, aber auch solche, die dem ›Ich‹ und seiner Durchsetzung dienen, wahrnehmen und realisieren zu können.

134 Ch. Bühler und M. Allen: Einführung in die Humanistische Psychologie, S. 56

– Selbstbeschränkende Anpassung
ist die Tendenz, die – so Bühler – allen Lebewesen innewohnt, sich äußeren, sich wandelnden Situationen anzupassen. Damit ist *nicht* eine durch äußeren Zwang (z.B. Frustration) hervorgerufene homöostatische Anpassung gemeint, sondern ein natürliches, spontanes Anpassungsbedürfnis um der Zugehörigkeit und der Sicherheit willen.

– Schöpferische Expansion
Karl Bühler meint damit die schöpferische, natürliche Tendenz, die jeweilige Umwelt den individuellen Bedürfnissen entsprechend (um-)zugestalten.

– Aufrechterhaltung der inneren Ordnung
Hiermit ist der Wunsch nach integrierenden, integrierten Handlungszusammenhängen gemeint, wobei die Integration einem als sinnvoll empfundenen Gesamtzusammenhang, der Ausdruck des jeweiligen Potentials ist, folgt.

»Karl Bühler glaubt, daß diese Begriffe notwendig sind zum Verständnis des selbst-gesteuerten Prozesses, wie die humanistischen Psychologen ihn sehen. Mit diesem Schema könne zwei der von den humanistischen Psychologen hervorgehobenen Prozesse erklärt werden:
1. der Aufbau eines persönlichen Systems von Werten und Zielen,
2. die schöpferischen Vorgänge.«[135]

Es fällt hier schon auf, daß dem handelnden Individuum mehr Freiheit des Handelns, damit aber auch mehr Verantwortung zum Handeln eingeräumt wird. Unter dem Blickwinkel der humanistischen Psychologie kann sich der Mensch nicht mehr damit herausreden, Sklave seiner Triebe, Sklave seines Unbewußten zu sein. Das existentielle Dilemma ist, darauf hat Sartre hingewiesen, daß wir immer wieder gezwungen sind, uns zu entscheiden, ohne über vollständige Informationen zu verfügen, vor allem aber ohne die Konsequenzen des Handelns für uns und für andere zu kennen.

---

135 Ch. Bühler: Einführung in die Humanistische Psychologie, S. 54

Es ist an dieser Stelle wichtig zu sehen, daß die Humanistische Psychologie, so wie sie ihren Ursprung in Amerika genommen hat, nicht mit dem europäischen humanistischen Denken, insbesondere nicht mit dem europäischen Existentialismus gleichzusetzen ist. Sie geht in positiver Weise über diese Ansätze hinaus. Anders wäre wohl auch nicht zu erklären, daß die Humanistische Psychologie einer der Vorläufer der sogenannten »Human Potential« Bewegung war.

»Das amerikanische Gebiet Humanistischer Psychologie ist jedoch keinesfalls synonym mit der existentialistischen Tradition auf dem Kontinent; es gibt einen wesentlichen Unterschied in der Akzentsetzung. Die existentialistische Tradition in Europa hat immer die menschliche Begrenztheit und die tragischen Dimensionen der Existenz betont. ... Die Vereinigten Staaten (und die Humanistische Psychologie, die sie hervorbrachten) badeten im *Zeitgeist* (im Original deutsch) des Expansionsdrangs, des Optimismus', der grenzenlosen Horizonte und des Pragmatismus'. Folglich ist die importierte Form des existentialistischen Gedankenguts systematisch geändert worden. Jeder der grundlegenden Glaubenssätze hat einen ausdrücklichen Akzent der Neuen Welt. Der europäische Fokus liegt auf den Grenzen und darauf, daß man sich der Angst vor Unsicherheit und Nicht-Sein stellen und diese annehmen muß. Die humanistischen Psychologen andererseits sprechen weniger von Grenzen und Kontingenz als von der Entwicklung des Potentials, weniger von Akzeptanz als von Bewußtheit, weniger von Angst als von Gipfelerlebnissen und ozeanischem Einheitsgefühl, weniger von dem Sinn des Lebens als von Selbstverwirklichung, weniger vom Fremdsein und der grundlegenden Isolierung als von Ich-Du Begegnung.«[136]

Hier – aber nicht nur hier – mache ich für mich öfter folgendes Gedankenexperiment: Wie würden wir heute Therapie machen, welche Verhaltensweisen und Werte würden wir mit der gleichen Selbstverständlichkeit vermitteln, wenn nicht die amerikanische Ideologie von der Freiheit der Individuums, von »Freiheit und

136 I.D. Yalom: Existentielle Psychotherapie, S. 31 f

Abenteuer«, sondern die japanische Tradition prägend für unsere Arbeit gewesen wäre? Also:

- die Gruppe, der man jeweils zugehört, hat immer Vorrang.
- Konflikte dürfen, wenn überhaupt, nur sehr indirekt angesprochen werden,
- bei allem, was ich tue, muß ich immer sorgfältig darauf achten, inwieweit ich mich anderen gegenüber verpflichte oder andere mir gegenüber verpflichte.
- Fragen und Bitten dürfen immer nur sehr indirekt vorgebracht werden, damit ich mein Gegenüber nicht in eine für ihn unmögliche Situation dränge – nämlich ›Nein‹ sagen zu müssen.

Unsere Arbeit, aber auch unser Suchen mit allen vermeintlichen Selbstverständlichkeiten sähen wohl radikal anders aus!

Doch zurück zu unserer Wertgrundlage:
J. Bugental faßt unter der Überschrift »Humanistische Ethik« die Grundannahmen der humanistischen Psychologie in 5 Punkten zusammen:[137]

1. Wenn auch postuliert wird, daß das Individuum selbst die größte Verantwortung für sein eigenes Leben trägt, sollte dies nicht als ein Rat betrachtet werden, sich zu isolieren und sich ohne Rücksicht auf die Realität auf sich selbst zurückzuziehen. Das eigene Subjektsein zu akzeptieren und als Anspruch aufrechtzuerhalten, ist der erste notwendige Schritt auf dem Wege zu einer echten Begegnung mit einem anderen Menschen. Es bedeutet, sich für sein eigenes Leben und Handeln verantwortlich zu fühlen, und ist nicht als Freibrief gemeint, sich gehen zu lassen.
2. Das Ideal der zwischenmenschlichen Beziehungen ist das der Gleichwertigkeit zwischen Menschen, von denen jeder ein Subjekt für sich ist und die Werte des anderen anerkennt und achtet; M. Buber spricht hier von einer »Ich-Du-Beziehung«.
3. Die humanistische Ethik stellt eine existentielle oder Hier-und-Jetzt Perspektive auf und betont damit, daß man immer nur im gegenwärtigen Augenblick lebt. Der Begriff der ›Vitalität‹, wie sie jedem vorüberziehenden Augenblick innewohnt, wird zum

137 J. Bugental: The humanistic ethic, S. 11 ff

Ausdruck gebracht, wenn ein Mensch so gut wie möglich zu erkennen sucht, was er in jedem einzelnen Moment erlebt und was es mit der Situation, in der er sich befindet, in Wahrheit auf sich hat.

4. Die humanistische Ethik erkennt an, daß nichthedonistische Gefühle wie z.B Schmerz, Verzweiflung, Kummer und Zorn zum menschlichen Leben gehören, daß sie verstanden und sogar geschätzt, nicht verdrängt oder versteckt werden müssen. Gefühlsausdruck ist nicht einfach eine desorganisierte Reaktion, sondern hat für das Leben des Menschen im Gegenteil eine sinnvolle Erlebnisbedeutung.

5. Menschen, die sich die humanistische Ethik wirklich angeeignet haben, suchen nach wachstumsfördernden Erlebnissen.

Ein Wert – neben der Autonomie – der humanistischen Psychologie wird von der Gestalttherapie besonders hoch gehalten: Authentizität der Gefühle oder besser des Ausdrucks der Gefühle. Das bedeutet im Einklang mit sich selbst zu stehen. Dies wird jedoch teilweise so sehr überbetont, daß man z.B. einen Vortrag eines ›waschechten‹ Gestalttherapeuten an der obligatorischen Einleitung«... ich stehe jetzt hier vor euch, bin total aufgeregt und nervös ... das Herz klopft mir bis zum Hals ...« erkennen kann. Was in aller Welt soll das? Wem ist mit einem solchen Statement gedient? Darf ich jetzt als Zuhörer den Vortrag oder die Art des Vortrages nicht mehr miserabel finden, nur weil der Redner eine solch tolle Leistung – nämlich einen Vortrag zu halten *und* ganz nervös zu sein – erbracht hat (Haut mich nicht, ich bin doch sooo schwach und doch sooo tapfer)?

Das Menschenbild der Gestalttherapie gibt auch Hinweise auf die impliziten und expliziten Wertannahmen der Gestalttherapie. Da ist zum einen die Annahme einer bzw. das Vertrauen in eine Selbstheilungsfähigkeit des Organismus', die jedem Menschen – zumindest potentiell – zu eigen ist. Diese Fähigkeit zur organismischen Selbstheilung, auch »homöostatische Selbstregulation« genannt, kann jedoch im Laufe der Biographie zerstört worden sein; in der Therapie wird sie dann *reaktiviert,* es wird nichts Neues erschaffen, sondern etwas altes, bereits Vorhandenes freigelegt. Die gestalttherapeutische Maxime ›nimm das Offensichtliche‹ heißt in

diesem Zusammenhang auch, daß es nicht Ziel meiner Arbeit ist, neues hervorzubringen, sondern mit dem, was da ist, zu arbeiten.
Die Unterscheidung in das ›Offensichtliche‹ und das ›Nicht-Offensichtliche‹ kann als Teil des Figur-Grund-Gedankens in der Gestalttherapie angesehen werden. Dabei ist das Offensichtliche als Figur und das Nicht-Offensichtliche als Grund zu bezeichnen. In einer extremen Hier-und-Jetzt-Fixierung läuft die gestalttherapeutische Arbeit Gefahr, die Balance zwischen Figur und Grund zu verschieben. »Was für Selbsterfahrungszwecke oder kurze Workshops seine Berechtigung haben kann, ist für längere und an Aufträge gebundene Psychotherapien nicht mehr ausreichend. Therapien, die mit eingehenden Problemstellungen und Zielabsichten, institutionellen Bedingungen und den Besonderheiten des alltäglichen privaten und beruflichen Kontextes der Klienten konfrontiert sind, lassen sich nicht auf eine unverbindliche Wachstumsphilosophie und reines Vordergrundarbeiten reduzieren. In den letzten Jahren mehren sich daher die Fachbeiträge, die um Vervollständigung des gestalttheoretischen Figur-Grund-Konzepts in der Praxis bemüht sind, und es stellt sich die Frage, welche Quellen des Hintergrunds in Betracht gezogen werden sollen, bzw. wie der Klientenkontext zu definieren ist?«[138]

Ein weiterer Aspekt des Figur-Grund-Gedankens ist die ganzheitliche Betrachtungsweise des Menschen, daraus folgen einige Überlegungen, die etwas näher untersucht werden sollen: Der Mensch hat zunächst die Neigung, sich **ganz** darzustellen, zu zeigen. Mehr und mehr lernt er jedoch, sich in ›vorzeigbare‹ und ›nicht vorzeigbare‹ Teile aufzuspalten, d. h. die ureigene Ganzheit wird zerstört – mehr noch: aus den individuellen Kategorien ›zeigbar‹ und ›nicht zeigbar‹ werden generelle Kategorien von gut und böse, von richtig und falsch. Eine Auswahl zwischen verschiedenen Sinngebungsangeboten der Umwelt ist erforderlich und sinnvoll; das Problem besteht jedoch darin, daß der Mensch zunehmend daran gehindert wird, sich der Umwelt als **Ganzheit** auszusetzen. Auf diese Weise eingeengt, muß er sich mit fragmentarischen

138 D. Klöckner: Theoretische und praktische Anmerkungen zum Figur Grund-Konzept der Gestalttherapie, S. 63

Erfahrungen begnügen und diese mit Hilfe des Verstandes in eine Ordnung bringen, indem er sie unter einer stets zwangsläufig subjektiven Ideologie zu einer Einheit zusammenfaßt. Problematisch in diesem zunächst normalen Prozeß ist die Tatsache, daß aufgrund der äußeren Einflüsse die ›Membran‹ (in der Gestalttherapie bezeichnet man diese Membran als die Kontaktgrenze), mit der der Mensch mit der Umwelt in Kontakt tritt, bereits vorgeformt worden ist, also vermeintlich eigene Reaktionen und Eindrucksbildungen keinesfalls so autonom sind, wie sie erscheinen mögen. Eine Gitarre z.B., die nur mit drei anstatt mit sechs Saiten bespannt ist, kann niemals ihren vollen – ganzen – Klang entwickeln.

Im Laufe des Lebens lernen wir, daß bestimmte Verhaltensweisen in bestimmten Situationen angemessener sind als andere. Dies ist jedoch nicht mit der Dimension ›zeigbar‹/›nicht zeigbar‹ gemeint. Gemeint ist eine *bewußte* Entscheidung, ein bestimmtes Verhalten in einer bestimmten Situation zu zeigen oder nicht zu zeigen (z.B. auf einer Beerdigung nicht loszulachen). Der Mensch von heute unterscheidet sich von dem Menschen des Mittelalters u.a. darin, daß er sich einer Vielzahl von Überlieferungen und Sinngebungsangeboten ausgesetzt sieht und nicht mehr in *einer* zumindest vorherrschenden Überlieferung lebt. Diese Vielfalt bedeutet zugleich eine Relativierung der einzelnen Überlieferungen – jedenfalls in dem Augenblick, in dem sie in ihrer Geschichtlichkeit erkannt sind – und bringt die Notwendigkeiten des Wählens und des Entscheidens mit sich. Hier ist im Gegensatz zu diesem generellen Dilemma jedoch die Rede davon, daß aufgrund äußeren Druckes ganze Teile der Persönlichkeit oder des Gefühlslebens abgespalten, abgetötet werden, und zwar meist so lange und so nachhaltig, bis sie schließlich nicht mehr existent sind und im Rahmen einer Therapie mühsam neu erlernt werden müssen.
Alles, was uns daran hindert, uns in unserer Ganzheit zu zeigen, kann als Folge von »Victimizing energy« bezeichnet werden. In der Gestalttherapie sprechen wir in diesem Zusammenhang von einer »Rollenschicht«, einer Verhaltensschicht, in die jemand durch Interventionen der Umwelt gezwungen wird, die aber seine Persönlichkeit auf partielle Verhaltensweisen oder Gefühlsäußerungen reduziert. Wichtig ist hierbei, daß es sich um *reaktives* Verhalten handelt. Ein solches Verhalten sollte also

nicht in einen Vorwurf umgewandelt werden, sondern verdient als in *dieser gegebenen* Umwelt *sinnvolle* Anpassung Respekt und Unterstützung.

Die Suche nach Ganzheit ist ein wesentlicher Teil der Suche nach Sinn: Wie gelingt es uns, unsere verschiedenen Ichs ›unter einen Hut‹ zu bringen? Die – nicht nur gestalttherapeutische – Grundannahme, nach der das Ganze mehr ist als die Summe der Einzelteile stützt sich auf die Vorstellung, daß die Einzelteile in einer sinnvollen Beziehung zueinander stehen und *aus diesem Beziehungsgeflecht* erst das Übersummative, das die Einzigartigkeit des jeweiligen Menschen ausmacht, entsteht. Durch bloßes Nebeneinander erhält die Summe der Einzelteile noch keine eigenständige Bedeutung. Nicht zu wissen, wer man ist, ergibt sich demzufolge auch aus dem Mangel an sinnvollen Bezügen, an sinnvollen Integrationen einzelner Persönlichkeitsanteile bzw. Rollen. In der Soziologie spricht man von »Rollenset« und »Rollenplural«. Damit ist gemeint, daß jeder Mensch in sich verschiedene Rollen vereinbart (Freund, Nachbar, Kollege, Lehrer, Staatsbürger), aber auch, daß, je nach dem aus welchem Blickwinkel die einzelnen Rollen wahrgenommen werden, die Erwartungen unterschiedlich, ja sogar widersprüchlich sein können. Der Sohn hat z.B. an die Rolle Vater andere Erwartungen als die Ehefrau. Das Ich ist also ein »plurales Ich«, und die Eigenschaften einer Person drohen sich von ihr zu lösen und zu beliebig wandelbaren Anhängseln sozialer Rollen zu werden.

Als ein sehr prägnantes Fallbeispiel hierzu empfehle ich die Lektüre des Romans »Der Mann ohne Eigenschaften« von Robert Musil, an dem dieser zwanzig Jahre seines Lebens gearbeitet hat. Die Hauptperson dieses Romans, Herr Ulrich, wird nicht müde darin, seine Grundauffassung zu erläutern, die u.a. darin besteht, daß man die Wirklichkeit in der Wahrnehmung in Bestandteile zerlegt, die dann als kausale Zusammenhänge wahrgenommen werden. Dies ist eine Aussage, wie sie zunächst jeder Gestalttherapeut unterschreiben wird. Das Fehlen von Eigenschaften, so Musil, ergibt sich dadurch, daß die Eigenschaften einer Person in gewisser Weise unabhängig sowohl voneinander als auch von der Person werden. Es fehlen Interdependenz und Durchlässigkeit. Es hat den Anschein, als stünden diese Eigenschaften zueinander in engerer

Verbindung als zu der Person selbst. Die Ereignisse folgen einfach einander, so wie B auf A folgt; sie überraschen den vermeintlich Handelnden ebenso, vielleicht sogar noch mehr, als diejenigen, die ihn beobachten. Hier läßt sich der Unterschied zwischen ›Charakter‹ und ›Persönlichkeit‹ gut verdeutlichen: Während das bloße Vorhandensein von Eigenschaften – mehr noch von Rollen – die Persönlichkeit beschreibt, wird durch deren sinnvolle interdependente Beziehungsstruktur daraus der Charakter.

»Es wird, anders ausgedrückt, immer schwieriger, das Ich als den Mittelpunkt der Handlungen des Einzelnen anzusehen. Statt dessen werden diese Handlungen nunmehr als Ereignisse aufgefaßt, die dem Individuum ohne sein Zutun zustoßen und die sowohl mit äußeren (sozialen) als auch inneren (organischen und psychischen) Ursachen erklärbar sind. Das cartesianische Ich, das noch in der Lage war, sein ›Cogito ergo sum‹ zu verkünden, hat sich in einen ... Strom von Dinghaftigkeit aufgelöst. Die moderne Subjektivität höhlt sich gleichsam selbst aus.«[139]
Noch einmal: Suchen nach Sinn beinhaltet immer auch die Suche nach Ganzheit, ohne Ganzheit ergibt sich kein Sinn.

Ich möchte noch einmal auf das Problem der Vielzahl von Sinngebungsangeboten zurückkommen, da hieraus eine sehr weitreichende Erkenntnis abzuleiten ist: Hier liegt auch eine der (Mit-) Ursachen der Verzweiflung. Der Mensch muß sich entscheiden, an welchen Werten, an welcher Ethik er sein Leben ausrichten will. Der Zweifel ist – oder besser *war* – eine notwendige Zwischenstufe auf diesem Findungsprozeß. Doch bedingt durch die Vielzahl der Orientierungen ›genügt‹ der ›einfache‹ Zweifel nicht mehr. Wer wirklich sucht, d. h. wer das Absolute sucht, der steht heute vor der Wahl zwischen Agonie und Verzweiflung: Verzweiflung an der Vielzahl der Sinngebungsangebote, die letztlich kein Zeichen von mehr Suche, von mehr Sinn in unserer Zeit sind, sondern eher das Gegenteil bedeuten. Oder anders: Wer sich der Vielheit aussetzt, läuft zumindest Gefahr, sich auch der Verzweiflung auszusetzen. Hier schließt sich dann auch wieder der Kreis hin zum existentialistischen Denken: »Ich glaube, die Zeit ist nicht mehr

139 P. L. Berger: Sehnsucht nach Sinn, S. 114 f

so fern, da man es vielleicht teuer genug erfahren wird, daß man, um das Absolute zu erfahren, nicht vom Zweifel, sondern von der Verzweiflung ausgehen muß.«[140] Hier wird deutlich, daß die Vielheit der Angebote nicht nur positiv zu sehen ist, sondern daß sie auch eine Bedrohung unserer Ganzheit sein kann. Man kann eben nur auf einer Hochzeit tanzen.

Die Tatsache, daß die Gestalttherapie versucht, den Menschen in seiner Ganzheit zu sehen, umfaßt noch eine andere Grundannahme, die schon als sogenanntes Figur-Grund-Phänomen mehrfach angesprochen worden ist. Ganzheit im gestalttherapeutischen Sinne bedeutet, daß Schatten **und** Licht als **Ganzheit** gesehen werden. In der Mengenlehre haben wir gelernt, nur solche Elemente als einer gegebenen Menge zugehörig zu beschreiben, die hinsichtlich eines bestimmten Definitionsmerkmals gleich sind. Dies ist hier *nicht* so. Es können nicht Teile des Individuums als ihm nicht zugehörig erklärt werden, nur weil sie nicht ›passend‹ sind.
Im Gegenteil: Die Figur ›**braucht**‹ den Grund, um überhaupt sichtbar zu werden. Abstrakt gesprochen: A braucht Nicht-A, um als A definiert werden zu können. Konkret gesprochen: Unsere ›gute‹ Seite braucht unsere ›schlechte‹ Seite, um als gut dastehen zu können. Diese interne Gesetzmäßigkeit hat ihre Entsprechung auch in der zwischenmenschlichen Beziehungsstruktur: Genauso wie die eine Seite die andere braucht, um sich überhaupt erst definieren zu können, genauso braucht der Mensch das Sich-in-Beziehung-setzen nach außen zur Umwelt, um sich definieren zu können, um Gestalt annehmen zu können.

Wie schon verschiedentlich angeklungen, hat die Gestalttherapie ihre Wurzeln nicht nur im humanistischen Denken; eine ganz wichtige Prägung ist durch die Existentialisten, namentlich Söeren Kierkegaard geschehen. Die Sichtweisen dieses dänischen Philosophen und deren Präsenz in der Gestalttherapie sollen daher im folgenden etwas näher beschrieben werden:
»Man sollte über das Paradoxe nicht geringschätzig denken, denn das Paradoxon ist die Quelle der Leidenschaft des Denkers, und

140 Sören Kierkegaard, zitiert in: F. Heinemann: Existenzphilosophie – Lebendig oder tot, S. 39

der Denker ohne das Paradoxon ist wie ein Liebhaber ohne Gefühl: ein erbärmlicher Patzer... Das größte Paradoxon von allen ist der Versuch, etwas zu finden, das das Denken nicht denken kann.«[141]
Dieses wunderbare Zitat Kierkegaards könnte ebenso von einem heutigen Gestalttherapeuten stammen, zeigt es doch an, daß man mit alten Mitteln auch nur zu alten Zielen gelangen kann, aber auch, daß Suchen immer etwas Zielloses (Unvorstellbares) hat.

Ein Sufi hörte einen Mann rufen: »Hat jemand einen Schlüssel gefunden? Meine Tür ist verschlossen, und ich stehe draußen im Staub auf der Straße. Was soll ich tun, wenn meine Tür verschlossen bleibt?«
Da fragte der Sufi ihn: »Warum machst du dir Sorgen? Da es deine Tür ist, bleibe in der Nähe, selbst wenn sie dir verschlossen ist. Wenn du Geduld hast, lange genug zu warten, wird sie dir gewiß jemand öffnen. Du bist in einer besseren Lage als ich, denn ich habe weder Tür noch Schlüssel. Wollte Gott, daß ich auch eine Tür finden möge, sei sie nun offen oder verschlossen.«
Der Mensch lebt, so die Überzeugung der Sufis, in einem Zustand der Einbildung, in einem Traum. Niemand sieht die Dinge so, wie sie sind. Wenn jemand fragt: »Was soll ich tun?«, so antwortet der Sufi-Lehrer ihm: »Tue nicht das, was du bisher getan hast; handle nicht so, wie du immer gehandelt hast.«
Gerade die Gestalttherapie will uns immer wieder kreativ zu dem Wagnis ermuntern, mit neuen Mitteln auf neue Ziele zuzustreben, das ›Undenkbare‹ zu denken. Dieser Schritt ist wirklich nicht leicht. Ich will ein Beispiel nennen: Ich erinnere mich an ein Gespräch im Kollegenkreis über einen Beamten, der im gleichen Heim wie ich gearbeitet hat. Dieser Mann ist ein durch und durch preußischer Beamter. Tagaus tagein tut er beständig seine Pflicht, egal wie er sich ›fühlt‹; man sieht ihm jedenfalls nichts an. Nach langer Zeit erst habe ich erfahren, daß dieser Mann, mit dem ich jeden Tag zusammen gearbeitet habe, ein schwerkrankes Kind hat, welches ständig und mit großem zeitlichen und wahrscheinlich auch finanziellem Aufwand ärztlich betreut werden muß. Stimmungsschwankungen bzw. damit verbundene Schwankungen

141 Sören Kierkegaard, zitiert in: D. Lynch und P. Kordis: Delphin Strategien, S. 229

in der Arbeitsleistung habe ich nie bemerken können. Ich habe seit dieser Zeit große Achtung vor diesem Mann. Das Problem in dem Gespräch war, daß für uns alle mehr oder minder fest stand, daß dieser Mann sich gar nicht glücklich fühlen **kann**! Unser Begriffs- und Denksystem ließ es einfach nicht zu, daß es diesem Mann gut gehe; denn in *Wirklichkeit* fühle er sich leer, in *Wirklichkeit* sei ihm seine Lage gar nicht bewußt; würde er *wirklich* spüren, wie es ihm geht, müßte er verzweifeln. Welch ein arroganter Quatsch! Warum konnten wir nicht zumindest die *Möglichkeit* zulassen, daß dieser Mann tatsächlich zufrieden ist, und zwar nicht, weil er es nicht besser wüßte, sondern weil er es **tatsächlich** ist? Daß er in einem anderen, von dem unsrigen völlig unterschiedlichen Wertesystem leben und handeln könne, lag vollkommen außerhalb unseres Horizontes.

Die Bedeutung des Einfühlens in eine andere Welt, in die Welt des Klienten, wird in der Therapie schizophrener Menschen sichtbar. Hier werden zwei gegensätzliche Positionen diskutiert: Die eine Position besagt, daß das Denksystem des Schizophrenen krankhaft sowie von Ideenflucht und nicht einfühlbaren Gedankenverwirrungen gekennzeichnet ist. Die Gegenposition hierzu lautet, daß der schizophrene Mensch sehr wohl in einem stringenten, logischen Denksystem lebt, in das er sich zurückgezogen hat. Aufgabe des Therapeuten ist es demnach, diese interne Logik zu entschlüsseln und auf *dieser* Ebene Kontakt zum Klienten herzustellen. Ein wahrer Meister dieser Vorgehensweise war Milton Erickson. Ich will ein Beispiel erzählen:

Erickson arbeitete als junger Psychiater einmal in einer Anstalt, in der ein etwa 25jähriger Patient sein Leben fristete. Er war von der Polizei vor etwa fünf Jahren aufgrund gestörten Verhaltens festgenommen und eingeliefert, aber niemals identifiziert worden, da er keinerlei Dokumente bei sich trug, anscheinend von niemandem vermißt wurde und außer »Ich heiße George«, »Guten Tag« und »Gute Nacht« keinerlei verständliche Äußerungen machte. Auf jeden Versuch, mit ihm ins Gespräch zu kommen, reagierte er mit langen, raschen Verbalisierungen in einer Kunstsprache. Unzählige Psychiater, Psychologen, Schwestern, Sozialarbeiter und Mitpatienten hatten im Laufe der Jahre vergeblich versucht, in diesem

Wortsalat einen Sinn zu finden oder George dazu zu bringen, sich klar auszudrücken. Man hatte ihn schließlich allein gelassen, und George war dazu übergegangen, fast unablässig vor sich hin zu murmeln. Einige Tage lang saß Erickson jeweils eine volle Stunde lang schweigend neben George, der ihn ignorierte. An einem der nächsten Tage stellte er sich durch plötzliche laute Nennung seines Namens sozusagen der leeren Luft vor. George reagierte darauf erst am folgenden Tage, als Erickson seine Namensnennung direkt an ihn richtete. Er produzierte einen langen, ärgerlich klingenden Wortsalat, ohne Erickson dabei anzusehen. Auf diesen Ausbruch antwortete Erickson, der sich sorgfältig auf diese Intervention vorbereitet hatte, mit einem ebenso langen, aber höflich klingenden Wortsalat, der ähnlich wie die Kunstsprache des Patienten klang, aber andere Pseudoworte enthielt. George schien verblüfft, und als Erickson fertig war, antwortete er mit einer anderen, diesmal fragend klingenden Verbalisierung, auf die Erickson wiederum höflich erklärend ›antwortete‹. Am nächsten Tag begann die Konversation mit gegenseitigen Namensnennungen, gefolgt von einem vierstündigen ununterbrochenen Wortsalat Georges. Obwohl dabei Ericksons Mittagessen zum Opfer fiel, antwortete er mit einem Wortsalat von ebenfalls vierstündiger Dauer. Daran schloß sich eine weitere zweistündige Verbalisierung Georges an, auf die der etwas erschöpfte Erickson eine ebenso lange Antwort gab. Am folgenden Morgen begann die Therapie wiederum mit gegenseitiger Vorstellung, aber dann nur einem ganz kurzen Austausch von Wortsalat, woraufhin George unvermittelt sagte: »Reden Sie vernünftig, Herr Doktor!«, und dieser antwortete: »Warum nicht – mit Vergnügen – was ist Ihr Familienname?« Innerhalb eines Jahres war George soweit, daß er entlassen werden konnte und eine Stelle fand. In unregelmäßigen Abständen kam er Erickson in der Anstalt besuchen, hauptsächlich, um ihm von seinem Leben zu berichten. Unweigerlich begann und beendete er diese Besuche mit einer Portion Wortsalat, und manchmal bemerkte er dazu trocken: »Es geht doch nichts über ein bißchen Unsinn im Leben – nicht wahr, Herr Doktor?«[142]

142 M. Erickson: The use of Symptoms as an integral part of Hypnotherapy; übersetzt und zitiert in: P. Watzlawick: Die Möglichkeit des Andersseins, S. 106 f

Ich glaube, daß diese Vorgehensweise nicht nur faszinierend ist, sondern insofern auch als ein Ausdruck existenzphilosophischen Denkens angesehen werden kann, als hier der Respekt vor dem ›So-sein‹ (Anders-sein) des anderen deutlich wird. Der in der Gesprächspsychotherpie oft gebrauchte Satz »... den Klienten da abholen, wo *er* steht ...« ist ebenfalls Ausdruck des respektvollen Umgangs mit dem Du. Ich möchte es existenzphilosophisch ausdrücken: In der Therapie begegnen sich zwei Selbst' jeweils vor einem Du; durch diese Begegnung entsteht Unüberbrückbarkeit, da jedes Selbst nicht die Aufgabe hat, zu zerfließen, sondern im Gegenteil sich zu differenzieren und auszugestalten. Oder: Die Figur/Grundgestalt Therapeut begegnet der Figur/Grundgestalt Klient, und in dieser Begegnung gewinnen **beide** Seiten an Kontur, an Gestalt. Hier wird deutlich, daß der Gestalttherapeut nicht nur nicht die weiße Projektionswand des Klienten ist, er **darf** sie auch gar nicht sein! Er muß vielmehr – und hier liegt einer der wesentlichen Unterschiede zwischen klassischer Psychoanalyse und Gestalttherapie – **aktiver**, **realer** Resonanzboden für das Hier-und-Jetzt-Selbst des anderen sein, und dies in einer **kongruenten** und vor allem **transparenten** Art und Weise.

»Die Attitüde, die Freud so lange Jahre hartnäckig verteidigt hat, zu analysieren und den Kranken nicht zu beeinflussen, ihn seinen Weg suchen zu lassen, ist unwürdig einer Wissenschaft, die Psychotherapie sein will. Der Arzt hat der Erzieher seiner Kranken zu sein und ihnen den Weg zu Arbeit und Gesundheit zu weisen, sie mit sanftem Zwange aus dem Reich ihrer Phantasien herausführend zur Arbeit zu treiben, ihnen immer wieder den Spiegel ihrer träumerischen Untätigkeit vorhaltend, ihnen den Willen zur Krankheit entschleiernd und ihre Energien aufpeitschend.«[143]

Einverstanden bin ich, wenn gefordert wird, daß der Therapeut *aktiv Handelnder* zu sein hat; **nicht** einverstanden bin ich, wenn vorgeschrieben wird, *welchen* Weg er zu weisen hat. Ich verlange von meinen Klienten, daß sie gehen; welchen Weg sie einschlagen, das soll ihre eigenverantwortliche Entscheidung sein. Dies widerspricht auch der Ansicht, wie Veränderung in der Gestalttherapie geschieht: Veränderung ist ein paradoxes Phänomen, sie ist nicht

143 W. Stekel, zitiert in: J. Rattner: Klassiker der Tiefenpsychologie, S.110

machbar, sie ist kein *willentlicher* Akt. Veränderung *passiert* durch ›Sich-lassen.‹

Als Gestalttherapeuten anonymisieren wir uns nicht selbst, indem wir uns hinter einer Couch verstecken. Wir versuchen, **mit** unserer jeweiligen Befindlichkeit real und kongruent präsent zu sein. Dadurch können wir die Autonomie des Klienten, aber auch unsere eigene ermöglichen: Wir können so zeigen, daß Raum für zwei Gefühlswelten, zwei Befindlichkeiten ist, auch – oder gerade – wenn sie noch so unterschiedlich sein mögen. So kann es z.B. sein, daß ich als Therapeut dem Klienten mitteile, daß es mir im Augenblick nicht gut geht, daß ich im Augenblick keine Lust zu arbeiten habe ...; indem ich auch *damit* präsent bin – denn ich bin ja *real* da – schaffe ich Raum für die Präsenz des Klienten und *seiner* Befindlichkeit (To share it – means to go through it!). Die Mitteilung, daß mir im Augenblick nicht nach Arbeit zumute ist, heißt ja **nicht**, daß ich jetzt nach Hause gehen möchte, sondern mit dieser Mitteilung schließe ich – um es gestaltpsychologisch auszudrücken – die Gestalt ›keine Lust‹, indem ich ihr Raum und Beachtung gebe; *danach* und auf *dieser Basis* können wir wunderbar weiterarbeiten. Würde ich diese Mitteilung nicht machen bzw. das entsprechende Gefühl in mir nicht zulassen, so wäre ich nicht nur nicht real, die Gestalt ›keine Lust‹ könnte sich nicht schließen und würde mich weiterhin gefangen halten.

Der oben schon zitierte M. Erickson zu einem Jugendlichen auf dessen Frage »Was machen Sie, wenn ich Ihnen diesen Aschenbecher an den Kopf werfe?«: »Dann trete ich Dir vor's Schienbein, daß Du acht Tage lang nicht mehr gehen kannst!«

»... wenn du mir entgegnest, je mehr ich ich selbst bleibe, desto weniger Gelegenheit hast du, mich als leeres Blatt zu gebrauchen, auf das du Dinge projizierst, nun, darauf kann ich antworten, je mehr ich mich unwirklich zu einem leeren Blatt mache, desto weniger Chancen hast du, einem *realen* Menschen zu begegnen.«[144]

---

144 D. Rosenblatt: Türen öffnen, S. 26

»... und sobald ich in diagnostischen Kategorien zu denken beginne, weiß ich, daß etwas mit mir passiert ist. Ich habe meine Sympathie für (den Klienten) verloren ... .«[145]

Die Existenzphilosophie stellt – in Abgrenzung zum Idealismus – wieder den einzelnen Menschen, der sich kraft seiner Freiheit und kraft seines Potentials verwirklicht, in den Vordergrund. Daraus folgt, daß existentielle Psychotherapie einen Zugang zum Menschen darstellt, der sich auf die Gegebenheiten konzentriert, welche sich aus der Existenz des Menschen ergeben.

»Die existentielle Position hebt eine andere Art Grundkonflikt hervor: Weder einen Konflikt mit unterdrückten instinkthaften Antrieben, noch einen mit internalisierten bedeutsamen Erwachsenen, sondern statt dessen einen Konflikt, der aus der Konfrontation des Individuums mit den Gegebenheiten der Existenz hervorgeht. Und ich meine mit ›Gegebenheiten‹ der Existenz bestimmte letzte Dinge, bestimmte intrinsische Eigenschaften, die ein Teil, und zwar ein unausweichlicher Teil des menschlichen Wesens in der Welt sind.«[146]

Als ich mich im Rahmen der Vorbereitung auf dieses Kapitel näher mit Kierkegaard, den man als ›Ahnherr‹ der Existenzphilosophie bezeichnen kann, beschäftigt habe, mußte ich immer wieder neu erstaunt feststellen, wie aktuell, wie ›gestalttherapeutisch‹ das Denken dieses Menschen ist.

Existentialismus kann als Oberbegriff von zum Teil recht unterschiedlichen philosophischen Strömungen bezeichnet werden. Die Position eines J.P. Sartre z.B. mag auch eine existentialistische sein, als einen möglichen Beitrag zur Handlungsethik der Gestalttherapie würde ich sie jedoch nicht übernehmen wollen: Das Leben ist sinnlos; Sinn gewinnt die Existenz nur durch das, was sie jeweils beliebig als Sinn setzt. Dies ist mir zu unverbindlich, zu unverantwortlich; ich vermisse hier die Verantwortung für und das Eingebettetsein in ein soziales Beziehungsgeflecht. Bei aller Unterschiedlichkeit der existenzphilosophischen Aussagen besteht doch ein gemeinsamer Nenner darin, daß das tiefste

---

145 D. Rosenblatt: Türen öffnen, S. 33

146 I. D. Yalom: Existentielle Psychotherapie, S. 18 (Yalom spricht hier von Tod, Freiheit, Existentieller Isolation und Sinnlosigkeit)

und verläßlichste Wissen des Menschen über die ihn umgebende Welt – insbesondere über sich selbst und die anderen – nicht durch Unbeteiligtsein, sondern durch **aktive** Anteilnahme erreicht wird; nicht durch reduktive Analyse, sondern durch die konstruktive Synthese, nicht in dem Zustand entfremdeter Distanz, sondern in **realer** (ich – du) Begegnung.

Ich möchte hier drei Aspekte des Denkens von S. Kierkegaard darstellen:
Kierkegaard spricht sich sehr nachhaltig **gegen** das Hegelsche Denkmodell von These/Antithese/Synthese aus. Zwischen Synthese und Antithese entsteht eine kreative Spannung, die seiner Meinung nach durch die Synthese zum Stillstand gebracht wird. Er will vielmehr das unvermittelte Nebeneinander(be-)stehen von Gegensätzen. Das Unendliche und das Endliche; die objektive Vernunft und die subjektive Existenz; Begriff (das abstrakt Allgemeine) und Wirklichkeit (das konkret individuelle) sind für ihn Antithesen, für die es **keine** ausgleichende Vermittlung geben *kann.* Kierkegaard ist zutiefst von der Fruchtbarkeit des reinen Widerspruchs überzeugt. Die Synthese hebt seiner Meinung nach die Möglichkeit, aber auch das Erfordernis der freien Entscheidung auf. Die Grundsituation des Menschen ist von Bedürfnissen bestimmt, die Wahl **und** Entscheidung **notwendig** machen. Man könnte dies auch als einen sehr gestalttherapeutischen Gedankengang bezeichnen; so wie These und Antithese eben nicht zu einer Einheit (Synthese) verschmolzen werden, so geben auch Figur und Grund ihre Identität nicht zugunsten einer (Gesamt-) Gestalt auf. Das bekannte Yin-Yang Zeichen verdeutlicht, was hier gemeint ist: Beide Seiten bleiben erhalten und bilden *zusammen* die komplette Gestalt. Man darf nicht übersehen, daß die Grenze, die zwei Bereiche trennt, zugleich auch etwas ist, was beide Seiten *gemeinsam* haben. Dies gilt auch für den sogenannten Kontaktprozeß, der sich, so die Gestalttherapie, durch zwei entgegengesetzte Bewegungen beschreiben läßt: Abgrenzung und Identifikation. Beide können nicht gleichzeitig stattfinden, beide sind aber für den Prozeß des organischen Wachstums unerläßlich. In dem Yin-Yang Zeichen kommt zusätzlich auch das Prozeßhafte zum Ausdruck: Im Weiß ist bereits der Grund, das Samenkorn zum Schwarz angelegt und umgekehrt. Diese Vorstellung läßt sich bis ins Unendliche

fortsetzen, denn auch in dem Samen des Schwarz, welches im Weiß angelegt ist, finden wir wieder den Beginn von Schwarz **und** Weiß – diese Kette läßt sich endlos bis in die kleinste Einheit und noch weiter fortsetzen. Und genau dadurch entsteht der ständig fließende Prozeß, in dem sich nicht Schwarz und Weiß angleichen, sondern deren **Bewertung**.

»Es gibt keine Wissenschaft vom Menschen, wenn sie ihn nicht als zugleich organisches und humanes Ganzes betrachtet: agierend und reagierend, sich verhaltend und intendierend, determiniert und determinierend, seiend und werdend zugleich. Im existentialistischen Denken widerstreiten sich diese komplementären Antinomien der menschlichen Existenz nicht so sehr, sondern durchdringen einander vielmehr. Es ist mehr als nur ein Spiel mit Worten, wenn es heißt, Freiheit sei eine *Notwendigkeit* der menschlichen Existenz und der Mensch sei dazu *bestimmt (verdammt),* frei zu sein.«[147]

Das Figur-Grund-Phänomen, eine der zentralen Annahmen der Gestalttherapie, läßt sich hieraus ohne weiteres ableiten. In der Gestalttherapie gehen wir davon aus, daß es **nicht** darum geht, Gegensätze aufzulösen, aufzuheben, sondern die Spannung zweier Pole zu nutzen. Top-Dog/Under-Dog, wie Perls die in uns wirkenden Instanzen nannte, sollen nicht vereint, sondern respektiert werden. Victim/Victimizer, das Gegensatzpaar, welches in der Gestalttherapie des Hartfort Family Institute eine zentrale Rolle einnimmt, soll nicht ›wegtherapiert‹, sondern durch unterstützende Annahme **beider** Seiten als Wachstumspotential nutzbar gemacht werden.

Sehr schön drückt C.G. Jung das aus: »Es kommt also nicht darauf an, ein *vollkommener* Mensch zu werden, sondern ein *vollständiger*.«[148]

Kierkegaard spricht von zwei unterschiedlichen Selbst': Ein

147 F. W. Matson: Rückkehr zum Menschen, S. 254

148 C.G. Jung, zitiert in: A. M. Däumling: Über versuchte, verfehlte, und geglückte Selbstverwirklichung, S. 217

menschliches Selbst, dessen Maßstab, dessen Maxime der Mensch ist. Diesem Selbst stellt er ein anderes Selbst gegenüber, nämlich ein Selbst, das nicht den Menschen, sondern Gott als Maßstab genommen hat. Man kann also sagen, daß das Selbst als Selbst (gestalttherapeutisch würde man hier von der ›Figur‹ sprechen) von dem her bestimmt wird, *vor* dem (also dem ›Grund‹) es ein Selbst ist. Das Ich wird vom Du her bestimmt. Es gibt das ›endliche Du‹, d. h. den Mitmenschen, und das ›absolute Du‹, d. h. Gott. Die Bedeutung des Selbst wächst, indem es sich *vor* dem absoluten Du – vor Gott – erlebt. Zum Wesen des Menschen gehören Selbstbestimmung und Selbstverwirklichung; der Mensch *hat* Selbst zu sein vor sich selbst. Andererseits muß er, will er vor Gott bestehen, sein Selbst aufgeben; er *hat* nicht Selbst zu sein vor Gott. Dieses Paradoxon, diese unauflösbare Spannung beschreibt die Grundstimmung, in der der Mensch sich – nach Kierkegaard – befindet. Diese paradoxe Situation (Selbstverwirklichung vor Gott vs. Selbstrealisation vor sich selbst) läßt den Menschen verzweifeln.

Existentialismus und Gestalttherapie betonen immer wieder den Wert von Freiheit und Autonomie. Doch gibt es auch Anteile im existenzphilosophischen Denken, insbesondere bei Kierkegaard, die ganz und gar nicht als sinnvolle Grundideen zur Gestaltarbeit dienen können, da sie dem an anderer Stelle dieses Buches geforderten politischen Engagement zuwiderlaufen. Dies ist besonders in der Diskussion ›Vita contemplativa‹ vs. ›Vita activa‹ der Fall; dieser Streit ist alt und kann hier nicht wiedergegeben, geschweige denn entschieden werden. Da die Gestalttherapie sich z.Zt. mehr und mehr mit spirituellen Fragen beschäftigt, ist es jedoch angebracht, einige Gedanken zu diesem Dialog zu schildern. Insbesondere Kierkegaard nimmt hier teilweise eine sehr bedenkliche Haltung ein, wenn er den Begriff der »allgemeinen und gleichen Freiheit« eher als eine »Umsturzdrohung« darstellt. Die Führung »öffentlicher Angelegenheiten« überläßt man am besten der Kirche und der Monarchie, den »Bollwerken« der Gesellschaft gegen den »Pöbel«; in diesem Zusammenhang verherrlicht Kierkegaard den »Weg nach Innen« als »einzig authentische Lebensweise«. Von diesem Standpunkt hin zur altchinesischen Auffassung, daß die beste Herrschaft die Nichts-Tuende ist, da diese auch nicht in den

(naturgegebenen) Lauf der Dinge verfälschend eingreift, scheint es mir dann nur noch ein kleiner Schritt zu sein.
Cato: »Numquam se plus agere quam nihil cum ageret; numquam minus solum esse quam cum solus esset«.[149]
Vita activa und Vita contemplativa können sich jedoch treffen: Die Vita activa vermag erst moralische Bedeutung zu erlangen, wenn erkannt wird, daß ihre Errungenschaften im gemeinsamen Interesse der Allgemeinheit liegen. Dieser Prozeß der Erkenntnis ist Ausfluß der Vita contemplativa. Eine so geleistete Tätigkeit bezieht notwendigerweise den anderen mit ein und läßt sich daher nicht mehr im Sinne von individueller Autonomie, losgelöst von den vorhandenen Sozialverhältnissen, denken.

Ich habe diesen Gedankengang etwas ausführlicher dargestellt, da er eine zentrale Bedeutung für das Menschenbild des Existentialismus und in der Folge daher auch für das der Gestalttherapie hat. Ich möchte nun versuchen, diesen Aspekt existenzphilosophischen Denkens auf gestalttherapeutisches Denken und Vorgehen zu übertragen:
Es wurde gesagt, daß der Mensch sein Selbst einmal vor sich als Mensch und einmal vor Gott definiert. Etwas abgewandelt heißt das, daß der Mensch zwischen der Verwirklichung des eigenen Selbst und der eines ideellen, idealen Selbst hin und her geworfen wird. Je mehr er also versucht, ein Ideal zu verwirklichen, desto mehr entfernt er sich von sich selbst. Hier wird die mitunter destruktive, weil selbstentfremdende Wirkung von Idealen deutlich. »Ich bin, was ich bin«, dieser zunächst recht triviale Satz wird nun in seiner ganzen Tragweite, aber auch in der Schwierigkeit, ihn zu verwirklichen, deutlich; denn »ich bin, was ich bin« heißt dann ja auch »ich bin **nicht**, was ich gerne wäre«. Ein hohes Maß an Ambiguitätstoleranz ist notwendig, um diesen Satz zu lernen. Diese Ambiguitätstoleranz, d. h. hier die Fähigkeit, die Spannung zwischen dem, was **ist**, und dem, was **sein sollte**, auszuhalten, ist notwendiges Ziel gestalttherapeutischer Arbeit. In der Therapie lernt der Klient sich kennen – und hoffentlich auch annehmen –, nicht, wie er gerne sein möchte und sich als Idol meist sieht,

149 Niemals ist man tätiger, als wenn man dem äußeren Anschein nach nichts tut – niemals ist man weniger allein, als wenn man in der Einsamkeit mit sich allein ist.

sondern, wie er im Grunde seines Erlebens, Fühlens und Handelns ist.

Es wäre sicherlich interessant und lohnenswert, die Klient-Therapeut-Beziehung, insbesondere aber auch das Phänomen der Übertragung unter diesen Kategorien zu betrachten. Was z.B. bedeutet es für den Klienten, sich selbst ***vor*** einem – meist idealisierten – Du, idealisierten Therapeuten zu sehen? Ich glaube, als Therapeuten übersehen wir allzu schnell, welche Ambiguitätsleistungen ein Klient bereits durch das bloße Zusammensein mit dem Therapeuten erbringt. Ich weiß nur allzugut, wie ich mich – auch nach nahezu fünfzehn Jahren – *vor* meinem Ausbilder und Lehrer Stuart Alpert fühle.

An dieser Stelle und in diesem Zusammenhang möchte ich die Bedeutung des Kontaktes wieder unterstreichen, des Kontaktes, den jemand zu sich selbst und zu seiner Umwelt hat, aber auch – und das ist in diesem Zusammenhang von besonderer Bedeutung – zu Zielen, Werten und Idealvorstellungen. Nur wer Kontakt zu sich selbst hat (mit sich selber in Beziehung lebt), kann sein Selbst entwickeln bzw. verwirklichen.

Nur wer bei sich zu Hause ist, kann andere zu sich einladen.
(Mexiko)

In der Persönlichkeitstheorie der Gestalttherapie spielt der Kontakt eine zentrale Rolle. Der Kontakt findet an der schon mehrfach erwähnten Kontaktgrenze, die Berührung und Abgrenzung zugleich ist, statt. Durch diese Doppelfunktion gleicht unser Verhalten an der Kontaktgrenze häufig einem Appetenz/ Aversionskonflikt. Wachstum geschieht, so die gestalttherapeutische Überzeugung in einer ständigen Folge von ganz bestimmten Kontaktzyklen, die einem vierstufigen Kontaktmodell folgen:
1. Vorkontakt: Ein Bedürfnis bzw. ein Reiz taucht aus dem Organismus oder der Umwelt auf und wird so zur Figur. Der übrige Körper bzw. die übrige Umwelt wird dabei aus der Sicht des Individuums zum Hintergrund.

2. Kontaktnahme: Die Möglichkeiten zur Befriedigung des Bedürfnisses treten als Figur in den Vordergrund; unterschiedliche Möglichkeiten differenzieren sich aus und werden ausgewählt. Das Verlangen des Vorkontaktes tritt in den Hintergrund.
3. Kontaktvollzug: Der Kontakt wird zur Figur und intensiv erlebt. Die **ganze** Person ist vom Erleben erfaßt.
4. Nachkontakt: Die Figur tritt wieder in den Hintergrund zurück. Der Kontaktprozeß ist beendet. Durch die Begegnung mit dem anderen vollzog sich – im günstigsten Fall – ein Wachstums- und Reifungsschritt.[150]
Dieser Prozeß wiederholt sich immer wieder aufs neue.

Wie ich schon an anderer Stelle geschrieben habe, läßt sich grundlegend Neues nur im unbekannten Land finden. Wir wiederholen immer wieder aufs neue unsere Handlungen und sind dann verwundert, daß wir nicht auf Neues stoßen. Doch wer sich, um im Bild zu bleiben, im fremden Land aufhält, sollte sicher sein, daß ihm die eigenen Beine, auf denen er steht, nicht fremd sind. Auch im fremden Land kann man, sollte man einen festen, einen eigenen Standpunkt – und das kann man hier ruhig wörtlich begreifen – einnehmen. Schön ist das Bild von der Schnecke: Mag das Land, in dem sie sich gerade aufhält, noch so fremd sein, ihr Zuhause hat sie gleichwohl immer. Wir können von ihr lernen.
Das gleiche gilt auch für normative/ethische Zielsetzungen. Doch gerade dem (beziehungs-) gestörten Menschen fällt dieser Schritt sehr schwer: »Der Neurotiker ist der im Grunde bindungslose und darum bindungssüchtige Mensch. Ohne Bindung erstickt der Mensch in der Angst. In der Gegenwart kann diese Beziehung nicht gefunden werden, die Zukunft läßt ihn durch das tief eingewurzelte Mißtrauen nichts Bindendes erwarten. Nur in der Vergangenheit war so etwas wie eine Bindung Wirklichkeit. Die Beziehungssucht erweckt die Garanten der kindhaften Geborgenheit zum Leben. ... Eine behutsam zugelassene und später abgebaute – also therapeutisch überwachte Übertragung ist als eine Spannungsreduktion und darüber hinaus – weil in ihr an frühe Bestände angeknüpft wird – als ein Reifungsprozeß von hoher Bedeutung anzusehen. In der Übertragung versucht der

150 vgl. hierzu: R. Krisch: Der gestalttherapeutische Krankheitsbegriff, S. 74

konflikthafte Mensch seine Existenz zu sichern, zu behaupten und zu entfalten.«[151]

Doch zurück zu einem weiteren Hauptaspekt Kierkegaards, der (existentiellen) Angst:
Kierkegaard unterscheidet zwischen Furcht und Angst; Furcht kann das Woher der Bedrohung ausmachen; Angst hingegen wird durch das Anonyme, das Unbestimmbare ausgelöst. Mit Angst meint er Existenzangst, den »Abgrund des Nichts«. Die Freiheit ›von‹, d. h. weder durch äußere noch durch innere Gründe determiniert zu sein, hat unausweichlich die Freiheit ›zu‹, nämlich sich selbst zu determinieren, zur Folge. Bleibt diese Aufgabe ungelöst, so wird aus der Angst Verzweiflung. In der Gestalttherapie wird dieser Aspekt an der Tatsache, daß der Therapeut den Klienten immer wieder auffordert und ermuntert, für sich Verantwortung zu übernehmen, deutlich. Nur auf diesem Weg – indem der Klient sich als verantwortlich Handelnder erlebt – ist die Überwindung der existentiellen Angst möglich.
Der Mensch **muß** sich entscheiden; das ist seine Verantwortung. Damit einher geht das Risiko, sich auch falsch entscheiden zu können. Sich nicht zu entscheiden ist kein Ausweg aus diesem Dilemma, denn auch sich nicht zu entscheiden ist ja eine Entscheidung. Es gibt kein Gegenteil von ›Entscheidung‹; dieser Gedanke ist häufig Gegenstand der Therapie, wenn von Verantwortung gesprochen wird.

Nach existentialistischer Auffassung hat der Mensch die Aufgabe, die Verantwortung, sich selbst zu dem zu machen, was er werden soll. Paul Tillich spricht hier vom »Mut zum Sein« und Kierkegaard von einer Art der Verzweiflung, die daraus resultiert, daß man nicht man selbst sein will. Das Gedankengut Tillichs zum Thema Verantwortung des Menschen für seine Entwicklung, insbesondere zur Erkennung und Nutzbarmachung seiner Potentiale, deckt sich mit den Grundüberzeugungen der Gestalttherapie:
»Das Sein des Menschen, das ontische wie das geistige, ist ihm nicht nur gegeben, sondern wird auch von ihm gefordert. Er ist verantwortlich, er ist aufgefordert zu antworten, wenn er gefragt

151 H.R. Lückert, zitiert in: H. Stoffer: Die Echtheit, S. 160

wird, was er aus sich gemacht hat. Der ihn fragt, ist sein Richter, nämlich er selbst, der zugleich gegen sich selbst steht. Diese Situation erzeugt die Angst, die in relativen Begriffen die Angst der Schuld, in absoluten Begriffen die Angst der Selbstverwerfung oder Verdammung ist. Aber innerhalb dieser Grenzen ist er aufgefordert, sich selbst zu dem zu machen, was er werden soll, seine Bestimmung zu erfüllen. In jedem Akt der sittlichen Selbstbejahung trägt der Mensch bei zur Erfüllung seiner Bestimmung, zur Aktualisierung dessen, was er potentiell ist.«[152] Wir haben also geradezu die Pflicht, zu suchen, die Pflicht, unterwegs zu sein; darin liegt auch ein Teil der Verantwortung uns selbst gegenüber. Die therapeutische Arbeit soll dazu ermuntern und befähigen, diese Verantwortung zu erkennen und wahrzunehmen.
Als ähnlich groß und unerläßlich beschreibt auch C.G. Jung die Verantwortung des Menschen: »Der Mensch ist unerläßlich zur Vollendung der Schöpfung, ja er ist der zweite Weltschöpfer selber, welcher der Welt erst objektiv das Sein gibt, ohne das sie ungehört, ungesehen, lautlos fressend, gebärend, sterbend, köpfenickend durch Hunderte von Jahrmillionen in der tiefsten Nacht des Nicht-Seins zu einem unbestimmten Ende hin ablaufen würde.«[153]

Als existentialistischer Denker gewinnt Kierkegaard seine Einsichten aus der »Selbsterfahrung«. Eine Wahrheit, eine Überzeugung zu gewinnen hat für ihn keinen Sinn, wenn nicht die reale Existenz davon berührt ist bzw. verwandelt wird. Für die therapeutische Arbeit gilt nach meiner Überzeugung das gleiche: In *diesem* Sinne ist die Gestalttherapie Selbsterfahrung – allerdings nicht im sonst üblichen Sinn des Psychosprachgebrauchs –, wenn sie den Klienten befähigen will, das für sich selbst zu erfahren, was sonst, wie z.B. in der Psychoanalyse, interpretiert werden müßte. Die reale Selbsterfahrung ist für Kierkegaard aber immer wieder die Erfahrung der Fremdheit zur Welt und zu sich selbst. Dies gilt es in voller Ehrlichkeit aushalten. In der Angst – und das ist die eigentliche existentielle Aussage – erfährt der Mensch die Möglichkeit der Freiheit. Die Angst bzw. deren Akzeptanz löst die Wirklichkeit in eine Vielzahl von Möglichkeiten auf, denen

152 P. Tillich: Der Mut zum Sein, S. 41 f
153 C.G. Jung, zitiert in I. D. Yalom: Existentielle Psychotherapie, S. 501

gegenüber sich der Mensch zu entscheiden hat. »Das Ungeheure«, so Kierkegaard, »das einem Menschen eingeräumt ist, ist die Wahl, ist die Freiheit.«

Aber »auch der Versuch, sich selber ›ethisch‹ in die Hand zu nehmen, endet in der Verzweiflung; der Mensch entdeckt zuletzt, daß er nicht aus sich selber heraus wahrhaft er selber werden kann. Diese Ohnmacht ist das tiefste Zeichen seiner Endlichkeit.«[154]

An dieser Stelle ist es mir wichtig, darauf hinzuweisen, daß zwar einerseits das existentialistische Denken eine wesentliche Grundlage der (Gestalt-) therapeutischen Arbeit darstellt, daß es aber andererseits wichtig ist, über den eher pessimistischen »Schwerenöter-« Ansatz des Existentialismus hinauszugehen.
»Das ganze Dasein ängstigt mich, von der kleinsten Fliege bis zu den Geheimnissen der Inkarnation; durch und durch ist es mir unerklärlich, am meisten ich selbst; das ganze Dasein ist mir verpestet, am meisten ich selbst. Groß ist mein Leid, grenzenlos, niemand kennt es, außer Gott im Himmel, und er will sich nicht erbarmen.«[155]
Die von ihm so ersehnte Hinwendung zur Wirklichkeit, zur leiblichen, seelischen und geistigen Ganzheit, konnte er nicht vollziehen, weil er aus seiner Angst nicht herausfand.

Der konsequent existentialistischen Aussage »letztlich hat der Mensch nur sein Selbst; letztlich ist er nur auf sich selbst gestellt« versucht die humanistische Therapie und mit ihr die Gestalttherapie entgegenzusetzen: »Ich muß es (zwar) selbst machen – aber nicht alleine!« – d. h. Kooperation in gegenseitiger Solidarität und gegenseitiger Autonomie. Aber – so ließe sich an dieser Stelle radikalexistentialistisch antworten – auch zu zweit haben wir letztlich nur uns selbst; auch im Wir hat jedes Ich nur sich selbst.

Sehr prägnant kommt dies in dem Titel eines Buches zur Verbindung zwischen Buddhismus und Existentialismus zum Ausdruck: »Mit anderen allein«[156]

---

154 W. Weischedel: Die philosophische Hintertreppe, S. 234
155 S. Kierkegaard, zitiert in R. Krisch und M. Ulbing (Hrsg.): Zum Leben finden, S. 113
156 St. Batchelor: Mit anderen allein

Oder:

Wenn die Liebe zueinander zwei Seelen
gemeinsam mit Seele erfüllt,
wird jene größere Seele, die daraus entspringt,
den Makel der Einsamkeit verringern.
(John Donner)

So ist der rote Faden menschlichen Daseins gut beschrieben.

Sheldon Kopp beschreibt sehr schön die »Erleuchtung« einer Klientin, die die meiste Zeit ihres Lebens damit verbracht hatte, andere dazu zu bringen, für sie den Erlöser zu spielen. Als sie nach zwei Jahren Therapie den Mut hat, dies zu sehen, kommt ihr die Erkenntnis: »... Wollen sie etwa behaupten, daß das alles ist, worauf es ankommt? Ich habe dreißig Jahre lang versucht, jemanden zu finden, der sich um mich kümmert, und nun zum Schluß *das*? Ich habe soviel Zeit gebraucht, um herauszufinden, daß ich 50 Dollar die Stunde bezahlen muß, um jemanden zu haben, der sich meine Sorgen anhört, *ohne* daß er mir sagt, was ich mit meinem Leben anfangen soll?!«[157]

157 S. Kopp: Das Ende der Unschuld, S. 153

Das sechste Tal

Das Tal der Verwirrung, alle verstandesmäßigen und gefühlsmäßigen Reaktionen hören auf; nur das Gefühl der allumfassenden Liebe verbleibt:

Nach dem Tal der Einheit kommt das Tal des Erstaunens und der Verwirrung, in dem man der Trauer und der Niedergeschlagenheit zum Opfer fällt. Dort sind die Seufzer wie Schwerter, und jeder Atemzug ist ein bitterer Seufzer. Dort herrschen Kummer und Klage und glühende Inbrunst. Es ist Tag und Nacht zugleich. Dort ist Feuer, und doch ist der Mensch verzagt und bedrückt. Wie soll er in seiner Verwirrung seinen Weg fortsetzen? Doch in wessen Herz die Einheit eingraviert ist, der vergißt alles und vergißt auch sich selbst. Wenn man ihn fragt: ›Bist du oder bist du nicht? Hast du das Empfinden zu existieren, oder hast du es nicht? Bist du in der Mitte, oder bist du am Rande? Bist du sterblich oder unsterblich?‹ wird er mit Gewißheit antworten: ›Ich weiß nichts, ich verstehe nichts, ich bin mir meiner selbst nicht bewußt. Ich bin verliebt, aber ich weiß nicht in wen. Mein Herz ist voller Liebe und gleichzeitig liebeleer.‹[158]

158 F. Attar: Vogelgespräche, S. 143

Wie lernt man Sinn?

Ein vierjähriger Junge erhält den Auftrag, die Blumen des Gartens zu gießen. Obwohl er schon oft zugeschaut hat, wie das gemacht wird, macht er es auf seine Art. Seine Mutter ist zunächst entsetzt, als sie nach einer Weile nachschaut und sieht, wie ihr Sohn in einer Erdmulde, die er gegraben hatte, alle abgeschnittenen Blüten der Blumen begießt. »Was machst du da?« fragt sie ihn verständnislos. Aber seine Augen leuchten, als er sagt: »Ich bade die Blumen, schau, wie sie sich freuen!« Er selbst badet gerne und wollte den ›lieben Blumen‹ dieses Vergnügen auch gönnen.
Darf Liebe zur Natur gerügt werden? Ist es wirklich wichtiger, einen gepflegten Garten zu besitzen, als die kindliche Befriedigung, den Blumen eine Freude gemacht zu haben, zu trüben?

»Die Menschen sind darauf angewiesen, sich im ständigen Wechsel der sozialen Lebensbedingungen und Vorstellungen irgendeinen Halt zu suchen. Für viele war oder ist es das ›Sittengesetz‹. Wir müssen jedoch die Tatsache akzeptieren, daß in einer sich immerfort wandelnden Welt auch die Moralvorstellungen dem Wandel unterliegen. Vieles, was uns heute als ehernes Gesetz erscheint, sah man früher völlig anders. Im alten Athen war Homosexualität ein ganz normales Sexualverhalten. In Sparta war es ›Sitte‹, überzählige oder schwächliche Kinder zu ertränken. Wenn wir die heutigen Moralvorstellungen betrachten, erkennen wir, daß in der Geschichte der Menschheit zahlreiche moralische Paradigmenwechsel stattgefunden haben, die stets andere Verhaltensweisen als ›moralisch‹ oder ›unmoralisch‹ erscheinen ließen.«[159]

Jedes Verhalten ist, wie weiter oben schon beschrieben, sinnvoll, **jedes** Verhalten folgt inneren Maximen, auch wenn dies (zunächst) nicht erkennbar ist; auch, wenn das Verhalten unlogisch erscheint. Es geht in der Therapie u.a. darum, gemeinsam die interne, implizite Logik eines Menschen zu erhellen. Was sind die Wertvorstellungen, die Regeln, die jemand hat lernen müssen,

159 T. Meissner: Moses, hol die Tafeln ab! S. 13

die das Unerklärbare erklärbar, das Unlogische logisch machen? Gemeint ist die Suche nach dem individuellen Warum und Wozu, die an die Stelle der Suche nach dem allgemeingültigen, generellen Warum treten muß. In der Transaktionsanalyse nennt man dies die Suche nach dem Lebensplan, nach dem »Lebensskript«.

»Zur Welt seiend, sind wir verurteilt zum Sinn, und nichts können wir tun oder sagen, was nicht in der Geschichte seinen Namen fände.«[160]

Jedes Verhalten ist sinnvoll – dies ist auch eine der zentralen Grundannahmen der Gestalttherapie. Jedes Individuum ist eine sinnvolle Gestalt, ein sinnvolles Ganzes. Gegenstand der Gestalttherapie ist es, den Sinn des Handelns zu erfahren: Der Straffällige z.B. soll also nicht die Sinn**losigkeit**, sondern die Sinn**haftigkeit** seiner Kriminalität erkennen. Der Raucher muß den Sinn seines Rauchens erkennen, den Unsinn des Rauchens weiß er ja selbst.
Gestalttherapeutisch heißt hier die Frage: Welche Kontaktunterbrechung bzw. welcher Ich-Funktionsverlust machte diese spezifische Erfahrung, diese spezifische Handlung notwendig bzw. möglich und damit subjektiv sinnvoll, denn wir *alle* handeln *immer* subjektiv sinnvoll! Der Sinn ergibt sich dadurch, daß die Einzelteile nicht als Einzelteile analysiert werden, sondern ihre Bedeutung innerhalb einer Gesamtgestalt betrachtet wird. Ich kann mir eine Vielzahl von Zahnrädern ansehen; ihren Sinn erkenne ich jedoch erst, wenn ich mir die Bedeutung des einzelnen Zahnrades **innerhalb** eines Uhrwerkes ansehe. Nichts anderes geschieht in der Gestalttherapie: Zunächst scheinbar sinnloses Verhalten, scheinbar sinnlose Eigenschaften werden innerhalb einer Gesamtgestalt, eines Gesamtuhrwerkes verstehbar und sinnvoll.
Als Therapeut bin ich erst dann bereit, an Veränderungen mitzuhelfen, wenn wir **beide** - Klient und Therapeut – das Gesamtuhrwerk, d. h. den Sinn scheinbar problematischer Gefühle, Verhaltensweisen erkannt haben. Aus *diesem* Blickwinkel möchte ich das Problem des Klienten mit ihm zusammen erfassen.

---

160 M. Merleau Ponty, Phänomenologie der Wahrnehmung, S. 16

Die hier ausgeführten Gedanken könnten die Vermutung entstehen lassen, daß es sich bei der gestalttheoretischen/ gestalttherapeutischen Betrachtungsweise um einen systemischen Ansatz handelt. Doch es ist nach meiner Überzeugung ein erheblicher Unterschied, ob ich systemisch nach der **Funktion** oder gestalttherapeutisch nach dem **Sinn** eines ›Zahnrades‹ frage; denn nur auf **diesem** Weg ist z.B. die Erkenntnis möglich, daß ein funktionsloses Zahnrad – um im Bild zu bleiben – gleichwohl ein sehr sinnvolles Zahnrad sein kann!

Sinn, Ethik und Verantwortung muß man lernen; zum Lernen sind sozialer Kontakt, soziale Geborgenheit erforderlich. Wir alle haben bestimmt schon Kinder erlebt, die irgend etwas tun, von dem sie wissen, daß es ›eigentlich‹ verboten ist. Sie tun es aber gleichwohl und achten sehr sorgfältig auf die Reaktionen der Umwelt. Dieses Austesten ermöglicht Lernen im Kontakt, Lernen durch Rückmeldung.

Wie aber lernt ›man‹, lernt ein Kind Sinn, wie lernt es, daß es sich lohnt, Ziele zu haben; daß es sich lohnt, Werte zu haben und sie zu verfolgen, zu verwirklichen? Es ist immer wieder neu ein Problem der Wertorientierung: Was kann ich, was soll ich einem Jugendlichen anbieten, sagen, der auf dem Strich oder als Drogenverkäufer drei- bis viertausend Mark monatlich verdient, wenn die einzige Alternative, die ich als Betreuer zu bieten habe, eine Lehrstelle oder eine Hilfskraftstelle für bestenfalls 1200,- DM monatlich ist? Oder wie z.B. lernt ein Kind, daß es sich lohnt, zur Schule zu gehen und sich dort anzustrengen? Natürlich stimmt der Satz: »Nicht für die Schule, sondern für das Leben lernen wir.«[161] Aber ich erinnere mich, daß ich ihn weder meinen Eltern noch meinen Lehrern geglaubt habe. Und wahrscheinlich geht es heutigen Schülern nicht viel anders. Was ist passiert, daß dieser wahre und stimmige Satz nicht geglaubt werden konnte?

Ein Schwimmbecken ist 60 m lang, 15 m breit und 1,50 m tief. Es wird aus drei Rohren gefüllt, wobei aus dem ersten Rohr 25 l/Min.,

161 Dieser bekannte Satz wird immer wieder – so auch hier – falsch zitiert; im lateinischen Original heißt es: Nicht für das Leben, sondern für die Schule lernen wir. Gleichwohl ist er meiner Meinung nach in der ›falschen‹ Version ›richtig‹.

aus dem zweiten Rohr 110 l/Min. und aus dem dritten 75 l/Min. fließen. Wie lange dauert es, bis das Schwimmbecken voll ist? Diese Aufgabe hat mir eine Eintragung ins Klassenbuch eingebracht, denn meine Antwort war: »... bis nichts mehr 'reingeht!« Nicht für die Schule, sondern für das Leben lernen wir?

Ich glaube, die Lüge war nicht dieser Satz an sich; die Lüge war, daß er immer dann herhalten mußte, wenn die *persönliche* Überzeugungskraft des Lehrers nicht – mehr – ausreichte, wenn sich jemand hinter diesem Satz ›verstecken‹ wollte. Denn als Gegenstück zu der Geschichte erinnere ich mich an einen Mathematiklehrer in der Abendschule. Er hat sich wirklich viel Mühe mit mir gegeben. Immer wieder hatte er zusätzliche Arbeitsblätter – speziell auf meine nicht gerade berauschenden Fähigkeiten zugeschnitten – erstellt. Ich war sehr bemüht und spürte, daß *er* ein *wirkliches, reales* Interesse an meinem Fortkommen hatte. Ich habe mich damals um Nachhilfeunterricht bemüht, nur, damit dieser Lehrer ein Erfolgserlebnis mit seinem Schüler haben konnte. Doch auch in dieser Situation hatte ich nicht das Gefühl, für mein Leben zu lernen. Ich arbeitete, weil ich eine *Beziehung* zu dem Lehrer spürte, eine Beziehung, die mir wichtig war. Daher denke ich, daß dasselbe auch für den oben mehrfach zitierten Satz gilt: Je mehr jemand in der Lage ist, eine *Beziehung* zum Leben, zu *seinem* Leben zu haben, desto eher wird er einen solchen Satz auch glauben können. Oder: Je mehr jemand lernen konnte, daß sein Leben (für seine Umwelt) von Bedeutung ist, desto eher hat dann auch das eigene Fortkommen, das Für-sich-sorgen ein Ziel, einen Sinn.
Die meisten der Kinder und Jugendlichen, mit denen ich beruflich zu tun hatte, können sich nicht in adäquater Weise für sich einsetzen, weil sich niemand für sie eingesetzt hat; sie sind sich selber egal, weil sie ihren Eltern egal waren.

»... denn wenn wir jungen, heranwachsenden Menschen einsuggerieren, ihre Handlungen würden durch dies und das, von dem und jenem ›verursacht‹, dann halten wir ihnen zugleich ein völlig marionettenhaftes Selbstbild vor Augen, ihnen, die sich gerade im akuten Stadium der Selbstsuche und Identitätsreifung befinden und daher besonders empfänglich dafür sind! Wir impfen ihnen die Idee ein, sie seien wehrlose Opfer ihrer Kindheitserfahrungen,

Opfer, die nichts richtig oder falsch machen können, weil sie bereits richtig oder falsch ›gemacht‹ worden sind, in concreto: mehr falsch als richtig. Was wir ihnen dabei vorenthalten, ist die Fähigkeit des Menschen, etwas zu wollen und seinem Willen gemäß zu entscheiden.«[162]
Es ist Aufgabe der Erziehenden, ›Lust auf Sinn‹ zu erzeugen; dies beinhaltet allerdings leider auch die Gefahr des Un-Sinns. Wovon ich nicht weiß, das kann ich nicht suchen, was ich aber suche, kann ich finden – oder auch nicht.

Bevor das Kind sich nach der Welt richtet, muß sich die Welt nach dem Kind richten!

Zur Zeit des Goldrausches im amerikanischen Westen. Ein Orchester besuchte die Schürfer. Eine Frau hatte ihr Baby ins Konzert mitgebracht. Plötzlich fing das Kind an zu schreien. Unruhe. Mißbilligende Blicke des Dirigenten. Da rief ein Mann: »Hört auf mit eurem Gefiedel und laßt das Kind schreien! Ich habe diese Töne seit vielen Jahren nicht mehr gehört.« Die Mehrheit des Publikums applaudierte, und die Musiker legten die Instrumente weg, bis die Frau das Kind beruhigt hatte.

Nicht für die Schule, sondern für das Leben lernen wir. Für *welches* Leben? Für *wessen* Leben? Ohne eine stimmige Antwort auf diese Frage bleibt der Satz eine leere, zur Instrumentalisierung auffordernde Worthülle.

Zunächst geht es darum – reale, realistische – Perspektive überhaupt zu lernen. Damit ist die Balance zwischen dem im Hier und Jetzt Sein und der Vorsorge, dem Verfolgenkönnen von Zielen gemeint. Hier und Jetzt ist es Sommer – gleichwohl weiß ich (habe ich gelernt), daß ich Kohlen oder Öl für den kommenden Winter brauche. Ein Kind weiß dies zunächst nicht; die Puppe, die aus dem Kinderwagen fällt, ist im Erleben des Kindes auf immer weg; die Mutter, die den Raum verläßt, ist weg. Das Kind muß lernen, daß man die Puppe wieder aufheben kann, daß die

162 E. Lukas: Rat in ratloser Zeit, S. 200

Mutter wiederkommen wird. Viele von uns haben das nicht gelernt, sondern sind mit ›weggegangen – Platz vergangen‹ groß geworden. So entsteht u.a. Konfliktunfähigkeit. Die Angst, wenn ich meine Enttäuschung, meine Wut, *tatsächlich* zeige, dann geht der andere – und wenn er geht, dann kommt er **nie** mehr zurück, wird so zum inneren Gefängnis, indem sie uns daran hindert, bedeutsame Gefühle mitzuteilen. Wer kein Ur-Vertrauen lernen konnte, kann auch kein Vertrauen, insbesondere den Wechsel von Kommen und Gehen, von Kontakt und Rückzug lernen. Eine wunderschöne japanische Abschiedsformel lautet: »Ich gehe – und komme wieder.« Viele von uns haben nicht gelernt, nicht lernen können, daß sie die Abschiedsformel »Auf Wiedersehen« getrost wortwörtlich nehmen können. Es liegt mir immer sehr viel daran, Klienten nach einer Sitzung mit »Auf Wiedersehen« zu verabschieden.

»Wir sollten den Kummer von Kindern nicht so leicht nehmen ... er ist größer als der unsrige, weil wir das Ende unseres Kummers absehen können, sie aber nicht. Ohne *langfristige* Absichten, die es über die unmittelbare Situation hinaustragen würden, ist ein Kind nicht in der Lage, über seine Welt hinauszugehen. ... Die wichtigsten Wendepunkte in der Kindheit, so scheint es, sind Übergänge von Welt zu Welt; vom Mutterleib in die äußere Welt, vom Elternhaus zur Schule, von einer Schule zur anderen, von einem Wohnort zum anderen. Jede neue und unvertraute Welt ist für das Kind zugleich faszinierend und furchterregend. Jedesmal, wenn es aus einer vertrauten Welt herausgerissen wird, fühlt es sich einsam in einer unvertrauten Welt, den Blick gebannt auf das Unbekannte gerichtet. Jedesmal, wenn es in eine neue Welt hineingeworfen wird, muß es eine neue Beziehung zur Welt erlernen. Bis es später im Leben langfristige Interessen und Vorhaben entwickelt, besitzt es keine stabile Beziehung, die es von einer Welt zur anderen hinübertragen würde. Dann mag es einen Lebensplan finden, der es von einer Situation zur anderen hinüberträgt, eine Weise, sich auf jedwede Situation zu beziehen, die auftaucht. Bis dahin ist es ein unvermittelter Mensch und auf Gnade und Ungnade der Situation ausgeliefert, in der es sich vorfindet.«[163]

Darum ist es die Aufgabe der Eltern, diese Balance zwischen hier und jetzt und einer prozeßhaften Sicht des Lebens**laufs** zu lehren; erst diese Balance ermöglicht es, Ziele zu haben und zu verfolgen, einen Sinn zu finden und zu leben:
Du wirst immer wieder auf Schmerzen, Niederlagen treffen, von denen du denkst, daß sie nie vorbeigehen, all' dies ist **normal.** Du wirst dich verlieben und du wirst denken, daß du den Rest deines Lebens nur noch mit diesem Menschen verbringen willst, diese Beziehung wird zu Ende gehen und du wirst glauben, daß du nicht mehr leben möchtest, du kannst dir nicht vorstellen, jemals noch einen Menschen so nah' an dich heranzulassen; all dies ist **normal**. Doch du wirst wieder auf jemanden treffen, in den du dich verliebst, und jede Minute deines Lebens möchtest du diesem Menschen schenken, er bedeutet dir alles – und auch diese Beziehung wird eines Tages zu Ende sein, du wirst dich erneut fühlen, als sei es das Ende der Welt, das Ende deiner Welt. Du hast zwar vielleicht schon ein wenig gelernt, daß alles vorübergeht, aber diesmal, so wirst du denken, diesmal ist es *wirklich* das Ende, vielleicht möchtest du sogar nicht mehr leben, all' dies ist **normal**.
Dann wirst du Ideale verfolgen und Menschen verehren, die diese Ideale lehren, du wirst das Gefühl haben, für diese Menschen, für diese Ideale durchs Feuer gehen zu wollen, aber es wird die Zeit kommen, in der du an diesen Idealen zweifelst oder gar verzweifelst, du wirst dich verraten, im Stich gelassen fühlen, und du wirst das Gefühl haben, niemandem mehr trauen zu können .... all' dies ist **normal**, all dies ist **der Lauf der Dinge**.
Dein Vater, deine Mutter oder jemand sehr wichtiges wird sterben. Du wirst dich mit aller Kraft dagegen wehren, diese Wahrheit anzuerkennen. Es wird dir vorkommen, als könntest du diesen Verlust nie akzeptieren, nie verarbeiten. Fröhlichkeit, Glück und Lebendigkeit scheinen für immer aus deinem Leben verbannt. Das alles ist vollkommen normal.

163 J.S. Dunne: Lebenszeit und Mythos, S. 58

Dies sind nur einige Beispiele für Dinge, die uns im normalen Leben begegnen; Dinge, die um so einfacher aufzunehmen und zu verarbeiten sind, je klarer ihre Normalität ist. Das ist alles normal, und ich bin damit nicht alleine, weil es Tausenden und Tausenden anderen Menschen genauso geht. Im Gegenteil, bedenkenswert wäre es, wenn ich mich in den jeweiligen Situationen *nicht* so fühlen würde.

Es wird immer weiter gehen – manchmal wird dir dies eine Erlösung sein – manchmal wirst du die Zeit festhalten wollen – aber »in der Schule des Lebens«, so der Brasilianer Kai de Bahia, »gibt es keine Ferien«.

Life is life, so hieß ein Welthit der österreichischen Gruppe ›Opus‹

Schmerz bleibt natürlich Schmerz und Trauer bleibt Trauer; aber der Unterschied besteht darin, ob ich den Schmerz habe oder der Schmerz mich. Es ist, wenn man so will, eine Machtfrage: Wer hat hier das Sagen? Habe ich das Problem oder hat das Problem mich? Für mich beginnt die ›eigentliche‹ Therapie immer erst dann, wenn der Klient ein Problem **hat**, die Arbeit bis dahin ist ›Vortherapie‹. In der Anfangsphase der Therapie muß dem Klienten geholfen werden, sich nicht länger mit dem dargestellten Problem oder Symptom zu identifizieren. Wir müssen die neue und andersartige Erfahrung machen, daß wir mehr und größer sind als die Quelle des Leides, mit der wir uns auf eine für unseren erlernten Lebensstil typischer Weise identifizieren. »Wenn es zu diesem Buch einen Schlüsselsatz gäbe, so würde er lauten: Sie sind nicht Ihr Problem. Sie sind nicht Ihr Trancezustand, der Ihr Symptom schafft. Sie sind der Schöpfer und der Wissende oder Wahrnehmende Ihres Problems. Sie sind das Wesen, das sich für diese speziellen Reaktionen entschied, um besondere Erfahrungen zu handhaben; **und** Sie sind das Wesen, das diese Reaktionen auf ›Automatik‹ stellte.«[164]

Dies ist schon fast eine buddhistische Sichtweise, denn der Buddhist wirft ja auch nicht die Frage nach dem Wesen der Materie auf, sondern ›nur‹ die nach dem Wesen jener Sinneswahrnehmungen und Erfahrungen, welche die Vorstellung oder die Idee des Materiellen, der Welt in uns erzeugt. Ich bin allerdings der Meinung,

164 St. Wolinsky: Die alltägliche Trance, S. 75

daß wir weder ausgelieferter Sklave unserer Triebe und unseres Unbewußten sind, wie uns die Psychoanalyse glauben machen will, noch entscheiden wir uns, und schon gar nicht freiwillig, immer für ein bestimmtes Verhalten. Denn zu einer wirklichen Entscheidung gehört die Möglichkeit der Wahl*freiheit*. Und genau diese ist ja bei dem kranken Menschen zerstört worden.
Wenn es möglich ist, diesen Schritt ›nach außen‹, aus dem gewohnten System heraus zu machen, dann kann ich auch die Lösung außerhalb suchen, denn *innerhalb* des Problemkreises gibt es keine Lösung, sondern nur ein, wie Watzlawick es nennt, »Mehr-des-gleichen«.
Probleme sind immerwährende Begleiter unseres Lebens, doch ist es von Bedeutung – um den obigen Satz in anderer Formulierung zu wiederholen – ob ich mit den Problemen umgehe oder die Probleme mit mir.
Eine Klientin kommt zu mir in Therapie, weil sie, wie sie sagt, »Angst hat.«
Meine Antwort: »Wenn es so wäre, wäre dies schon die halbe Miete; ich habe aber eher den Eindruck, daß die Angst Sie hat.«

Wenngleich es eine der wichtigsten Aufgaben der Eltern ist, die nachfolgende Generation über das ›Normale‹ zu belehren, so ist doch genau in dieser Forderung eine Gefahr nicht zu unterschätzen: Daß nämlich Eltern ihre Ideologie, ihre Überzeugungswelt als das Normale, ja sogar das *einzig Normale* weitergeben. Hier wird der Unterschied zwischen Belehrung und Manipulation, zwischen Information und Abhängigmachen deutlich.

Doch nicht nur für die Zeit der Kindheit und der Jugend ist es wichtig und sinnvoll, über das ›Normale‹, über die normalen Entwicklungsaufgaben Bescheid zu wissen. Auch heute mit 46 Jahren würde es mich nicht wundern, wenn ich in einigen Jahren erfahren würde, daß all' die Probleme, unter denen ich heute leide, die mich heute beschäftigen, nichts anderes als die normalen Entwicklungsaufgaben sind, die das Leben für einen 46jährigen bereithält. Und so weiter ... .

Wer nicht an sich arbeitet, an dem arbeitet das Leben
(Volksmund)

Wer die Furt des vorigen Jahres
kennt – wird vom Krokodil gefressen
(Afrika)

Bezogen auf den therapeutischen Prozeß ist es ebenfalls hilfreich und entlastend, einige ›Normalitäten‹ zu kennen: Ich habe an verschiedenen Stellen bereits das Gefühl, die Angst »ich werde nie damit fertig – hört das denn nie auf« genannt. Weiter ist es normal, daß man im Laufe der Therapie immer wieder auf solche Momente stößt, in denen man das Gefühl hat, »vorher war alles viel einfacher, da hatte ich meinen geregelten Tag und alles war schön übersichtlich – warum tue ich mir nun eigentlich all' dieses an, wo es doch nur weh tut ...«; solche oder ähnliche Gefühle sind **normal** im Verlauf der Therapie. Nach einer Gruppe fällt man **normalerweise** – in des Wortes wahrster Bedeutung – in ein Loch. Niemand außerhalb versteht mich, ich vermisse die Geborgenheit der Gruppe, und es tut sehr weh zu spüren, daß ich diese Wärme – selbst mit mir nahen Menschen – nicht herstellen kann; das ist **normal**. Ich nenne dieses Phänomen das Montagsloch. Je mehr ich um diese Normalitäten, insbesondere eben die Tatsache, daß sie **normal** sind, weiß, desto weniger Macht haben solche Gefühle über mich.

Diese Denkensart ist nicht neu: »Der Mensch hat verschiedene Stufen, die er durchlaufen muß, und jede Stufe führt ihre besonderen Tugenden und Fehler mit sich, die in der Epoche, wo sie kommen, durchaus als naturgemäß zu betrachten und gewissermaßen recht sind. Auf der folgenden Stufe ist er wieder ein anderer, von den früheren Tugenden und Fehlern ist keine Spur mehr, aber andere Arten und Unarten sind an deren Stelle getreten. Und so geht es fort, bis zu der letzten Wandlung, von der wir noch nicht wissen, wie wir sein werden.«[165]

---

165 J.W. v. Goethe, zitiert in: M. Wais: Biographie Arbeit – Lebensberatung, S. 149

Der Klient hat oft einen Bezugsrahmen, ein Werte- oder besser: Bewertungssystem, welches dazu führt, daß aus Normalitäten, daß aus Fakten Probleme entstehen. In der Therapie frage ich oft den Klienten, wenn er mir von seinen Belastungen erzählt: »Erzählen sie mir von einem Problem, oder beschreiben sie mir die Tatsachen ihres Lebens?« Virginia Satir sagt: »Das Problem liegt nicht darin, wie wir uns fühlen, sondern darin, wie wir das, was wir fühlen, bewerten«. In der Arbeit mit meinen Klienten nimmt diese Überlegung einen breiten Raum ein. Ich interessiere mich in erster Linie **nicht** für das Problem des Klienten, sondern eher dafür, **warum** das Problem ein **Problem** ist; ich verweigere dem Klienten meine Zustimmung für dessen Definitionsrahmen des Problems, indem ich – zunächst – **nicht** über die **Fakten** seines Problems spreche, sondern mich mehr dafür interessiere, warum das, was er erzählt, ein Problem ist. Mache ich nämlich zu schnell in der inhaltlichen Diskussion mit, so bestätige ich den Definitionsrahmen des Klienten, und – und das ist das Wichtige – ich verhindere die wesentliche Erfahrung, daß es nämlich durchaus unterschiedliche Bezugsgrößen gibt und daß für **beide** Raum da sein kann. Ich halte es z.B. für therapeutisch effektiver, mit einem Klienten zusammen zu überlegen, warum die Tatsache, daß er für jemanden Verachtung empfindet, für ihn ein Problem ist, warum er sich dieses Gefühl nicht ›erlauben‹ kann, als zu diskutieren, was die Verachtung ausgelöst haben mag, ob sie vielleicht ungerecht sein mag oder ob der andere tatsächlich so ein Unmensch ist ... Ein zu frühes Diskutieren über den Inhalt des (vermeintlichen) Problems mündet oft nur in der Mehr-des-Gleichen-Dimension. Ziel der Therapie ist es jedoch, *neue* Dimensionen, *neue* Zugehensweisen zu finden, denn nur auf neuen Wegen gelangt man zu neuen Zielen.

Ein anderes Beispiel: In der Therapie taucht immer wieder die Phase auf, in der der Klient gerne wissen möchte, was der Therapeut »eigentlich von ihm hält«. Wenn mir diese Frage gestellt wird, beantworte ich sie **zunächst nicht**. Zunächst möchte ich wissen, wozu diese Frage dient. Meist ist sie ja ein sehr wichtiges Zeichen des Schwankens zwischen Mißtrauen und Vertrauen. Der Klient fängt an, sich tatsächlich zu öffnen und sich tatsächlich auf die therapeutische Beziehung, vor allem aber auf sich selbst, einzulassen. Dieser Schritt ist von Unsicherheit und in der Folge von Mißtrauen begleitet. Andererseits ist das Vertrauen in die Beziehung zum Therapeuten jedoch bereits so groß, daß das Mißtrauen geäußert werden kann. Es ist wichtig, beide Seiten zu erkennen und beiden Seiten Raum zu geben, etwa in der Form: »... ich habe soviel Vertrauen, daß ich mein Mißtrauen mitteilen kann ...«. Wenn *diese* Basis erarbeitet ist, bin ich bereit, zu der Ursprungsfrage zurückzukehren.

Oder Verzweiflung und Horror: Beide Gefühle zeichnen sich dadurch aus, daß sie sich »von innen« als unauflösbar, als unendlich anfühlen. »Das wird nie enden, meine Kräfte reichen dafür nicht aus, da komme ich niemals raus ...«. Solange ich mich als Therapeut in der Arbeit mit dem Klienten auf dem Terrain dieses Gefühls befinde, habe ich, haben wir keine Chance. Denn alles, was wir versuchen, wird durch die Gesetze der Verzweiflung, des Horrors gefiltert und uminterpretiert. Darum begebe ich mich nicht auf dieses Terrain; Gegenstand unserer Arbeit ist **zunächst nicht** die Verzweiflung. Wir gehen auf eine andere Ebene, auf der der Klient *weiß*, daß er Verzweiflung überleben kann, wahrscheinlich schon oft überlebt hat; eine Ebene, auf der er *weiß*, daß alles einem ständigen Wandel unterworfen ist und daß alles, auch die jetzige Verzweiflung, diesem Wandel unterliegt. Das Gefühl nach einer schmerzhaften Trennung »Ich werde *nie* wieder glücklich werden« ist *hier* und *jetzt* ewig; andererseits ist Liebe nur ewig, solange sie dauert. Mit dieser Erkenntnis gewappnet, gehen wir dann zurück zu den Gefühlen der Verzweiflung und des Horrors. Die umgekehrte Reihenfolge hieße, ohne Rüstung und ohne Waffen in eine Schlacht zu ziehen oder als Nichtschwimmer ins tiefe Schwimmerbecken zu springen; dies **kann** einfach nicht gutgehen! Um in diesem Bild zu bleiben: Ziel meiner Arbeit als Therapeut ist es, zu verhindern, daß jemand als Nichtschwimmer ins Schwimmerbecken springt, daß jemand sich ohne Rüstung und ohne Waffen in eine Schlacht begibt. Hier fördere ich durch bremsen.

In meiner Familie war ich das schwarze Schaf. Eine Redewendung meines Vaters war: »Wenn du so weitermachst, dann kannst du nur noch Schiffschaukelbremser werden!« – Stimmt, ich bremse oft und viel!

Leider läßt uns in dieser Fragestellung die Entwicklungspsycholo-

gie – soweit ich das überblicke – im Stich. Ihre Aufgabe wäre es hier, zu ermitteln und zu beschreiben, *welche* Aufgaben in *welcher* Phase unseres Lebens auf uns warten; ich glaube, vieles an Verzweiflung, anomal, verrückt zu sein, könnten wir uns ersparen, wenn wir die Sicherheit hätten, daß dies oder jenes Thema zu dieser oder jener Zeit vollkommen normal ist: »Ich bin nicht verrückt, wenn ich so oder so fühle, wenn ich so oder so denke ...«.
Lediglich der amerikanische Psychologe Havighurst hat ein solches Modell explizit entwickelt:
Er hat in einer groß angelegten Studie Heranwachsende befragt und ermittelt, welche Themen und welche Probleme sie in welcher Zeit ihres Lebenslaufes beschäftigen. Aus diesen Ergebnissen hat er dann (Entwicklungs-) Aufgaben abgeleitet, die sich in bestimmten Altersabschnitten stellen. Diese Aufgaben und diese Themen stimmen in vielem mit dem überein, was im folgenden unter der Überschrift »Biographie Arbeit« beschrieben wird.

»In unserem Lebenslauf wirkt, wenn er ›seinen Sinn erhält‹, eine bestimmte Richtung. Und die Lebenskunst besteht darin, mit dieser Richtung, sie erfühlend, in Kontakt zu bleiben.«[166] Man kann diese Richtung »Lebensscript«, »Lebens-Thema«, »Leitlinie« oder wie auch immer nennen; jedenfalls sind wir alle in einer ganz spezifischen Art und Weise mit unserem Dasein verbunden, man kann die auch Charakter nennen. Die unterschiedlichen Charakterformen, die viele psychologische und philosophische Forscher beschrieben haben, stellen die unterschiedlichen Erscheinungsformen dieser Verbindung zur Welt dar.
Alt-Sein und Jung-Sein spielen während des ganzen Lebensweges – im wörtlichen und im übertragenen Sinne – eine zentrale Rolle: »Manchmal stellen sie wohl die wichtigste Polarität in dem Spannungsfeld dar, in dem unser Leben verläuft. Dessen Kern ist, daß ›jung‹ auf ›lebendig‹, ›neu‹ hinweist und auf alles, was dies symbolisiert, und ›alt‹ auf ›Tod‹ und ›Stillstand‹ und auf alles, was dadurch ausgedrückt wird. ›Jung-Sein‹ und ›Alt-Sein‹ sind keine Kategorien des Lebensalters, sondern sie beziehen sich auf ein ›Bild‹, das in jedem Lebensalter wirkt. Dieses Bild ist keine Idee oder Vorstellung; es ist eine Komponente von Erfahrung,

166 H. Andriessen: Der Sehnsucht einen Namen geben, S. 76

Erleben und Veralten. Manchmal ist die Erfahrung, jung oder alt zu sein, sehr konkret und zugespitzt. Wir fühlen uns dann tatsächlich jung oder alt und verhalten uns auch so. In der Erfahrung von ›jung‹ lebt dann ein Gefühl von überfließender Energie, von Nicht-Festgelegt-Sein, und einer gewachsenen Struktur, von Elastizität und Beweglichkeit des Daseins. Jung-Sein ist Daseins-Luxus, Daseins-Überfluß. Zu dieser Erfahrung gehört ein Gefühl von Wachstum, ... ein Gefühl, Neues zu lernen. ...
Die ausdrückliche Erfahrung von Alt-Sein wird durch ein Wissen um das ›Ende‹ charakterisiert, von abnehmender Energie, von einem Bestimmt-Werden durch ein Abhängig-Sein von einer inneren Struktur, von Daseins-Starre und -Steife. Alt-Sein ist Daseins-Not und eventuell Daseins-Verlust. Auch dieses Gefühl kann uns auf allen Abschnitten unseres Lebensweges überfallen.«[167] Wachstum ist also unabhängig von bestimmten Lebensphasen. Mit den Lebensphasen ändern sich die Themen, nicht aber die prinzipielle Herangehensweise und Umgehensweise an und mit diesen Themen.

In der anthroposophisch orientierten »Biographie Arbeit« wird das Leben in Entwicklungsstufen von jeweils sieben Jahren eingeteilt. Den Rhythmus von jeweils sieben Jahren hat schon Hippokrates beschrieben. Alle sieben Jahre haben sich z.B. die Zellen unseres Körpers komplett erneuert. Diese biologische Einteilung hat ihre Entsprechung im geistig seelischen Bereich. Nach ungefähr 7 Jahren werden wir schul-›reif‹, nach 14 Jahren erfolgt die Geschlechts-›reife‹ und nach 21 Jahren erfolgt nach Abschluß aller Wachstumsprozesse der Eintritt in das Erwachsenenalter. In einem sehr lesenswerten Buch hat M. Wais die Entwicklungsaufgaben, die jedem Jahrsiebt – allerdings nur auf das Erwachsenenalter bezogen – zugeordnet sind, beschrieben.[168] Leider fehlen in seinen Ausführungen die dramatischen Phasen des Suchens, des (Überleben-) Lernens von Verzweiflung. Ich möchte gleichwohl die Themen des Suchens und des Lernens der verschiedenen Lebensabschnitte beschreiben und dabei die Gedanken von M. Wais mit einarbeiten.

---

167 H. Andriessen: Der Sehnsucht einen Namen geben, S. 92
168 M. Wais: Biographie Arbeit – Lebensberatung

Zuvor jedoch ein kleiner Ausflug in die »Biographie Arbeit« der Gebrüder Grimm:
Als Gott die Welt erschaffen hatte und allen Kreaturen ihre Lebenszeit bestimmen wollte, kam der Esel und fragte: »Herr, wie lange soll ich leben?« »Dreißig Jahre«, antwortete Gott, »ist dir das recht?« »Ach Herr«, erwiderte der Esel, »das ist eine lange Zeit. Bedenke mein mühseliges Dasein: Vom Morgen bis in die Nacht schwere Lasten tragen, Kornsäcke in die Mühle schleppen, damit andere das Brot essen, mit nichts als Schlägen und Fußtritten ermuntert und aufgefrischt zu werden! Erlaß mir einen Teil der langen Zeit.« Da erbarmte sich Gott und schenkte ihm achtzehn Jahre. Der Esel ging getröstet weg, und der Hund erschien. »Wie lange willst du leben?«, sprach Gott zu ihm, »dem Esel sind dreißig Jahre zu viel, aber du wirst wohl damit zufrieden sein.« »Herr«, antwortete der Hund, »ist das dein Wille? Bedenke, was ich laufen muß, das halten meine Füße solange nicht aus; und habe ich erst die Stimme zum Bellen verloren und die Zähne zum Beißen, was bleibt mir übrig, als aus einer Ecke in die andere zu laufen und zu knurren?« Gott sah, daß er recht hatte, und erließ ihm zwölf Jahre. Darauf kam der Affe. »Du willst wohl gerne dreißig Jahre leben?«, sprach der Herr zu ihm, »du brauchst nicht zu arbeiten wie der Esel und der Hund und bist immer guter Dinge.« »Ach Herr«, antwortete er, »das sieht so aus, ist aber anders. Wenn's Hirsebrei regnet, habe ich keinen Löffel. Ich soll immer lustige Streiche machen, Gesichter schneiden, damit die Leute lachen, und wenn sie mir einen Apfel reichen und ich beiße hinein, so ist er sauer. Wie oft steckt Traurigkeit hinter dem Spaß? Dreißig Jahre halte ich das nicht aus.« Gott war gnädig und schenkte ihm zehn Jahre.
Endlich erschien der Mensch; er war freudig, gesund und frisch und bat Gott, ihm seine Zeit zu bestimmen. »Dreißig Jahre sollst du leben«, sprach der Herr, »ist das genug?« »Welch eine kurze Zeit!«, rief der Mensch, »wenn ich mein Haus gebaut habe und das Feuer in meinem eigenen Herde brennt; wenn ich Bäume gepflanzt habe, die blühen und Früchte tragen, und ich meines Lebens froh zu werden gedenke, so soll ich sterben! Oh Herr, verlängere meine Zeit.« »Ich will dir die achtzehn Jahre des Esels zulegen«, sagte Gott. »Das ist nicht genug«, erwiderte der Mensch. »Du sollst auch die zwölf Jahre des Hundes haben.« »Immer noch

zu wenig.« »Wohlan«, sagte Gott, »ich will dir noch die zehn Jahre des Affen geben, aber mehr erhälst du nicht.« Der Mensch ging fort, zufriedengestellt aber war er nicht.
So lebt der Mensch siebzig Jahr. Die ersten dreißig Jahre sind seine menschlichen Jahre, die gehen schnell dahin; da ist er gesund, heiter, arbeitet mit Lust und freut sich des Daseins. Hierauf folgen die achtzehn Jahre des Esels, da wird ihm eine Last nach der anderen auferlegt: er muß Korn tragen, das andere ernährt, und Schläge und Tritte sind der Lohn seiner treuen Dienste. Dann kommen die zwölf Jahre des Hundes, da liegt er in den Ecken, knurrt und hat keine Zähne mehr zum Beißen. Und wenn diese Zeit vorüber ist, so machen die zehn Jahre des Affen den Beschluß. Da ist der Mensch schwachköpfig und närrisch, treibt alberne Dinge und wird ein Spott der Kinder.

Na ja, na ja ...

Die Fülle des Zukünftigen erschafft,
indem sie abnimmt, die Vergangenheit
(Bergson)

21. bis 28. Lebensjahr:
Der Mensch ist erwachsen. Themen des Suchens sind in erster Linie nicht mehr wie im Kindesalter erlebnis- und umweltabhängig. Sind beim Kind die Themen des Suchens meist durch aktuelle Erlebnisse ausgelöst und geprägt; sind beim Jugendlichen die Inhalte des werdenden Weltbildes noch durch Auf- und Ablehnung, also durch Abgrenzung gekennzeichnet, so ist jetzt das Eigene in ersten Ansätzen im Vordergrund. Der Mensch tritt mit den Fragen »Was hat die Welt mir zu bieten?«, »Wo/wie kann die Welt mich bereichern?« an die Umwelt heran. So ermittelt der Mensch in dieser Phase seinen »Marktwert« sowohl im Berufsleben als auch in zwischenmenschlichen Beziehungen. Die Erziehung ist zu Ende, es beginnt die Zeit der Selbsterziehung. Das Eigene wird erschaffen und muß erprobt werden. Daher braucht der Mensch in dieser Phase Räume des Erprobens, Räume, die es ihm ermöglichen, sich nicht zu früh festzulegen; denn dies ist eine der Hauptgefahren dieser Zeit. Das Fühlen in dieser Zeit hat von Empfindlichkeit zu

Empfindsamkeit gewechselt. Daher wird dies auch die romantische Zeit des Lebens genannt.

»Eine der großen Stärken dieses Jahrsiebts ist das Durchseelte dieser Jahre. Es ist die romantische, gefühlsgetränkte Zeit der Biographie. Das, was man an der Welt und an sich erfährt, ist geradezu bis zur Sinnlichkeit durchtränkt von Gefühlen und Empfindungen, auch von Leidenschaftlichkeit, wie sie der Jugendliche noch nicht gekannt hat. ... Das Ich, das mit etwa 21 Jahren in seine Freiheit eingetreten ist, formt das eigene Wesen nun aus sich selbst heraus mit den sinnlichen Erfahrungen, den Empfindungen und Leidenschaften, die diese mit sich bringen. Die Frage »Wer bin ich in der Welt?« wird hier über etwa sieben Jahre hin beantwortet, indem man sich in der Sphäre der Empfindungen, der Leidenschaften, der Gefühle und der Sinnlichkeit selbst gestaltet. Ich bin der, der so und so erlebt, empfindet und fühlt.«[169]

In meinem Leben war dies die vielbesungene Studentenzeit. Ich erinnere mich aber noch sehr gut daran, wie ich immer wieder zu mir sagte: ›... dies ist jetzt also die Studentenzeit, die Zeit, von der alle ehemaligen Studenten als der schönsten Zeit in ihrem Leben schwärmen!?‹ *Heute*, selbst ›Ehemaliger‹, kann ich dies nachvollziehen, *damals* habe ich vergebens nach der angeblich schönsten Zeit meines Lebens Ausschau gehalten. Aber ich glaube, daß dies in allen Lebensabschnitten mehr oder weniger ähnlich ist. Die (Lebens)-Kunst besteht wohl darin, zumindest einen Teil der Einsichten, die man im Nachhinein haben wird, heute schon zu haben. Aber dazu wäre natürlich ein völliges Sich-Einlassen die Voraussetzung; und das ist ja gerade in diesem Lebensabschnitt nicht das Hauptthema.

28. bis 35. Lebensjahr:
Wie ist die Welt geordnet, und welchen Beitrag kann ich, soll ich zu dieser Ordnung erbringen? Dies ist die Richtung des Suchens in diesem Abschnitt. Die Lebensrichtung wird nicht mehr schwerpunktmäßig durch Improvisation, durch ›Zufälle‹ bestimmt, sondern durch willentliche Handlungen. Die eigene soziale Stellung, die eigene soziale Kompetenz rücken in den Mittelpunkt des Interesses. Sicherheit und Konstanz sind wichtige Themen in dieser

169 M. Wais: Biographie Arbeit, S. 167

Zeit, jedoch nicht im Sinne fatalistischen Laufenlassens, sondern mit dem Impuls, daß die gegebenen Verhältnisse gestaltbar sind. Die Welt ist dazu da, in Angriff genommen zu werden. Was in der vorangegangenen Lebensphase noch durch Idealismus und Unvoreingenommenheit gesucht und evtl. gefunden wurde, wird nun durch den Verstand ›objektiviert‹ und untermauert. Die Frage »Wer bin ich?« wird durch den Gebrauch des objektiven Denkens beantwortet.

»So bringt dieses Lebensjahrsiebt erstmals die Aufforderung zu so etwas wie Selbsterziehung mit sich. Eben weil mir nichts mehr so ohne weiteres zufällt wie noch im 4. Lebensjahrsiebt, weil sich die Dinge keineswegs mehr so ›von alleine‹ ergeben, muß ich nun die Motive meines Handelns mehr und mehr aus mir selbst heraus finden. Was sich hier noch von allein ergibt, ist die Entfaltung der Verstandesseele; aber was aus eigenem erbracht werden muß, ist das Gegengewicht dazu – eben die Pflege des ›Zweckfreien‹. Von jetzt an gibt es für jedes Jahrsiebt zu seinem biographischen Thema hierzu einen Gegenpol, der aber nur wirksam wird, wenn er aktiv und bewußt aufgebaut wird.«[170] Hier wird z.B. grundgelegt, ob jemand die Probleme und Zweifel, die sich aus der Phase, die mit dem irreführenden Etikett »Midlife-crisis« beschrieben wird, ergeben als Workaholik oder als Sucher beantworten wird.

35. bis 42. Lebensjahr:
Ernüchterung, Erschütterung, Verunsicherung, Zweifel – das sind die Gefühle, die einen Großteil dieses Lebensabschnittes ausmachen; sie bedeuten Gefahr und Chance gleichzeitig. Die eigenen Fähigkeiten liegen jetzt klar in ihren Grenzen, Entschuldigungen zählen nicht mehr, »hätte ich nur einen besseren Vorgesetzten, dann könnte ich mein ganzes Potential zeigen«, dieser Satz wird nun zum Selbstbetrug. »Was kann ich aus *meinen Kräften* tun?« Es ist die Zeit der Desillusionierungen: »Mit 35 hat man selbst die Illusion über die eigenen Fähigkeiten und Möglichkeiten verloren, ... aber auch die anderen, die Kollegen, der Ehepartner haben ihre Illusion über mich verloren. Ernüchterung ist eingetreten auf allen Seiten ... weit weg bin ich jetzt von meinem Urbild, weit weg

170 M. Wais: Biographie Arbeit, S. 171

von dem, was ich eigentlich sein könnte; was ich eigentlich sein wollte.«[171]

Hier ist eine wichtige Weichenstellung: Entweder ich übertünche all diese Zweifel mit exzessiver Arbeit, exzessivem Fernsehen, exzessivem Alkoholkonsum, oder ich erschließe mir eine neue Dimension und erweitere meinen Horizont ins Übergeordnete, Überpersönliche. Das Gefühl, nun alles neu anpacken zu können, ist ein typisches Gefühl für diese Zeit: Der eine möchte nun doch plötzlich Kinder haben, der andere interessiert sich plötzlich (?) für religiöse Fragen, ein anderer engagiert sich für die Umwelt. Bei diesem jeweils Neuen geht die Suche nicht in die Breite, wie dies in der Vergangenheit häufig der Fall war, sondern in die Tiefe. Es mag sein, daß ich mich schon immer ›irgendwie‹ für Musik interessiert habe, doch jetzt erlebe ich sie auf eine ganz neue, deutlich tiefere Art; es mag sein, daß ich gerne durch die Natur gegangen bin, doch jetzt erlebe ich anders und intensiver – ich finde das Neue im Alten, vorausgesetzt, ich stelle mich den Zweifeln und der Verunsicherung dieses Lebensabschnittes.

42. bis 49. Lebensjahr:

Das Leben ist endlich; auch die Energien sind endlich; es geht eben **nicht** immer weiter. Bisher hatte man immer eine Zukunft, nun fängt man an, eine Vergangenheit zu haben, und es besteht die Gefahr, aber auch die Angst, daß die Zukunft nicht mehr als eine Fortschreibung der Vergangenheit sein wird. Ich muß lernen, alt zu werden; die ›Lehr- und Wanderjahre‹ nach innen stehen an. Wer sich weigert, diese Wanderung anzunehmen, wer sich weigert, alt zu werden, manövriert sich in oft peinliche Situationen, wenn der Weg auf dem Gebiet des körperlichen, also nach außen statt nach innen gesucht wird: Es ist peinlich, wenn der 45jährige plötzlich im Fitneßstudio auftaucht.

In diesem Zusammenhang fällt mir die Klage einer Lehrerin ein: »Was sollen den unsere Jugendlichen noch alles anstellen, um sich abzugrenzen, um sich zu definieren, wenn sie Eltern haben, die selber mit zerschnitten Jeans als midlife-crisis-punks rumlaufen?«

---

171 M. Wais: Biographie Arbeit, S. 173

Ich muß nun mit dem arbeiten, was ich bis hierhin erschaffen habe, d. h. auch, daß das, was ich bis hierhin gelebt und aufgebaut habe, eine neue Dimension der Wertschätzung erfahren soll. Es kommen keine neuen Bauklötze hinzu, mit denen ich den Turm des Lebens bauen muß. Ich kann lediglich Vorhandenes anders umschichten. Es gibt kein ›danach‹ mehr: »...wenn ich erst dies oder jenes erledigt habe, wenn ich durch dies oder jenes ›durch‹ bin, dann ...«; dies gibt es nicht mehr. Hiermit meine ich nicht resignative Anpassung, sondern klare, unterstützende Erkenntnis dessen, was ist.

49. bis 56. Lebensjahr:
Rein wissenschaftliches Verständnis zur Erfassung der Welt reicht nicht mehr aus. Zu groß ist der Erfahrungsschatz des gelebten Lebens, als das man sich mit dem begrenzten Weltverständnis der Wissenschaften zufrieden geben könnte. Der Mensch ist weitaus mehr als das, was Biologie, Psychologie, Soziologie, Anthropologie oder auch Theologie darüber zu sagen haben.
So sind denn auch die zentralen Fragen dieser Zeit: Was bleibt, wenn ich all die Dinge, die bislang meine Rollen, aber auch meine Persönlichkeit ausgemacht haben, abziehe? Worauf *kann* ich verzichten? In dieser Phase habe ich meist noch die Chance oder auch die Pflicht, auszuwählen; in der nächsten Phase wählt das Leben, wählt mein Körper für mich aus! Kann ich auf das verzichten, was mein Privat-Persönliches ist, auf berufliche Stellung und Erfahrung, auf meine Jugendlichkeit? Es ist die Zeit, in der Loslassen erforderlich ist. Eine Form des Loslassens ist die der Weitergabe z.B. an die nächste Generation.
Das Leben, das war bislang die Zeit, die vor mir liegt, all das, was mich noch erwartet, all das, was ich mir noch erarbeiten kann. Jetzt ist Leben im positiven Fall das, was zur Zeit, was hier und jetzt ist; in der nächsten Phase tendieren wir dann leicht dazu, mit Leben das, was hinter uns liegt, zu bezeichnen.
Die Aufgabe, die sich in diesem Lebensabschnitt stellt, besteht darin, »alles abzustreifen, was als Unwesentlich aufgehäuft wurde, und sich auf das Wesentliche, Entscheidende zu konzentrieren.«[172]

172 M. Wais: Biographie Arbeit, S. 181

56. bis 63. Lebensjahr:
Der Verlust an Wahlmöglichkeiten zwingt den Menschen mehr denn je, sich mit dem Erreichten, Gelebten, Erfahrenen zu befassen. Er steht vor der Wahl zwischen resignativer Rückschau und kreativem Gebrauch all dessen.
Hier gewinnt das, was C.G. Jung für alle Lebensphasen schreibt, besonders eindringliche Bedeutung, wenn er feststellt, »...daß die Entwicklung der Person zur vollen Bewußtwerdung ein Charisma ist und zugleich auch ein Fluch. Die erste Frucht dieser Entwicklung ist die unvermeidliche Absonderung von den anderen, die eintritt, wenn ich mich von der kollektiven Lebenswelt der Gruppe löse, zu der ich gehöre; und dies auf jedem Abschnitt des Weges. Das bedeutet einsam werden, und dafür gibt es kein trostreiches Wort.«[173]
Es ist die Zeit des Bilanzierens; was in der vorigen Phase teilweise noch auf theoretischer Ebene möglich war, wird nun durch die Lebensumstände erzwungen. Das Berufsleben geht zu Ende und verlangt nach Bilanz; diese kann jedoch, wie jede Bilanz, sehr viel Angst auslösen.
Vorbereitungen für die Zeit danach müssen getroffen werden. In der *bewußten* Antizipation liegen die Aufgaben in dieser Zeit. Der Lebenslauf *erzwingt* Loslassen; Loslassen ist um so einfacher, je attraktiver das, was ich statt dessen erhalte, ist – und genau hier liegt die Aufgabe des Suchens. Es ist sehr von Bedeutung, daß sich diese Suche **nicht** auf einen Ersatz für das bisherige Berufsleben, sondern nach Möglichkeit auf etwas Neues bezieht. Ein Ersatz hat immer die Qualitäten von Zweitrangigkeit, von zweiter Wahl an sich. Darum sollten hier nicht Platzhalter, sondern eigenständige Inhalte gesucht werden. Es geht um wirkliche Aufgaben, nicht um ›Bastelangebote‹. Das Gefühl, überflüssig zu sein – und das ist es, was in Bastelstunden institutionell gepflegt wird – beschleunigt Verfall und Leere.

63. bis 70. Lebensjahr:
Zur Bilanz über das Arbeitsleben kommt nun auch die Bilanz über das Leben an sich hinzu. Eine Bilanz bedeutet immer auch Einschnitt und Abschluß. Bilanz ziehen ist also nicht gleichzusetzen

173 C.G. Jung: Wirklichkeit der Seele, S. 138

mit »in Erinnerungen schwelgen«; letzteres ist eher ein Zeichen davon, daß die notwendige (Lebens-) Bilanz noch nicht gezogen worden ist. Was innerlich wirklich abgeschlossen ist, braucht uns erinnerungsmäßig nicht immer wieder in Beschlag zu nehmen.
Ein Kreis zur Kindheit kann sich hier wieder schließen: Was immer Inhalt und Beschäftigung ist oder sein wird, es kann ohne Leistungsdruck geschehen. Es ist – ähnlich wie in der Kindheit – die Tätigkeit an sich, die den Wert vermittelt. Es kann ein heimlich- freudiges Einverständnis zwischen dem Kind und dem alten Menschen entstehen. »Laßt die Erwachsenen nur sich abrackern, laßt sie kämpfen und sich ärgern; wir, die ganz Jungen und die ganz Alten, wir wissen, worauf es eigentlich und wirklich ankommt.«[174]

Bei der Lektüre der einzelnen Stufen wird man feststellen, wie jede Phase, jede Stufe durch ihr Gelingen erst die nächste Stufe ermöglicht, oder, um es gestalttherapeutisch auszudrücken: Erst wenn sich die Gestalten der einen Stufe erfolgreich geschlossen haben, ist die Entwicklung der anderen, der nächsten Stufe sinnvoll möglich. So ist Biographie Arbeit, zeitlich gesehen, wie alle therapeutische Arbeit zweidimensional: In jeder Phase liegen Entwicklungsaufgaben, die zwar zukunftsbezogen sind, d. h. der Vorbereitung der nächsten Stufen dienen, aber im Hier und Jetzt erledigt werden müssen. Hier und jetzt ist es warmer Sommer, aber als Vorbereitung für den kalten Winter kaufe ich heute Öl oder Kohlen.
Romano Guardini[175] verdanken wir sehr lesenswerte Hinweise über die Aufgaben und Krisen, die mit jedem Lebensabschnitt verbunden sind. Neben den Krisen und Aufgaben spricht er von der spezifischen Ethik eines jeden Lebensabschnittes. Er nennt dies ›Wertefiguren‹ und meint damit die besonderen sittlichen Aufgaben des jeweiligen Lebensabschnittes.
Jeder Lebensabschnitt mit seinen dazugehörenden Aufgaben muß als eigenständige Einheit angesehen werden, d. h. das Kind hat die Aufgabe, Kind zu sein und nicht zukünftiger Erwachsener: »Denn der Mensch ist der Lebende in jeder Phase seines Lebens,

174 M. Wais: Biographie Arbeit, S. 191
175 R. Guardini: Die Lebensalter

vorausgesetzt, daß diese ihrem inneren Sinn nach echt und voll gelebt wird. So ist das wirkliche Kind nicht weniger Mensch als der wirklich Erwachsene. Wachsen ist ein Weg, ein Werde-Weg. Ich muß aber wieder auf das Goethe'sche Wort hinweisen, wonach man nicht nur geht, um anzukommen, sondern um Gehen zu lernen.«[176]

Guardini betont auch – und ist darin vollkommen konform zur gestalttherapeutischen Grundauffassung –, daß jede Phase durchlebt werden muß, da nur so in der einen Phase die Früchte der vorausgegangenen geerntet werden können: »Die Phasen sind echte Lebensgestalten, die man nicht voneinander ableiten kann. Man kann die Haltung des jungen Menschen nicht aus jener des Kindes heraus verstehen – ebensowenig wie die Existenz des Kindes als bloße Vorbereitung auf den jungen Menschen verstehbar ist. Jede Phase hat ihren eigenen Charakter, der sich so stark betonen kann, daß es für den sie Lebenden schwer wird, aus ihr in die nächste überzugehen.

Diese Schwierigkeiten können sich sogar fixieren. Dann wird eine Phase noch festgehalten, wenn sie schon ausgelebt sein sollte, und eine neue an der Zeit ist; denken wir etwa an den infantilen Menschen, der seinem Alter nach mündig sein sollte, aber noch die Gefühls- und Charakterbildung des Kindes hat. Es kann aber auch sein, daß die betreffende Phase so sehr auf die folgende hingeordnet wird, daß sie sich gar nicht in ihrem eigentlichen Wesen entfalten kann; denken wir etwa an die verhängnisvolle Erscheinung, daß ein Kind keine Möglichkeit hat, wirklich Kind zu sein, weil eine zerrüttete Umgebung es vor der Zeit wissend macht, oder weil es infolge wirtschaftlicher Not arbeiten muß, wenn es eigentlich sollte spielen dürfen.«[177] Es ist sehr faszinierend, wie viel man über Gestalttherapie erfahren kann, wenn man Romano Guardini liest! Das Gestaltprinzip des Hier und Jetzt liest sich bei ihm wie folgt: »Das Dasein verwirklicht sich in der Zeit. In dieser Zeithaftigkeit treten drei Bestimmungen nicht nur deutlich, sondern entscheidend hervor: Der Anfang, das Ende und der jeweils gegebene Augenblick. Anfang und Ende begrenzen die Gesamtgestalt des Daseins; im Augenblick sammelt es sich, tritt an

176 R. Guardini: Die Lebensalter, S. 29
177 R. Guardini: Die Lebensalter, S. 11 f

den Lebenden heran, gibt ihn die Hand und empfängt aus seiner Freiheit den bleibenden Sinn.«[178]

Guardini beschreibt folgende Lebensabschnitte:

- Das Leben im Mutterschoß, Geburt und Kindheit, gekennzeichnet durch Krisen der Reifung. (Beginn des Lebens bis ca. 10 Jahre)

Das Kind muß sich mehr und mehr eine individuelle Existenz erschaffen: jeder Schritt in diesem Prozeß ist mit der Aufgabe von Schutzräumen verbunden: Es muß lernen, selbst zu gehen, anstatt getragen zu werden, selbst zu essen, anstatt gefüttert zu werden. Mit dem Erwachen der eigenen Persönlichkeit erwacht auch das Bewußtsein jemand zu sein – im Unterschied zu den anderen; von der Mutter z. B., von der das Kleinkind in geradezu symbiotischer Einheit ein Teil zu sein glaubte. Die kindliche Umwelt liefert die Schutzhülle, in der diese Schritte möglich werden – aber nicht, um an ihr verhaftet zu bleiben, sondern um in die eigene individuelle Initiative hineinzuwachsen. Guardini spricht von der Lebensform des ›umhüllten Wachstums‹.

- Der junge Mensch, dessen Krisen durch Erfahrung gekennzeichnet sind. (12 / 13 Jahre bis Mitte der zwanziger Jahre)

Das Werden in Gegensätzen ist Thema dieses Lebensabschnittes. Mangel an Erfahrung mit der Wirklichkeit, an Kenntnis realer Zusammenhänge auf der einen Seite und das kompromißlose Gefühl, daß die Welt unendlich offen sei, daß richtige Gesinnungen die Wirklichkeit zu ändern in der Lage wären auf der anderen Seite; diese Spannungspole müssen ausgehalten und durchlebt werden. Die Wertewelt besonders des Heranwachsenden hat etwas Unerbittliches, Kompromißloses; doch die ›ethische Bilanz‹ der Welt – einschließlich der eigenen Person fällt immer wieder negativ aus: Entmutigt muß der Heranwachsende Alltag, Normalität und Durchschnittlichkeit lernen. In dieser Phase kann sich entscheiden, ob Zweifel oder Verzweiflung Wegbegleiter des zukünftigen Lebens sein werden.

»Die Schwierigkeiten dieser Krise bestehen in der inneren Unsicherheit, im Wissen und Doch-nicht-Wissen, Selberseinwollen und Noch-nicht-Können. Daraus entsteht die Rebellion, von der

178 R. Guardini: Die letzten Dinge, S. 7

wir sprachen, die ja bedeutet, daß die personale Initiative sich selbst befreien will, aber zugleich hilflos ist. Ebenso die Heimlichkeit, von welcher die Rede war; in der sich das Gefühl auswirkt, von der eigenen Vitalität her etwas zu wollen und zu sollen, zugleich aber das Gefühl, damit den Willen der Eltern oder Erzieher entgegenzuhandeln. Je mehr das Kind von Anfang an zu ruhiger Selbständigkeit geführt worden ist, desto vertrauensvoller geht es in die Krise hinein und desto leichter übersteht es sie.« An diesem Zitat kann deutlich werden, was über das Wachstum an anderer Stelle schon gesagt wurde: Es ist unumgänglich, daß der Prozeß des Wachsen von Krisen begleitet wird. Die Aufgabe von Eltern oder Erziehern besteht darin, diese Krisen zu ermöglichen und durch personale Präsenz Begleitung anzubieten. Hier finden wir den gefahrlosen Notstand der Gestalttherapie wieder.

- Der mündige Mensch. (Mitte der zwanziger bis Mitte der vierziger Jahre) Er kann durch Erfahrung der Grenze bzw. der Begrenztheit in Krisen geraten.

Zunächst ist da die Erfahrung der eigenen Kraft, der eigenen Kompetenz. Aus ihr entsteht die oft grenzenlose Bereitschaft, Aufgaben im privaten Bereich – Familie, Haus, Lebensstandard –, aber auch im beruflichen Bereich – Berufslaufbahn – zu übernehmen. Während jedoch zuerst ein Bewußtsein von Reserven, Kraft, Initiative und Einfallsfähigkeit lebendig war, dringt mehr und mehr das der Grenzen durch. Diesem Prozeß muß der Mensch in diesem Lebensabschnitt sich stellen; nur eine kurze Zeit läßt er sich durch immer neue Anstrengungen, Klugheit, selbstloses Ausgleichen und Verzicht verleugnen. Die Kraft der unendlichen Verheißungen der Jugend wird immer schwächer.
Ich bin nicht perfekt.
Ich bin nicht, was ich mir immer erträumt habe.
Ich bin nicht, was andere immer von mir erwartet haben.
Alle diese Gefühle sind Diebe der Lebenskraft und -initiative, die in dieser Zeit besonders gerne – auch ungebeten – bei uns aus und ein gehen. Die Entwicklungsaufgabe besteht darin, ›gut genug‹ zu werden, oder wie an verschiedenen Stelen schon ausgeführt sich selbst als der Mensch zu erkennen, der man ist **und so** zu akzeptieren. Diese Zeit ist die Nahtstelle zwischen der (noch) Gültigkeit von Vorstellungen und Idealen aus der vorigen Lebensphase und der

resignativen Anpassung, wie sie im negativen Verlauf im nächsten Lebensabschnitt eintreten kann. Die Annahme seiner Selbst ist für Guardini die Lebensaufgabe schlechthin: »So wird der Akt des Selbstseins in seiner Wurzel zu einer Askese: Ich muß auf den Wunsch verzichten, anders zu sein als ich bin; gar ein anderer, als der, der ich bin. Ich muß darauf verzichten, Begabungen zu haben, die mir versagt sind; meine Grenzen erkennen und sie einhalten. Das bedeutet nicht den Verzicht auf das Streben, aufzusteigen. Das darf ich und soll es; aber auf der Linie des mir Zugewiesenen. Ich darf aber auch nicht dem Ressentiment verfallen; jener Haltung, die verrät, daß ich noch nicht wirklich angenommen, wirklich verzichtet habe, und darin besteht, das mir versagte schlecht zu machen. An der Wurzel von allem liegt der Akt, durch den ich mich selbst annehme. Ich soll damit einverstanden sein, der zu sein, der ich bin. Einverstanden, die Eigenschaften zu haben, die ich habe. Einverstanden, in den Grenzen zu stehen, die mir gezogen sind.
Ich kann nicht erklären, wie ich ich-selbst bin; ich kann nicht verstehen, warum ich so oder so sein muß; ich kann meine Existenz nicht in irgendeine naturhafte oder geschichtliche Gesetzmäßigkeit auflösen, denn sie ist keine Notwendigkeit, sondern eine Tatsache. Zugleich aber die für mich entscheidende, die Tatsache einfachhin. Sie ist wie sie ist, und könnte auch anders sein. Sie ist und könnte auch nicht sein. Und doch bestimmt sie vom Innersten her mein ganzes Dasein.
Das alles heißt: Ich kann mich selber nicht erklären, noch mich beweisen, sondern muß mich annehmen. Und die Klarheit und Tapferkeit dieser Annahme bildet die Grundlage allen Existierens.«[179] Selten habe ich so prägnant das Anliegen dieses Buches, das Ziel therapeutischer Arbeit und ethische Grundaussagen für eine angewandte Gestalttherapie gelesen. Diese Sätze hat Guardini 1953 verfaßt!
Das bekannteste Beispiel der Selbstannahme als ›Gut genug‹ ist die ›goodenough mother‹ wie sie der Entwicklungspsychologe Havighurst beschrieben hat: Eine perfekte Mutter gibt es nicht, mit einer perfekten Mutter könnte auch kein Kind dieser Welt etwas anfangen. Es genügt, eine ausreichend gute Mutter zu sein; damit

179 R. Guardini: Angefochtene Zuversicht, S. 97 f

meint Havighurst eine Mutter, die über 50% ›gut‹ ist. In diesem Sinne gilt es zu lernen, ein goodenough Vater, goodenough Lehrer, Kaufmann, Büroangestellter, Therapeut usw. zu werden, aber auch und insbesondere ein goodenough Mensch.

Skepsis und Verachtung dem Leben gegenüber oder neue Bejahung, die aus einem neuen Gefühl für den Wert des Daseins entsteht – da ist der Scheideweg, der diesen Lebensabschnitt kennzeichnet.

– Der ernüchterte Mensch. Er steht vor der Aufgabe der Loslösung. Die Tatsache des Enden bringt sich immer mehr und mit zunehmender Unerbittlichkeit zur Geltung. Vor allen aber wird die Vergänglichkeit fühlbar. Die Möglichkeiten werden überschaut: Das Maß des Könnens sowohl dessen, was das Leben noch geben kann. Dadurch verschwindet jenes Moment, was den Charakter des Unendlichen – besser gesagt des Immer-weiter-Gehenden – erzeugt, nämlich die Erwartung Im Maße der Mensch alt wird, erwartet er immer weniger; im gleichen Maße wird das Gefühl des Vergehens immer intensiver. Die Erwartung streckt die Zeit: das Bescheidwissen zieht sie zusammen. Immer stärker wird die Empfindung, daß beständig etwas zu Ende ist: Ein Tag, eine Woche, eine Jahreszeit, ein Jahr. Das Bewußtsein: Was du jetzt tust, hast du gestern auch getan; was du heut erlebst, war vor acht Tagen da. Das alles macht, daß die dazwischen verlaufende Zeit einschrumpft. Das Leben gleitet immer schneller.«[180]
Eine besonders wichtige Aufgabe ist hier nach Guardini die Überwindung des Neides gegenüber die Jungen, des Ressentiments gegen das geschichtlich Neue, der Schadenfreude über die Mängel und das Mißlingen des Aktuellen.

– Der weise Mensch, der ins Greisenalter eintritt
Die Erfahrung der Begrenztheit zwingt zu Unterscheidungen und zum Setzen von Prioritäten: Was ist wichtig und was nicht, was ist echt und was unecht, was hat Bedeutung und was nicht? Besondere Offenheit für Werte des Ewigen, ein Erkennenkönnen in Dimensionen, die zuvor noch vollkommen verschlossen waren,

180 R. Guardini: Die Lebensalter, S. 55

dies sind Aufgaben und Chancen dieser Zeit. Mit den Werten des Überdauernden meint Guardini jedoch sehr nachdrücklich nicht eine Grundeinstellung wie sie sich z. B. in Aussagen: »Ich werde in meinen Kindern weiterleben ...« niederschlägt. Solch eine Grundeinstellung verfälscht den Sinn des hier gemeinten. Mehr noch: »Sie stellt es in den Dienst gerade des Vergehenden. Wer mit Ernst vom Ewigen redet, meint nicht das Immer-Weiter, ob das nun ein biologisches oder ein kulturelles oder ein kosmisches sei. Das Immer-Weiter ist die schlechteste Ewigkeit; nein es ist die Steigerung der Vergänglichkeit bis ins Unertragbare. Ewigkeit ist nicht ein quantitatives Mehr, und sei es unmeßbar lang, sondern ein qualitativ Anderes, Freies, Unbedingtes.«[181]

- Der senile Mensch, er fühlt sich schwach, ausgeliefert und bedroht.

Es gibt viele Parallelen, aber auch Unterschiede zur Zeit der Kindheit. Die oben beschriebenen Gefühle sind für beide Zeiten zentral, doch während sich das Kind als potentiell mehr und mehr Abwesender, mehr und mehr Raum Ergreifender erlebt – und auch von seiner Umwelt so behandelt wird –, erlebt sich der senile Mensch als mehr und mehr Abwesender, er nimmt weniger und weniger Raum ein. Ausgeliefertsein und daher Abhängigsein sind Realitäten der Kindheit und nun auch wieder dieser Zeit. Daher kommt der Umwelt, auf die sich diese Abhängigkeit bezieht, auch hier wieder eine besondere Aufgabe zu. Guardini sieht dies erstaunlich illusionslos: »Wenn der Charakter dieser Phase im Abnehmen der Lebensenergien besteht, muß im selben Maße die Aufgabe derer wachsen, auf welche das abnehmende Leben angewiesen ist... Der sehr alte Mensch ist nämlich nicht leicht zu ertragen. In ihm und um ihn her stockt das Leben. Die Mannigfaltigkeit, das Überraschende und das Anregende verschwindet... Die Schwäche des Alters äußert sich in Empfindlichkeit, Mißtrauen, nicht selten in Heimlichkeit, ja sogar Hinterhältigkeit. Während zeitlich sehr fern liegende Geschehnisse hell im Gedächtnis stehen, mit einer aufreizenden Eintönigkeit immer wieder erzählt, zur Geltung gebracht, zur Grundlage von Kritik am Jetzigen gemacht werden,

181 R. Guardini: Die Lebensalter, S. 57

verschwindet das zeitlich Naheliegende, auch und gerade das soeben Geschehene aus dem Gedächtnis. Das führt zu häufigen Mißverständnissen und Unzuträglichkeiten, die immer schwerer hinzunehmen sind. Bedenkt man dann noch die physischen Umstände: die zahlreicher werdenden Erkrankungen, die Neigung des alten Menschen, sich zu vernachlässigen, seine Gleichgültigkeit gegen die Gefühle Anderer, dann entsteht die Gefahr, daß die Herzenskraft auch der nahe Verbundenen allmählich müde wird, und nicht mehr im Stande ist, ihn noch in die Liebe hereinzunehmen.«[182]

Ich bin wirklich sehr gespannt, ob mir all diese Dinge, die ich hier schreibe noch präsent sein werden, wenn ich in diesem Alter sein werde, und ob, wenn ich davon weiß, die Belastung der Umwelt durch mich geringer sein wird.

Je mehr die Fähigkeit des Loslassens und des Abgebenkönnes in den vorausgegangenen Lebensabschnitten gelernt und auch praktiziert wurde, desto einfacher und sinnerfüllter kann dieser letzte Lebensabschnitt gelebt werden.

In diesen Beschreibungen werden die Aufgaben eines jeden Lebensabschnittes deutlich; das Leben stellt die Aufgaben, nicht die Therapie, nicht der Therapeut. Aufgabe der Therapie und des Therapeuten ist es, bei der Bewältigung dieser Aufgaben Begleitung und Unterstützung anzubieten. Es läuft mit Sicherheit etwas falsch, wenn immer und immer wieder die Begleitung schwieriger ist als die eigentliche Wachstumsaufgabe. Ich kenne viele Klienten, die immer wieder nach einer Therapiesitzung darniederliegen. Dies kann durchaus einmal geschehen, aber wenn dies zum durchgängigen Muster therapeutischer Arbeit wird, dann stimmt da etwas nicht. Es stimmt etwas nicht, wenn die Therapie schwieriger ist als das Leben. Es kann doch nicht sein, daß das Training schwieriger ist als das eigentliche Leben – Nachhilfe soll die Bewältigung der Schule einfacher und nicht schwerer machen, in die Nachhilfe darf nicht, um im Bild zu bleiben, dauerhaft mehr Energie gesteckt werden als in die Schule.

182 R. Guardini: Die Lebensalter, S. 69 f

Die Biographiearbeitfasziniert mich sehr; geht sie doch vom ›Normalen‹ aus: Welche Entwicklungsaufgaben sind wann dran? Das Problemfeld des sexuellen Mißbrauches z.B. macht sehr gut deutlich, wie sinnvoll eine solche Betrachtungsweise sein kann. Das Opfer wird in Entwicklungsaufgaben geworfen, die noch lange nicht an der Reihe sind und für die noch keinerlei Ressourcen zur Verfügung stehen, mehr noch: Es wird gezwungen, ein ganzes Bündel von Entwicklungsaufgaben zu überspringen. Dies erklärt auch, warum gerade weibliche Mißbrauchsopfer oft etwas sehr kindhaftes haben. Ihnen wurde die Kindheit gestohlen. Entwicklungsaufgaben lassen sich aber nicht überspringen. Die nicht geschlossene Gestalt solcher Mißbrauchsopfer besteht aus all jenen nicht erledigten Entwicklungsaufgaben, die zwischen Kindheit und Erwachsenenalter liegen.
Oder ein anderes Gebiet: Die Hochbegabtenförderung. Ich halte es für sehr bedenklich, daß gerade auf diesem Gebiet das Überspringen von Entwicklungsaufgaben auch noch durch die Umwelt belohnt wird.

Je länger ich Therapie betreibe, sei es nun als Therapeut oder als Klient, desto klarer werden zwei Einsichten für mich:

- Therapie kann letztlich wenig bewirken;[183]
- Therapie ist nur **ein** Weg der Veränderung bzw. Verbesserung des Lebens bzw. der Lebensqualität.

Beide Gedankengänge hängen zusammen: Ohne das Mitmachen in der Schule des Lebens ist Therapie sinnlose Symptomkoketterie. Das mag etwas hart und apodiktisch klingen. Darum möchte ich einiges dazu ausführen: Wer die Schule des Lebens offen durchläuft und über ausreichende Ressourcen verfügt, die ›Hausaufgaben‹ zu erledigen, der braucht bestimmt keine Therapie. Ich bin immer deutlicher zu der Überzeugung gelangt, daß es eine natürliche Entwicklung gibt, eine bewundernswerte und faszinierende Balance zwischen Entwicklungsaufgaben und den Fähigkeiten, diese adäquat zu bewältigen. In der gesunden Entwicklung kommt eine Aufgabe dann – und nur dann – an die Reihe, wenn sie zum

---

183 S. Freud: »Letztendlich müssen wir eingestehen, daß der Unterschied zwischen dem Analysierten und dem Nicht-analysierten letztlich nicht so groß ist, wie wir es uns erhoffen, uns wünschen.«

einen in unserer Biographie ansteht, aber auch dann, wenn die Möglichkeiten zu ihrer Lösung in uns vorhanden sind. Etwas ironisch kommt dies in der Redewendung »Wem der liebe Gott ein Amt gibt, dem gibt er auch den Verstand« zum Ausdruck. Die schrittweise Loslösung vom Elternhaus z.B. steht an, wenn die Lebenswelt des Heranwachsenden ausreichend Halt und Kontakt bietet. Interessanterweise stellt sich zur gleichen Zeit für die Eltern die Aufgabe des Loslassens. Abstrakter formuliert: Die Aufgabe, etwas Altes loszulassen, stellt sich in der normalen Entwicklung dann, wenn auch etwas Neues sichtbar wird.

Aufgrund dieser Erkenntnisse und Überzeugungen habe ich so etwas wie einen roten inneren Faden für meine Arbeit als Therapeut entwickelt:

- Welches sind die Entwicklungsaufgaben, vor denen der Klient in seiner jetzigen Entwicklungsphase steht?
- Ist er/sie bereit, sich diesen Aufgaben zu stellen, bzw. warum ist er/sie dazu nicht in der Lage oder willens?
- Sind die Ressourcen zur Bewältigung der Entwicklungsaufgabe vorhanden, bzw. *wann* sind sie *wie* geschädigt worden?

Wo jeweils in dieser roten Linie angefangen wird, ergibt sich aus der jeweiligen Situation. Oder anders formuliert: Das Problem, mit dem der Klient in die Therapie kommt, untersuchen wir nach der dazugehörenden Entwicklungsaufgabe, deren Nicht-Bewältigung dann das unerledigte Geschäft, die nicht-geschlossene Gestalt ist. Viele, wenn nicht gar die meisten der Probleme, mit denen wir in der Therapie konfrontiert werden, sind auf nicht gelöste Entwicklungsaufgaben zurückzuführen. Dabei ist sowohl eine (subjektiv wohl begründete) Weigerung des Klienten, sich der Aufgabe zu stellen, als auch eine Verunmöglichung von außen durch die jeweilige Umwelt vorstellbar. Letzteres ist z.B. bei überbehütenden Eltern der Fall.

An einem Beispiel möchte ich das bis hierhin Gesagte konkretisieren:

Eine Frau kommt in Therapie. Als ihr Hauptproblem schildert sie, daß sie sich gerne von ihrem Mann trennen möchte, es »aber einfach nicht schafft!« Wir erarbeiten, daß die Angst vor dem Alleinsein ein wichtiger Faktor zu sein scheint. In der nächsten

Phase der Arbeit sehen wir, daß die Entwicklungsaufgabe des Kommen- und Gehenkönnens, der Kontaktaufnahme und der Kontaktpause nicht erledigt werden konnte. Was habe ich, wenn ich ›nur‹ mich habe? Offensichtlich lautet die Antwort derjenigen, die unter einem solchen Problem leiden: »Nichts mehr!«

Das Kleinkind, welches im Beisein der Mutter spielt, muß erst mühsam und oft schmerzlich lernen, daß die Mutter, die das Zimmer verläßt, tatsächlich nur Wäsche im Garten aufhängt und dann wieder da sein wird. Wenn das Kind dieses Vertrauen (wer weggeht, der kommt auch wieder) nicht hat lernen können, so wird es später auch selber nicht kommen und gehen können. Die Angst, »... wenn ich gehe, darf ich nicht wiederkommen ...« mündet in die Angst »...wenn ich diesen Kontakt, diese Beziehung nicht mehr habe, dann habe ich nichts mehr ..!« Das unerledigte Geschäft, die unerledigte Entwicklungsaufgabe heißt: Ich kann kommen und ich kann gehen.

Diese Aufgabe wird erschwert durch Botschaften wie z.B. »... ohne mich/uns bist du nichts« oder »... alles, was du bist, bist du durch mich/uns«. Solange diese Botschaften nicht überwunden und die Entwicklungsaufgabe nicht bewältigt ist, wird sich das Problem der Trennung in dem genannten Beispiel nicht lösen lassen. Denn solange dies nicht geschehen ist, geht es offensichtlich nicht mehr nur um eine gewiß schmerzvolle Trennung, sondern um Sein oder Nicht-Sein. Mit ›Recht‹ wird sich die Frau aus dem obigen Beispiel so lange nicht trennen können.

Dies ist eine besonders schwer aufzulösende Symbiose, wie sie oft zwischen Eltern und Kindern (aber nicht nur dort) zu beobachten ist: Die eine Seite hat die Aufgabe, das Ego der anderen aufzublähen und wird dann damit belohnt, sich in der Sonne eines solchen Egos sonnen zu dürfen: Ein Kind muß seine Eltern als »die Besten, die Unfehlbaren« aufbauen und wird damit belohnt, daß es sich als Kind vollkommener Eltern fühlen darf. Eine Frau wird dazu gebraucht, daß sie ihren Mann in den Himmel des Supermannes ohne Fehl und Tadel lobt und wird damit belohnt, daß sie einen so tollen Mann hat. Man sieht also: Beide Seiten haben allen Grund, an dieser Symbiose festzuhalten.

Der Sinn der biographischen Betrachtungsweise liegt auch noch auf einer anderen Ebene: Oft ist es so, daß der Klient mit dem Dressat lebt »... ich bin falsch!« oder »... wenn mein Leben schwierig ist, dann liegt das daran, daß ich falsch bin!« Aus diesem »Ich bin falsch« kann unter biographischer Sichtweise »... bestimmte Lernschritte sind mir durch meine Umwelt verbaut worden«; »... von bestimmten Lernschritten bin ich abgehalten worden« werden. Das Leben kann nun als eine Folge von immer wieder neu sich stellenden Entwicklungsaufgaben gesehen werden und nicht mehr als eine Summe von Fehlern, von zu Veränderndem. Jeder Augenblick des Lebens verdient Achtung in diesem Sinne: Die Frage lautet nun nicht mehr: Was muß weg? Was ist falsch? sondern: **Was** ist da? und **Wozu** ist es da?

Die biographische Betrachtungsweise ist kein Schutz gegen Schmerzen und Verletzungen; sie kann aber helfen, diese zu normalisieren – in des Wortes wahrster Bedeutung. Die Biographiearbeitzeigt, daß es normal ist, Probleme zu haben. Insofern argumentiert sie auch gegen die durch den Psychoboom entstandene Grundhaltung, von allem und jedem gegen entsprechendes Entgelt geheilt werden zu können. Sie wendet sich gegen eine die therapeutische Arbeit trivialisiernde Forderung, »hier und jetzt glücklich zu sein, und zwar augenblicklich. Die Therapie verspricht dieses Glück. Sie lebt von der verbreiteten Ansicht, daß im psychischen Haushalt alles machbar sei, daß jede Schwierigkeit, die man mit sich und anderen hat, sich beheben lasse, wenn nur richtig geatmet, geweint, geschrien werde. Deshalb werden alltägliche Probleme als Schäden erlebt, die der Fachmann (und nur er) reparieren kann. Folglich wird aus Kummer oder Sorge gleich eine Krankheit, aus Niedergeschlagenheit eine Depression, aus Angst eine Neurose, aus Wut eine narzißtische Kränkung, aus Eifersucht eine paranoide Obsession und so fort. Der Therapeut behandelt all diese Schäden.«[184] So entsteht eine Lebenssichtweise, die die simple Tatsache ignoriert, daß wir, um an das Zitat anzuschließen, manchmal eben Kummer haben, manchmal niedergeschlagen oder wütend und manchmal eifersüchtig sind. Und all das ist äußerst normal. Darum ist es meine Grundauffasung, um an eine andere Stelle dieses Buches anzuschließen (siehe Seite 94 f), daß es die Aufgabe der Therapie ist, mit Nebel (=Problemen)

184 K.M. Michel: Im Bauch des Wals, Kursbuch 82, S. 134 f

leben zu lernen, anstatt all diese Normalitäten dadurch zu dramatisieren, daß sie plötzlich zum Gegenstand therapeutischer Arbeit werden.

Das positive Menschenbild dieses Ansatzes fasziniert mich: Eine Aufgabe ist immer dann an der Reihe, wenn die Ressourcen zur Erledigung sich ausgebildet haben. Wenn ich mich in meinem Leben durch Probleme belastet fühle, versuche ich immer herauszufinden: Ist dies ein Problem, das mich und nur mich aufgrund meiner spezifischen Lebensumstände, aufgrund meiner spezifischen Biographie betrifft (ist es hausgemacht), oder stehe ich ›lediglich‹ vor einer Entwicklungsaufgabe, die jetzt an der Reihe ist, die also für den Lebensabschnitt, in dem ich mich gerade befinde, vollkommen normal ist. Letzteres festzustellen, beruhigt mich meistens sehr.

Die Zeit heilt alle Wunden – doch dieser Satz ist nur dann glaubwürdig, wenn er nicht zum Abwiegeln mißbraucht wird, sondern wenn er solidarisch vermittelt: »Ich sehe deine Wunden, deinen Schmerz, er berührt mich, **und** ich weiß aus meinem Leben, daß dies nicht ohne Ende sein wird – auch wenn du es jetzt nicht so siehst.« Hier ist das ›und‹ von besonderer Bedeutung; meist kennen wir Sätze dieser Art nur mit ›aber‹, doch schon die Verwendung von ›aber‹ nimmt – zumindest dem ersten Teil des Satzes – die Glaubwürdigkeit.

An jedes Hier und Jetzt schließt sich ein neues Hier und Jetzt an. Der Mond ist *immer* vollständig – unabhängig davon, was wir in jedem Augenblick von ihm sehen können. Auch wenn wir ihn gar nicht sehen, ist er da. Wie können wir dies unseren Kindern beibringen?

Das siebte Tal

Das Tal der Selbstaufgabe, des Entwerdens und des Vergessens:

Als letztes kommt das Tal der Entbehrung und des Todes, das zu beschreiben nahezu unmöglich ist. Die Essenz dieses Tales ist Vergessen, Stummheit, Taubheit und Wahnsinn; die tausend Schatten, die euch umgeben, verschwinden in einem einzigen Strahl der himmlischen Sonne. Wenn der Ozean der Unermeßlichkeit in Wallung gerät, verliert das Muster auf seiner Oberfläche seine Form; und dieses Muster ist nichts anderes als die gegenwärtige und zukünftige Welt. Wer erklärt, daß er nicht existiert, der erwirbt sich großen Verdienst. Der Tropfen, der ein Teil dieses großen Ozeans wird, verweilt dort für immer und in Frieden. In diesem ruhigen Meer erfährt der Mensch anfangs nur Erniedrigung und Untergang, doch wenn er aus diesem Zustand auftaucht, wird er ihn als Schöpfung begreifen, und viele Geheimnisse werden ihm enthüllt werden ... Ein unreiner Gegenstand, den man in Rosenwasser taucht, bleibt unrein; doch ein reiner Gegenstand, der in den Ozean sinkt, wird seine Existenz verlieren und am Ozean und seinen Bewegungen teilhaben. Indem er aufhört, als gesonderter Gegenstand zu existieren, behält er seine Schönheit. Er existiert und existiert doch nicht. Wie kann das sein? Der Geist kann es sich nicht vorstellen.[185]

185 F. Attar: Vogelgespräche, S. 148 f

Therapeutischer- und spiritueller Weg

– Getrennt marschieren – vereint siegen? –

»Ich war noch ein junger Mann, als ich Freuds Schriften zum ersten Mal las. Wie fast allen anderen war es mir unmöglich, große Gedanken von Ideen zu unterscheiden, die das Produkt ganz gewöhnlicher Köpfe wie ich selbst waren. Genauso erging es mir mit der Kunst der religiösen Vorstellung. Und wie viele andere überfiel mich auch eine Art mentales und emotionales Unbehagen, wenn ich über die grundsätzlichen Fragen des menschlichen Daseins nachzudenken begann. Die Lehren der großen Meister vermischten sich und verschwammen zwischen den Argumenten, Phantasien und logischen Konstruktionen, die mein eigenes Gehirn ersann oder die ich aus den Schriften anderer entlieh. Daher die verblüffende Klarheit, die Freuds Theorien mir brachten. Sofort schob ich jedes Unbehagen auf die Seite. Religion war eine Illusion. Der Mensch war ein Tier. Die Zivilisation basierte auf Widersprüchen zwischen den sozialen und biologischen Elementen der menschlichen Natur. Es wäre mir damals nie in den Sinn gekommen, daß die Widersprüche in der menschlichen Natur, die Freud und die moderne Psychologie so emphatisch wahrnahmen, auch anders verstanden werden konnten – auf eine völlig andere Art: Als ein Ausdruck der Komplexität des menschlichen Organismus und des Schicksals seiner niederen Teile, einschließlich der gewöhnlichen Vernunft, deren Verbindung mit höheren Bewußtseinsebenen abgeschnitten ist.
Was wir vielleicht als psychologischen Pragmatismus bezeichnen können – die moderne Psychologie –, ist der Versuch, dem Menschen dabei zu helfen, mit seiner widersprüchlichen Natur Frieden zu schließen, ohne ihm wirklichen Zugang zu einem Bewußtsein zu verschaffen, das allein die Macht besitzt, Ordnung in das menschliche Chaos zu bringen, und das allein die Manifestation von Liebe zum und im Menschen darstellt.«[186]

---

186 J. Needleman: Vom Sinn des Kosmos, S. 180 f

So oder ähnlich, wie Jacob Needleman eine Phase seines Suchens nach Inhalt und Sinn beschreibt, ist es wohl vielen von uns ergangen. Fasziniert haben wir neue, in sich schlüssige Erklärungen und Erklärungsmodelle aufgenommen.[187] Doch in zunehmendem Maße ging die Realität unserer Erfahrungen und unseres Wachstums immer wieder über diese Erklärungsansätze hinaus. Wir tendieren oft dazu, Überlegungen und Suchen nicht im Hinblick auf die eigene Sache zu führen, sondern im Hinblick auf den, der das Gegenteil behauptet, und zwar – im besten Fall – so lange, bis wir uns selbst nicht mehr widerlegen können.
Bei dieser Art des Suchens gelangen wir jedoch an einen Punkt, an dem wir unsere Überlegungen nicht widerlegen, gleichzeitig aber auch nicht nicht widerlegen können. Spätestens dann ist es an der Zeit, sich über die Dimensionen von Bestätigung und Widerlegung hinaus zu begeben.

Die Wahrheit ist nicht das Beweisbare,
sondern das Unabwendbare.
(Antoine de Saint-Exupéry)

Also?
Weitersuchen!

Häufig wird gesagt, daß alle Wege im Endeffekt dem gleichen Ziel dienen – und daß es von daher letztlich ohne Bedeutung ist, ob ich den Sinn dessen, was ich tue, den Sinn meines Lebens im Rahmen einer Therapie oder durch einen spirituellen Weg, z.B. Meditation, suche bzw. erfahre.

Nein!

---

187 An dieser Stelle möchte ich jedoch auch einmal Freud und die Psychoanalyse in Schutz nehmen; ihnen ergeht es oft so wie dem Revolverhelden im Western: Die rechtschaffenen Bürger einer von den Bösen bedrohten Stadt holen sich Hilfe bei einem Revolverhelden, der dann auch die Bösen verjagt und alle befreit. Doch dann schlägt ihm, der eben noch Retter war, mehr und mehr Mißtrauen entgegen, bis schließlich auch er wieder aus der Stadt verjagt wird. In einigen Western sind es dann die Bürger selber, die endlich den Mut zum Handeln gefunden haben, in anderen Filmen wird wieder einer neuer Held aufgebaut, der aber dann wohl auch dem gleichen Schicksal entgegen sieht. Ich überlasse es dem Leser, dieses Bild zu übertragen.

Ein Grundirrtum ermöglicht solche Gedanken besonders: Was will, was kann Therapie, und wer braucht Therapie? Ohne sie zu bewerten, möchte ich zwei Schwerpunkte therapeutischer Arbeit nennen: Auf der einen Seite sehe ich den Bereich, wo es um Verbesserung von Lebensqualität geht. Das Leben des Klienten ist ›im großen und ganzen‹ in Ordnung, Wohlbefinden, Zufriedenheit und Lebendigkeit wollen sich jedoch nicht einstellen. Auf der anderen Seite sehe ich diejenigen Klienten, die ohne therapeutische Hilfe zumindest für einen begrenzten Zeitraum kaum (über-) lebensfähig wären. Könnte man bei der ersten Kategorie noch die beiden Wege in etwa gleichsetzen, so wäre dies im zweiten Fall völlig falsch! **Meditation ist keine Therapie** und auch kein **Therapieersatz.** Umgekehrt gilt das gleiche! Der (Grund-) Irrtum beruht auf der ungerechtfertigten Gleichstellung von Meditation und Therapie der zweiten Kategorie.
Isadore From, einer der Mitbegründer der Gestalttherapie, betont eine klare Trennungslinie: »... Jedoch auch andere Entwicklungen machten ihm (I. Form) Sorgen, z.B. die notorische Affinität der Gestalttherapie zu ›Growth-Centers‹ sah er geradezu als Untergang der Gestalttherapie als Psychotherapie.
›Gestalttherapie beschäftigt sich nicht mit Wachstum, sondern mit den *Auflösungen* von Störungen von Wachstum‹, sagte er mit Deutlichkeit. ›Therapie ist eine untergeordnete, triviale Disziplin, notwendig, aber trivial. Die Funktion des human-animalen Organismus' ist es zu überleben. Um zu überleben, wächst er. Dies geschieht durch sich selbst in einem anregenden und ernährenden Feld. Gestalttherapie ist deshalb keine Methode zur Selbstverwirklichung, sie ist kein Weg zur Persönlichkeitsgestaltung und zur Erreichung von persönlichem Glück. Sie ist vielmehr einfach Unterstützung zur Auflösung von Hindernissen beim Wachsen, jedoch keine Anleitung zum Wachstum selbst.‹
Mit dieser unmißverständlich scharfen Abgrenzung verteidigt I. From die Gestalttherapie als klinische, heilkundliche Psychotherapie und bewahrt sie vor einer Verramschung als Wachstums-Allheilmittel im Selbsterfahrungs-Psychomarkt.«[188]

188 B. Müller: Isadore Froms Beitrag zur Theorie und Praxis der Gestalttherapie, S. 40

Die »Transpersonale Therapie« bewegt sich, soweit ich sie richtig verstehe, genau zwischen diesen beiden Bereichen und trägt daher auch zu der Verwischung der Grenzen bei. Ich habe auch noch keine Berichte gelesen, nach denen transpersonale Psychotherapie mit Klienten der zweiten Kategorie (die dann wohl sinnvollerweise ›Patienten‹ heißen sollten) gearbeitet hat.

»Alles im allem ist es kein Wunder, daß viele nicht mehr wissen, ob sie spirituelle oder psychologische Hilfe benötigen. Die Linie, die den Therapeuten vom spirituellen Meister trennt, ist verschwommen. Ein Beobachter drückt es – halb im Spaß – so aus: ›Die Seelenärzte hören sich schon wie Gurus an, und die Gurus hören sich schon wie Seelenärzte an.‹ Aber läßt sich der Unterschied in der Suche nach Transformation und dem Wunsch nach Glück so leicht abtun? Ist das nur eine Frage verschiedener Annäherungen an ein und dasselbe Ziel, verschiedener Konzepte für das Wohlbefinden, seelischen Frieden oder persönliche Erfüllung? Oder ist es eine Frage zweier verschiedener Richtungen, die das menschliche Leben einschlagen kann?«[189]

Dieses Zitat offenbart sehr deutlich das von mir als unzureichend angesehene Therapieverständnis, indem es sich offensichtlich nur auf den von mir an erster Stelle genannten Arbeitsansatz therapeutischer Arbeit bezieht. Jemand, der sich vor lauter Ängsten kaum noch aus dem Haus traut, ist sich mit Sicherheit **nicht** unsicher darüber, ob er nun spirituelle oder psychologisch-therapeutische Hilfe sucht.

Meditation ist Suchen ohne zu finden – bzw. Finden ohne zu suchen. Therapie ist oft schwere, aktive und überprüfbare Erarbeitung von Heilung und Ganzheit. Therapie sucht jemand auf, um durch eigene Anstrengungen ein Ziel zu erreichen, in der spirituellen Meditation liefert sich jemand der Gnade eines Gottes, einer Macht außerhalb seines Selbst', bewußt aus. Hier liegt meiner Meinung nach ein sehr bedeutsamer Unterschied zwischen ›allgemeiner‹ Therapie und ›spiritueller‹ Therapie: Während erstere

189 J. Needleman: Vom Sinn des Kosmos, S. 165

eher dahin tendiert, daß letztlich alles machbar ist, ist die zentrale Grundannahme einer spirituell orientierten Psychotherapie, daß es deutliche Grenzen des Machbaren gibt, Grenzen, an denen ich nur noch auf die Gnade Gottes, auf Erleuchtung, oder wie auch immer ich es nennen will, hoffen kann. Die immer wieder neue Akzeptanz der Begrenztheit ist ein wichtiger Bestandteil spiritueller Psychotherapie. Die auf dieser Einsicht fußende Bescheidenheit ist eine der faszinierendsten Eigenschaften spiritueller Lehrer.
Der Sufi Meister Yahya ibn Mu'adh brachte im 9. Jahrhundert diese Grundhaltung wunderbar auf den Punkt:
»O Gott, Du hast es gern, daß ich Dich liebe, obgleich Du meiner nicht bedarfst – wie sollte ich es nicht gern haben, daß Du mich liebst, wo ich Deiner so sehr bedarf?«
»O Gott, ich habe nichts für das Paradies getan, und ich habe nicht die Kraft, die Hölle zu ertragen – nun liegt die Sache bei Deiner Gnade!«[190]

In den letzten Jahren macht ein dänischer Lehrer des tibetischen Buddhismus mehr und mehr mit populistischem »Buddhismus«-Entertainment von sich reden; ich kann ihn schon alleine deshalb nicht akzeptieren, weil ich den Satz »dazu weiß ich nichts« noch nie von ihm gehört, geschweige denn eine aus dieser Einsicht erwachsene Bescheidenheit gespürt habe.
Der spirituelle oder meditative Weg ist, wenn man sich einmal ›entschieden‹ hat, eine lebenslange ›Begleiterscheinung‹ – man kann ihn nicht beenden! Therapie hingegen fügt sich in einen inhaltlich und zeitlich begrenzten Rahmen.
Die Aufgabe von Therapie ist es, Probleme zu lösen bzw. bei der Lösung von Problemen Begleitung anzubieten. Aufgabe des spirituellen Weges ist es, Sehnsucht zu stillen; er soll keine Probleme lösen. Große und bekannte spirituelle Lehrer und Meister sind nicht darum groß und bekannt, weil sie Probleme gelöst haben, sondern weil sie der Sehnsucht einen Namen gegeben haben; darin bestand, besteht ihr Verdienst.

Ich möchte noch auf einen weiteren Unterschied hinweisen:

190 Yahya ibn Mu'adh, zitiert in: A. Schimmel: Gärten der Erkenntnis, S. 37 f

Eine Therapie, so auch die Gestalttherapie, sollte auf eine Persönlichkeitstheorie bezogen sein, die ein Erklärungsmodell für menschliches Verhalten bietet, das sowohl allgemeine Gesichtspunkte als auch individuelle Gesichtspunkte berücksichtigt bzw. beschreiben kann. Ein meditativer oder auch religiöser Weg bezieht sich auf ein Menschenbild, auf eine philosophische Theorie über den Menschen allgemein.
Letzterer will den Glauben an das vermitteln, was wir nicht wissen; erstere das Wissen von dem, was wir nicht glauben.
Ich möchte es noch einmal sehr deutlich hervorheben: Spiritualität und Gestalttherapie sind nicht nur unterschiedliche, sondern **gegensätzliche** Themenbereiche. In der Gestalttherapie wird der Mensch als Regisseur seines Lebens, der autonom sein Leben in die Hand genommen hat, gesehen. Alle Ressourcen, die er dazu braucht, sind – zumindest potentiell – in ihm selber vorhanden. Die Therapie soll dabei helfen, verschüttete Ressourcen wieder zu entdecken und zu nutzen. Die Gestalttherapie betont – mehr als andere Therapieformen – die Autonomie des Individuums. Die Autonomie des Menschen fußt unter anderem gerade darin, daß der autonome Mensch in dem Wissen lebt, daß er alle Voraussetzungen zur Gestaltung und Bewältigung seines Lebens **in sich** selber hat. Zwei Zitate von Hans Burkhardt können geradezu als Ethik der Gestalttherapie bezeichnet werden: »Psychologen unserer Zeit haben sich die Hexerei ausgedacht, das Subjekt loszuwerden, indem sie von ›Internalisierung‹ sprechen, womit sie sagen wollen, daß die Menschen alle Forderungen an ihr Selbstsein und damit alle ethischen Forderungen von außen her (von sozialer Lage und Zeitgeist) übernehmen und damit das aufbauen, was wir Gewissen nennen. Gerne und sehr verräterisch wird hier dann pseudopsychologisch gesprochen von ›Mechanismen‹, die von außen nach innen wirken. Damit wird dann die Verantwortung abgeschafft oder denen zugewiesen, die für andere denken sollen.«[191] An anderer Stelle spricht derselbe Autor von einer Ethik, »die sich konstruktiv, zweckbedingt nicht begründen und nicht durch Eingriff und Ordnung erzwingen läßt, die viel tiefere Einsicht in den wahren Freiraum der Ethik, den nur das persönliche Leben geben und offenhalten kann. Nur dem Einzelnen steht es zu, zu denken

191 H. Burkhardt: Selbstsein oder Weltbeglückung, S. 110

und zu sagen, was er unabhängig von allen Rechtsordnungen für gut und für schlecht hält. Wenn er im ethischen Sinne in dieser persönlichen Frage keine Meinung hat, fast könnte man sagen, keine eigenen Sinn und Geschmack hat, dann ist er kein Einzelner. Zugleich aber muß er wissen, daß sein Sinn für Qualität, und daß damit die Keimschicht seiner jeweils eigenen Ethik, Schaden erleidet, wenn er nicht sich selbst, sondern wenn eine Organisation, die für die Macht und das Machenkönnen zuständig ist, statt seiner selbst sein Anliegen in die Hand nimmt. Auch dies aber gehört in den Bereich persönlicher Ethik: Jeder hat im Verhältnis zu Menschen, die er nicht leiden mag, das Recht, sich zu schließen, sich zu distanzieren, wenn es um die Wahrung seiner Identität, um das Sichabgrenzen im Unterschied zum Sichöffnen geht – dies immer aber nur, wenn er damit über den persönlichen Bereich nicht hinausgreift.«[192]

In der spirituellen Suche wird im Gegensatz hierzu eine Instanz, eine Kraft gesucht, die nicht nur außerhalb der Persönlichkeit, sondern insbesondere auch außerhalb des Einflusses der eigenen Persönlichkeit liegt. Die Erkenntnis, daß in unserer Zeit das Machen*können* der Frage nach Sinn und Wert des Machens davongelaufen ist, ist eine der Grunderkenntnisse, die dieser Art des Suchens vorausgegangen sind. Eine spirituelle Dimension **in** der Gestalttherapie gibt es nicht; zumindest habe ich im ganzen Werk von Perls keine Passage gefunden, die eine solche Aussage stützen würde. Wer sich mit beiden Bereichen befassen möchte, und ich persönlich halte dies für sehr sinnvoll, bringt damit also auch – zumindest implizit – zum Ausdruck, daß er über das, was Gestalttherapie zu bieten hat, hinausgehen möchte. Es wäre wichtig, dies nicht nur implizit, sondern auch klar und deutlich explizit zu tun. Etwas überspitzt formuliert: Ein Workshopangebot, welches sich mit beiden Bereichen befassen wollte, sollte daher sinnvoller Weise nicht Spiritualität **und** Gestalttherapie, sondern Spiritualität **trotz** Gestalttherapie heißen. Verbindungspunkte zwischen beiden Bereichen können allerdings da gesucht werden, wo es darum geht, die Instanz, von der hier die Rede ist, nicht dazu zu mißbrauchen, Verantwortung auf sie abzuwälzen, wohl aber ihren Beistand und ihre Begleitung zu erbitten. Aus der Erkenntnis der

192 H. Burkhardt: Selbstsein oder Weltbeglückung, S. 181

Begrenztheit erwächst Bescheidenheit, aus Bescheidenheit kann Demut entstehen und aus Demut die Bereitschaft, sich der Gnade zu öffnen. Dieser Prozeß geht über das, was Gestalttherapie zu leisten vermag hinaus.

Wer beide Wege gehen will, steht oft vor der Frage der Reihenfolge. Der spirituelle Weg verlangt ein festes Ich; ich rate jedem, der sich in *beginnender* Therapie befindet, *dringend* von der Meditation ab. Wer sich den Arm gebrochen hat, sollte nicht heben. Die spirituelle Suche ist Teil des Weges der Meditation; das integrierte Ich ist das Fahrzeug auf diesem Weg. Es ist einleuchtend, daß ich mich sinnvollerweise mit einem möglichst intakten Fahrzeug auf den Weg mache und nicht mit einem, das dringend der Reparatur bedarf.

Spirituell orientierte Psychotherapie bekennt sich, wie oben ausgeführt, zu ihrer Begrenztheit, sie gibt zu, daß ab einer gewissen Grenze für die therapeutische Arbeit im ›Diesseits‹ Hilfe /Gnade aus dem ›Jenseits‹ erforderlich ist, erbeten (in des Wortes wahrster Bedeutung) werden muß. Die Kirchen, hier insbesondere die evangelische, laufen Gefahr, diesen Aspekt zu vernachlässigen: »Die Abkehr des Menschen vom Jenseitigen und Spirituellen und eine Hinwendung zum Diesseitigen wird auch auf den Einfluß der Ethik des Christentums zurückgeführt. Die jüdische, christliche und islamische Religion als ethische Monotheismen legen den Nachdruck mehr auf die religiöse Pflicht des Menschen, den Willen Gottes in diesem gegenwärtigen Leben zu befolgen, und für sie richtet sich der Wille Gottes mehr auf das moralische Leben des Menschen als auf seine Ausführung von Ritualen. Diese Betrachtungsweise des Willens Gottes ist besonders im protestantischen Christentum stark ausgeprägt, in dem der Mensch Gott durch Arbeit, durch Hingabe an seinen Beruf als Berufung und durch das Ideal des Dienstes am Nächsten wohlgefällig sein soll. Damit hat der Protestantismus von Beginn an den Weg zu einer Lehre geebnet, die das diesseitige Leben betont und in den extremen Ausprägungen des Marxismus und Humanismus behauptet, der Mensch sei im Universum allein.«[193]

---

193 G. K. Nelson: Der Drang zum Spirituellen, S. 191

Ich nenne das, wovon hier die Rede ist, das ›Studenten- oder Jugendpfarrersyndrom‹; vor lauter Fortschritt und lauter Engagement für die dritte Welt und die Walfische, für Gruppendynamik und Ökologie bleibt der spirituelle Reichtum christlicher Tradition auf der Strecke. Wie kommt es, daß sich jeder – insbesondere evangelischer – Studentenpfarrer nur noch mit einer zusätzlichen Therapieausbildung komplett fühlt? Haben die Herren – oder auch Damen – denn so wenig Zutrauen in das, was sie originär zu bieten haben?

»... morgen habe ich ein Gespräch mit unserem Jugendpfarrer, der vor lauter Fortschritt nicht mehr stehen kann ...«
(Hans Dieter Hüsch)

Wohlgemerkt: Ich möchte mich **nicht** gegen soziales Engagement der Kirchen aussprechen, wohl aber gegen Einseitigkeit bzw. fehlende Balance. Rituale und Zeremonien als Ausdruck einer Hinwendung zum oder des Miteinbeziehens des Jenseitigen in all seinen Formen, in all seinem Reichtum, üben nicht ohne Grund ihre Anziehung aus.
(Ich gebe hier gerne zu, daß es eine meiner Lieblingsbeschäftigungen ist, Kirche, besonders ›Jugendpfarrer‹ zu ärgern.)

Balance ist aber in beide Richtungen wichtig:
Frage: »Sagen Sie, ist diese Meditation nicht eigentlich eine Form von sublimem Egoismus? Ich habe mich eigentlich wirklich glücklich gefühlt, wenn ich im Stande war, mich um andere Menschen zu kümmern und mich nicht nur auf mich zu konzentrieren. Also ist das eigentlich die Flucht vor den sozialen Aufgaben, die Flucht vor dem Mitmenschen, die Flucht vor der Wirklichkeit?«
Antwort: »Ja, wissen Sie, ich habe Europa vorher nicht gekannt, und jetzt lerne ich es kennen; je mehr ich die Europäer kennen lerne, desto mehr habe ich das Gefühl, denen muß ich von der Meditation eher abraten, denn die haben ja Vorstellungen davon, was Meditation ist, so daß ich sagen würde: dann lieber nicht meditieren. Lesen Sie Ihre heiligen Schriften, Sie werden dasselbe in ihnen finden wie in unseren heiligen Schriften. Da steht nirgends ›Du sollst meditieren‹; da steht ›Du sollst Gott lieben

und Deinen Mitmenschen‹. Und das genügt. Aber freilich, wenn Sie das versuchen zu tun, diese Liebe zu üben, und Sie dann die *Erfahrung* machen, daß Ihnen dazu die Meditation hilft, dann sollten Sie meditieren!«[194]

In den meisten Formen östlicher, aber auch westlicher Meditation gibt es so etwas wie den ›Großen Zweifel‹. Völlig auf sich selbst geworfen, völlig ausgeliefert erfährt man, daß man keinerlei Möglichkeiten hat, die Gnade, die Erleuchtung oder wie in den verschiedenen Wegen bei allen Unterschieden das jeweilige Ziel auch heißen mag, aus sich selbst heraus zu erreichen. Insbesondere die Möglichkeiten des logischen Denkens erweisen sich als untauglich. Diese Phase wird in der Zen Meditation vorsätzlich durch sogenannte Koans herbeigeführt (z.B. Welche Farbe hat der Wind? Bringe mir den tonlosen Ton!). Der Verstand soll an seine Grenzen und in die Verzweiflung geführt werden. Für eine stabile Persönlichkeit ist diese Zeit, für die kein Zeitraum klar angegeben werden kann, nur sehr schwer zu ertragen – um so schwerer für eine nicht integrierte, ungefestigte Persönlichkeitsstruktur. Hier kann dieser Weg, so er denn mit Anstrengung und Ausdauer gegangen wird, zum Höllentrip werden, der nicht selten in der Psychiatrie endet. Dieser große Zweifel ist zwangsläufiger Bestandteil des meditativen Weges und läßt sich – leider – nicht umgehen.
Aber auch hier kann Therapie den meditativen Weg u.U. eher schwerer als leichter machen: Der durch Therapie ›Gestählte‹ ist derart abgehärtet, daß er nur noch unter großen Anstrengungen in diese wachstumswichtige Phase kommt.
Auch nach Jahren der Meditation wird die Gefahr des Scheiterns, des Ver-rücktwerdens nicht unbedingt kleiner, sondern u.U. noch größer: Je weiter ich in meiner Suche fortschreite, desto mehr bekomme ich eine Ahnung von der Unbeschreibbarkeit dessen, was ich suche, aber auch von der Unerreichbarkeit. Diese Spannung wird größer, je weiter ich suche – an dieser Spannung kann man leicht verzweifeln. Dem Suchenden in einer solchen Phase vermag kein Therapeut zu helfen, da er normalerweise von den Problemen keine Ahnung hat und auch nicht haben kann; hier muß ein

194 Der Hindu Mystiker und Yogalehrer Gopi Krishna aus Kaschmir, in: Formen der Meditation; Radiosendung WDR III, 20.07.1986

Lehrer oder Meister **präsent** sein. Im Islam heißt es: »Wer keinen Meister hat, dessen Meister ist Satan«. Oder von Rumi stammt der Satz: »Ohne einen Führer braucht man zweihundert Jahre für einen Weg von zwei Tagen«. In diesem Zusammenhang fiel mir ein Buch mit dem Titel »Zen ohne Zen-Meister« in die Hand. Der Autor hat nichts vom wirklichen Suchen verstanden und handelt unverantwortlich.[195]
Zur Klarstellung: Als Therapeuten haben wir es immer wieder mit Lebensumständen und Gefühlen zu tun, die uns unbekannt sind. Doch es ist ein Unterschied, ob ich mit einem von Geburt an Erblindeten über Farben sprechen möchte oder ob ich mit einem Sehenden, der zwar Farben kennt, aber z.B. die Farbe Blau noch nie gesehen hat, über eben dieses Blau sprechen möchte.
Aber auch die endgültige Erkenntnis – nennen wir sie Einheit mit Gott, Wesensschau, Erleuchtung oder Alleinssein ist derart groß, derart überwältigend, daß nur der stabile, durch langjähriges Suchen ›abgehärtete‹ Geist sie aushalten kann. Wer ›zu schnell‹ findet, auch der wird verzweifeln; aber von einer solchen Art der Verzweiflung habe ich noch nicht gehört. Es ist gut, daß sich jene letzten Erfahrungen jeglicher Beschreibung entziehen. Könnte man sie beschreiben – keiner würde sie aufnehmen können – könnte man sie aufnehmen – keiner würde sie aushalten können.

Von dem persischen Dichter und Mystiker Attar gibt es zu dieser Art der Suche, die einerseits voller Sehnsucht ist, andererseits das, was sie sucht, kaum in Worte zu fassen weiß, ein schönes Bild:

Zum Markte brachte eine Frau ihr Kind,
es ging verloren, und es weinte sehr.
Bald streute es sich auf das Köpfchen Staub,
und bald vergoß es aus Blut Tränen viel.
Die Leute sahen es, in Staub und Blut,
und fürchteten, es stürbe dort vielleicht.
Sie fragten: »Sag, wie heißt denn deine Mutter?
Sag's mal!« Es sagte: »Ach, das weiß ich nicht!«
Sie fragten: »Du bist wohl ja wohl ganz blöde –
Nun sag schon mal: Wo ist denn dann dein Haus?«
Das Kind, das sich verlaufen hatte, sprach:

195 C. Beares: Zen ohne Zen-Meister

»Ich weiß doch gar nichts von dem Hause ach!«
Sie fragten es: »Wie heißt dein Viertel denn?
Sag's schnell, damit du nicht so elend bist!«
Es sprach: »Ich bin so schrecklich traurig doch,
wie wüßte ich des Viertels Namen noch?«
Sie sagten: »Ja, was machen wir mit dir?
Du brennst im Gram, und wir zerschmelzen hier!«
Es sagte: »Ich habe mich verlaufen doch,
wie wüßte ich der Mutter Namen noch?
Ich weiß vom Viertel nichts noch von dem Haus,
weiß von der Mutter nur, nichts andres sonst.

Ich weiß nur eins – ein solch armer Wicht
braucht seine Mutter nur und andres nicht.
Ich weiß nur eins – mein armes Herzchen bricht:
Ich brauche Mutter! Andres weiß ich nicht«.[196]

Die nicht-integrierte Persönlichkeit droht entweder an der Verzweiflung zugrunde zu gehen oder sich in einem end- und sinnlosen Kampf zu verlieren. Doch diese Art des Kämpfens führt – im besten Fall – zur Selbstbezwingung, keinesfalls aber zur Selbstaufgabe. Mit etwas, was man bekämpfen will, ist man nach wie vor zu stark verbunden, als daß man es loslassen könnte (der unbedingte Drang nach Revanche ist ein Beispiel für diese Art des Festhaltens).
Ein wesentlicher Unterschied ist auch in der Umgangsweise mit dem jeweiligen Ziel zu sehen. In den spirituellen Wegen ist es meist so, daß der ›Wanderer‹ aufgefordert wird, sein Ziel, hat er sich erst einmal auf den Weg gemacht, schleunigst wieder zu vergessen. Dies mag paradox klingen, denn zunächst wird ja verlangt, daß er sich mit aller ihm zur Verfügung stehenden Kraft auf den Weg, auf die Suche machen soll; dann aber soll er mit der gleichen Kraft dieses Ziel, damit er es erreichen kann, »wegwerfen«.
»Wenn jemand sucht, ... dann geschieht es leicht, daß sein Auge nur noch das Ding sieht, das er sucht, daß er nichts zu finden, nichts in sich einzulassen vermag, weil er immer nur an das Gesuchte denkt, weil er ein Ziel hat, weil er vom Ziel besessen ist.

196 Attar, zit in: A. Schimmel: Weisheit des Islam, S. 81 f

Suchen heißt: ein Ziel haben. Finden aber heißt: frei sein, offen stehen, kein Ziel haben.«[197]

Hier möchte ich einen kurzen »Ausflug« in die Unterscheidung von »Ego« und »Ich« machen, da dieser Unterschied gerade in der spirituellen Suche von Bedeutung ist. Die Forderung besonders östlicher Wege, das »Ego« aufzugeben, sorgt hier zumindest für sprachliche, oft aber auch inhaltliche Verwirrung. Das Ich ist stets an Funktionen gebunden, und ihm kommt in hohem Maße eine integrierende und koordinierende Funktion zu. Das Ich kann auch als Vermittlungsstelle zwischen inneren Empfindungen und äußeren Geschehnissen verstanden werden.
»Wenn jedoch, vor allem durch frühere traumatische Erfahrungen, dieses Ich starr und dominant wird und über alles Kontrolle haben möchte, kommen wir in die Nähe zu dem, was östliche Richtungen unter Ego verstehen. Das Ego sind Ichmanifestationen, die nicht mehr im Dienste des Selbst stehen und unsere Entwicklung behindern. Deshalb sind die Konfrontation und der Abbau von Egoanteilen so wichtig. Im Vordergrund eines egodominierten Menschen stehen Allmachtsphantasien, Anerkennungssucht, der Drang nach Bemächtigung und Abgrenzung, das Festhalten an starren Bildern, das Leben in der Zukunft und Vergangenheit, die beständige Auseinandersetzung mit Erwartungen und Befürchtungen und die Neigung, sich vorwiegend als ein Gesehener zu erleben. Vor allem zeigt sich das Ego im Mißtrauen gegen das, was passiert – und ist somit eine Barriere gegen unsere tiefste und innerste Instanz – dem Selbst.«[198]
Gestalttherapeutisch würden wir also das Ego als die Instanz bezeichnen, die uns immer wieder dazu bringt an nicht-geschlossenen-Gestalten festzuhalten.

Doch zurück zum Suchen und Finden:
Der bekannte Satz von Wittgenstein: »Worüber man nicht sprechen kann, soll man schweigen« gehört auch hierhin. Doch dieses Schweigen setzt Wissen voraus; ich kann nur ›aktiv‹ über etwas schweigen, das ich kenne; ich weiß zwar um eine Sache –

197 Siddharta zu Govinda, in: H. Hesse – Werkausgabe, Bd. 5, S. 462
198 S. Walch: Transpersonale Selbsterfahrung, in: Ch. Freiler u.a. (Hrsg.):- 100 Jahre Fritz Perls, S 256

aber ebenso weiß ich um ihre Unbeschreibbarkeit. Die Tatsache, daß sie sich der Beschreibung mit Worten entzieht, heißt ja **nicht**, daß sie nicht existent ist. Menschen, denen der Sinn des Lebens nach langem Zweifeln klar wurde, so Wittgenstein, ergeht es häufig so, daß sie dann nicht sagen konnten, worin dieser Sinn bestand.

Wir haben es hier mit einem wichtigen Aspekt des Figur-Grund-Gedankens zu tun, der gerade für die spirituell orientierte Psychotherapie von großer Bedeutung ist: Es geht um das Aussprechbare, das in Worten Faßbare, und das Nicht-Aussprechbare, das, was sich der Beschreibung entzieht. Wir müssen konstatieren, daß wir nur einen bestimmten Aspekt der Wirklichkeit aufgrund der Konstitution unserer Sinnesorgane erfassen können und daß auch unser Denken an die Begrenztheit unseres Gehirns, unserer Vorstellungskraft gebunden ist. Diese Welt, die jedem von uns gleichsam aus einem anderen Blickwinkel gegenwärtig ist, ist aber nicht nur die Gesamtheit des Sichtbaren, sondern immer zugleich auch der Raum des Verdeckten und Verborgenen, dessen, was sich noch nicht oder nicht mehr oder niemals zeigt. »Zu jeder Situation unseres In-der-Welt-Seins gehört darum nicht nur das Sichzeigen der Dinge, sondern ebenso auch ein Sichentziehen und Verborgenbleiben. Indem die Änderung der Situation immer auch eine Änderung der Perspektive ist, läßt sie anderes in die Verborgenheit zurückgleiten und Neues unverborgen und sichtbar werden. Dieses ständig sich verschiebende Zusammenspiel von Sichtbarkeit und Verborgenheit, von Helligkeit und Dunkel bestimmt nicht nur das Bild der Welt überhaupt, sondern auch das der anderen Menschen, mit denen wir zusammen auf der Welt sind. Jedes Gespräch enthüllt und verbirgt uns einander.«[199]

Es ist kein Problem, zu wissen, was man weiß. Bedeutsamer – besonders für das persönliche Wachstum – ist es, zu wissen, was man **nicht** weiß. Suchen heißt also: Sich mit dem Unbekannten zu befassen; mit dem benennbar, nicht aber beschreibbar Unbekannten. Wenn ich z.B. in einer mir unbekannten Kultur oder Umgebung bin, werde ich oft feststellen, daß meine Aufmerksamkeit sich steigert. Ich beobachte mehr und verhalte mich offener. So wird

199 D. Von Uslar: Ontologische Voraussetzungen der Psychologie; in: H. G. Gadamer und P. Vogler: Neue Anthropologie, Band 5: Psychologische Anthropologie, S. 400 f

es mir auch ergehen, wenn ich in (geistig) Unbekanntem suche. Dieses Mehr an Aufmerksamkeit, an Mitschwingfähigkeit macht für denjenigen, der sich tatsächlich auf das Suchen einlassen kann, unter anderem die Anziehungskraft des Suchens aus.

Eine wichtige Grenze, auf die Wittgenstein aufmerksam machen will, besteht in der sprachlichen Erfaßbarkeit der Dinge, der Gefühle, der Erfahrungen und Ursachenzusammenhänge. Wenn ein Ding durch Sprache erfaßt werden kann, gleichsam identifiziert wird, so wird es dadurch erst handhabbar. Wir müssen uns also immer vergegenwärtigen, daß die Welt der Sprache, des in Sprache Erfaßbaren, einerseits *die* Welt ist, andererseits jedoch nur ein Teil der ›Gesamtwelt‹ darstellt. Die Realität der Dinge ist einfacher, d. h. direkter und präsenter als ihre sprachliche Erfassung. Dieses Phänomen möchte ich als das spirituelle Figur/Grund-Phänomen bezeichnen.
»... Doch alle diese Systeme bergen die Gefahr in sich, daß die logische Struktur und die rationale Lehre die mystische Vision verdunkeln. Der rationale Verstand kann nicht anders als versuchen, die Wahrheit zu beherrschen statt ihr zu dienen. Diese Gefahr ist die gleiche in allen Religionen. Sie beginnen mit einer mystischen Erfahrung: Der Erfahrung der Seher der Upanishaden, des Buddha unter dem Bodhibaum, der hebräischen Propheten und der Apostel am Pfingstfest, des Mohammed beim Empfang des Koran. Aber dieses Erlebnis muß in Worte gekleidet werden; es muß in unsere sinnenhafte Welt hinabsteigen und sich der menschlichen Sprache bedienen. Schon auf dieser Stufe ist die mystische Erfahrung einer Fehlinterpretation ausgesetzt; der Konflikt zwischen Buchstaben und Geist beginnt. Dann schafft der logisch-rationale Verstand ein Denksystem; Häresien und Sekten bilden sich, und die eine Wahrheit zerfällt. Das liegt an der Beschränktheit des menschlichen Geistes, der seine eigenen, engen Begriffe und Kategorien der kosmischen Wahrheit auferlegt. Das ist nicht zu vermeiden, weil die Wahrheit verkündet werden muß. Man muß sie anderen mitteilen, und das kann nur durch Worte geschehen, die die Wahrheit ausdrücken und sie zugleich verhüllen. Alle heiligen Schriften, die Veden, die buddhistischen Sutren, die Bibel, der

Koran, sind diesem Gesetz unterworfen. Sie verraten die Wahrheit, die sie verkünden.«[200]

Wenn über Therapie, über therapeutische Arbeit und deren Ziele gesprochen wird, ist die hier aufgezeigte Problematik sicherlich nicht ganz so extrem wie im Bereich des religiösen Suchens, insbesondere auf dem Weg der mystischen Erfahrungen. Doch auch in der therapeutischen Diskussion gilt, daß die sprachliche Beschreibung therapeutischer Prozesse, Inhalte und Erfahrungen diese in ein Korsett zwingt, insbesondere dann, wenn die Beschreibung zusätzlich auch noch eine wissenschaftliche sein soll. Dann haben wir es wohl mit einem doppelten Korsett zu tun!

Nehmen wir einmal eine Sprache als vorgegeben an.
Wieviele Worte muß dann ein in dieser Sprache gedrucktes
Buch insgesamt enthalten, damit es eine vollständige
Beschreibung der Herstellung dieses Buches enthält?
(N. Raschewski)

Die sprachliche Sozialisation ist ein nicht zu unterschätzender Faktor im Prozeß des Suchens. Ein Blick in die Ethnolinguistik ist hier gleichzeitig faszinierend und interessant. Allgemein bekannt dürften z.B. die Tatsachen sein, daß die Inuit ungefähr 30 Begriffe für Schnee, die arabische Sprache über 30 Begriffe für Kamele aufweist. Die Sprache der Azteken, aber auch die einiger anderer indianischer Stämme kennt kein Wort für Vater, Mutter, Bruder, Schwester o.ä. . Alle diese Wörter existieren nur in Verbindung mit einem Possessivpronomen, als *mein* Vater, *deine* Mutter usf.. Hier tritt eine Grundeigenschaft der indianischen Sprachen zutage, nämlich der unablässige Bezug auf das Einzelding; ›Väter‹ hat es unzählige gegeben und wird es immer wieder geben; doch *mein* Vater ist etwas Einmaliges, Unverwechselbares. Ähnlich gibt es die Wörter ›Fisch‹ oder ›Baum‹ nicht, sondern Forelle, Barbe, Aal bzw. Eiche, Buche oder Ahorn. Diese Sprachen sind, verglichen mit dem, was wir als Sprache kennen, weitaus bildhafter. Ähnlich ist es z.B. mit der japanischen oder der arabischen Sprache: Die Bedeutung des jeweils Gesagten ergibt sich nicht aus der Summe der Worte, sondern aus dem Zusammenhang; die Botschaft

200 B. Griffiths: Rückkehr zur Mitte, S. 98 f

liegt praktisch ›zwischen den Zeilen‹. Es leuchtet ein, daß solche offenen, bildhaften Sprachen mehr Freiraum zur Suche bieten. Die Armut des rationalen Sprachstils macht mystisches Denken und spirituelles Suchen schwer. Die zunehmende Digitalisierung unserer Sprache hat eine zunehmende Digitalisierung des Denkens, also auch eine Abnahme phantasievoller Freiheit zur Folge. Die wissenschaftslogische Grundannahme, nach der entweder ›A‹ oder ›Nicht-A‹ stimmt, ist in diesem Zusammenhang nicht länger sinnvoll. Vielleicht öffnet die sogenannte Fuzzy-Logik, die mehr und mehr an Bedeutung gewinnt, wieder mehr Raum für das Unbestimmte, für die Phantasie oder vielleicht sogar für das Irrationale.

»Was bei unseren Vorfahren sagbar war, können wir heute nicht mit vielen Worten klar machen und erläutern. Denn auch unsere Sprache ist mit uns arm geworden, und wir müssen viele Worte gebrauchen, um zu sagen, was unsere Voreltern mit *einem* Worte deutlich machten. Was wir fühlen, können wir nicht mehr ausdrücken und müssen uns oft mit spanischen Worten behelfen. So traurig es ist: Unsere Jugend weigert sich, die Sprache ihrer Väter zu gebrauchen, sie zwingt uns, abtrünnig zu werden ... unser Gott spricht araukanisch.«[201]

Im Arabischen z.B. spielt das Wort ›essen‹ (hordan = essen, trinken, fressen) in allen seinen Variationen eine wichtige Rolle. Alles, was mir passiert, das ›esse ich‹. So heißt z.B. ›betrogen werden‹ ›Betrug essen‹ oder ›beleidigt werden‹ ›Beleidigung essen‹. Interessant ist nicht nur das jeweilige Wortbild, sondern auch die Tatsache, daß Dinge, die in der deutschen Übersetzung *passiv* ausgedrückt werden (z.B. ich *werde* beleidigt), im Arabischen *aktiv* benannt werden (ich *esse* Beleidigung). Hier wird die Eigenverantwortlichkeit, die in der Therapie oft erst über einen langen Prozeß erarbeitet werden muß, ganz simpel schon in der Sprache deutlich.

Rumi, der wohl bekannteste arabische Mystiker, schuf immer wieder neue Bilder, weil er sich eingezwängt in das Korsett der Sprache nicht mehr in der Lage fühlte, die Größe und die Liebe Gottes zu umschreiben. Er war sich dabei sowohl der

201 B. Kößler-Ilg zitiert hier einen araukanischen Erzähler: Indianermärchen aus den Kordilleren, S. 9

Beschreibungskraft als auch der – erneuten – Beschränktheit auch dieser Bilder bewußt: »Geschichten sind wie Maßbecher, in denen das Korn ›Sinn‹ ruht; sie sind Leuchtturmlichter, die man braucht, solange man den Hafen noch nicht erreicht hat; sie sind der Duft himmlischer Äpfel, der dem Menschen von den ewigen Gärten Kunde gibt. Und wiederum verdecken sie das Fenster, das zur Wirklichkeit führt, und können dazu benutzt werden, um die Uneingeweihten vom eigentlichen Mysterium abzulenken:

Zu sprechen heißt: dies Fenster zu verdecken;
der tiefste Ausdruck: Worte zu verstecken.
Sing nachtigallgleich vorm Gesicht der Rose,
daß andre spüren Düfte nicht der Rose ...

So viele Vergleiche Rumi auch erfinden mag, um das Rätsel der Beziehung von Wort und Sinn zu lösen, kehrt er doch immer wieder zu dem Gedanken zurück, daß Worte nur Staub auf dem Spiegel ›Erlebnis‹ sind, Staub, den der Besen ›Zunge‹ hervorbringt.«[202]

»›Hütet euch vor Abstraktionen ...‹, sagt Ezra Pound. ›Gebraucht keine Adjektive, die nichts enthüllen ...‹, sagt F.S. Flint, ›... kein Wort, das nicht der Anschaulichkeit dient ...‹. Unserer üblichen psychologischen Sprache fehlt die Präzision des Bildes. Was enthüllen solche Begriffe wie ›introvertiert‹ oder ›Mutterkomplex‹ (oder ›erwachsenes Kind‹, ›Suchtpersönlichkeit‹, ›Vermeidungsverhalten‹)? Darüber hinaus bringen diese typisierenden Begriffe – wenn sie nicht in Bilder gefaßt sind – weitere Wahrnehmungen zum Erliegen. Unsere Sprache hinkt den Emotionen hinterher. T.E. Hulme weist darauf hin, daß Emotionen in Pauschalbegriffen – Zorn, Trauer, Begeisterung – abgehandelt werden, die nur ›denjenigen Teil der Emotionen vermitteln, mit dem wir alle vertraut sind.‹ Messungen dieser Emotionen machen die Begriffe oder Erfahrungen nicht spezifischer. Die bildende Kunst dagegen, die Hulme als ›leidenschaftliche Sehnsucht nach Genauigkeit‹ definiert, stellt jede Emotion genau dar. Hier ist die Bildersprache der Gefühlssprache überlegen. Wenn wir auf ein Traumbild im Hinblick auf

202 A. Schimmel: Rumi, S. 57 f

dessen Emotionen reagieren oder wenn wir uns als ›suizidgefährdet‹, ›deprimiert‹ oder ›erregt‹ bezeichnen, typisieren wir wieder und geben die markanten Konturen des Bildes auf.«[203]

Jemand, der sucht, ist in einer schwierigen Position: Einerseits hat er Vorstellungen von dem, was er sucht, denn sonst könnte er es ja gar nicht suchen. Andererseits fehlt ihm wahrscheinlich die Klarheit und Sicherheit, mit der er die Spreu vom Weizen trennen kann, bzw. seine jeweilige Einschätzung auch vertreten kann. Daher ist es wichtig, Entscheidungs- und Orientierungshilfen an die Hand zu geben, die – soweit als möglich – Orientierung geben können. Ich glaube, daß sowohl bei der Suche nach spiritueller Anleitung als auch bei der Suche nach einem Therapeuten des Vertrauens ähnliche Hinweise gegeben werden können:

– Ist der Therapeut, der Lehrer den Weg, den er lehrt, selbst gegangen?
In seriösen Therapieformen ist eine Eigen- oder Lehranalyse/ Lehrtherapie Teil der Ausbildung. Dies ist sowohl für die persönliche als auch für die fachliche Kompetenz eines Therapeuten unerläßlich. Es ist wichtig, daß der Therapeut all diese Erfahrungen, Ängste, Hoffnungen, Verzweiflungen selber auch gespürt und durchlebt hat; dies macht für ihn die Begleitung des Klienten einfacher und glaubwürdiger.
Nur in einem ›Nebenschlenker‹ möchte ich jedoch auch auf die problematische Seite der Lehrtherapien aufmerksam machen. Ich kenne viele Menschen, die eine Therapie unter dem Etikett »Lehrtherapie« machen, d. h., die Selbstdefinition ist ein Etikettenschwindel; es ist ein Unterschied, ob ich mich als Schüler, und damit als potentieller Lehrer, oder als Klient definiere. Dieses Schlupfloch hat ein ›normaler‹ Klient nicht! Von einem ›normalen‹ Klienten verlange ich, wenn er sich in Therapie begibt, daß er sich selbst als – wie auch immer – therapiebedürftig einstuft. »Ich sehe die Begrenztheit *meiner* Ressourcen und brauche Hilfe«, ein solches oder ähnliches Statement ist m.E. sehr wichtig. Und um dieses gewiß nicht leichte Statement kann man sich mit dem Etikett »Lehrtherapie« herummogeln.

---

203 J. Hillman: Hundert Jahre Psychotherapie, S. 115

Eine zweite Gefahr, die ich sehe, ist folgende: Jemand, der sich einer Lehrtherapie unterzieht, tut dies eher unter dem Aspekt der Ausbildung als unter der Überschrift der Hilfsbedürftigkeit. Gleichwohl wird er nach einigem Suchen auf ausreichend viel ›Therapiematerial‹ stoßen und dieses bearbeiten. Nur bekommt damit *auch* eine Grundhaltung Nahrung, derzufolge **jeder** therapiebedürftig sei. Viele Therapeuten übersehen häufig geflissentlich, daß es eine große Zahl von Menschen gibt, die nie in ihrem Leben irgend etwas mit Therapie zu tun hatten und gleichwohl glücklich sind, sozusagen ganz nebenbei und ›aus Versehen‹.

– Werde ich aufgefordert, meine bisherigen sozialen Kontakte aufzugeben?
Dies ist besonders bei der spirituellen Suche von Bedeutung. Jede seriöse Schule oder Glaubensform fordert dazu auf, das, was ich erfahre, das, was ich mir erarbeitet habe, **in** der Welt zu prüfen, **in** die Welt mit einzubringen und sich nicht aus ihr zurückzuziehen.

– Darf ich noch ›mit anderen‹ reden?
Wachen der Therapeut oder auch der Lehrer eifersüchtig darüber, daß ich auf ihn und nur auf ihn höre, oder darf ich eigene Erfahrungen mit anderen Schulen/Lehrern machen? Darf ich zweifeln, ohne daß meine Zweifel gegen mich verwandt werden oder ich »klientifiziert« werde?

– Strebt der Lehrer ein Leben nach den von ihm vertretenen Regeln und Lehren an? (siehe auch Seite 114)
Dies ist zweifelsohne ein sehr schwieriger Punkt, mündet er doch in die Frage: »Kann ich jemandem glauben, der selbst nicht das lebt, was er lehrt?« Wie sehr wünschen wir uns doch perfekte Lehrer, perfekte Meister. Und wir fühlen uns, als hätten wir den lieben Gott beim Stehlen erwischt, wenn wir – vermeintliche oder tatsächliche – Makel an unseren Lehrern feststellen. Aus eigener Erfahrung weiß ich, wie sehr das wehtun kann. Aber auch dieser liebe Gott ist halt nur ein Mensch!
Ein Beispiel für diese Schwierigkeit ist für mich auch der Umgang der Anhänger C.G. Jungs mit dessen zeitweiser Nähe zum Faschismus. Da werden tausend Erklärungen, Beschwichtigungen

und Interpretationen vorgebracht, die alle belegen sollen, daß Jung es *so* nicht gemeint hat und daß, wer ihm hier Böses will, ihn nur mißverstanden hat. Warum ist es denn so schwer, ganz simpel zu sagen: »Hier hat Jung verblendeten Mist erzählt, der sich weder beschönigen läßt noch beschönigt werden sollte?«
In Momenten solcher Erschütterungen versuche ich mir die Frage zu beantworten: »Was oder wem habe ich geglaubt? Habe ich einem Menschen geglaubt, zu dem ich ein derart großes Vertrauen hatte, daß ich ihm alles geglaubt habe, was er lehrte, oder habe ich einer Botschaft, die mir vermittelt worden ist, geglaubt?« Im ersten Fall ist wohl sinnvoll, wenn auch schmerzhaft, von einer Art Kadavergehorsam befreit worden zu sein. Im zweiten Fall kann ich recht bald zwischen Botschaft und – nicht perfektem – Übermittler unterscheiden. Der Lehrer/Meister ist ja ›nur‹ das Sprachrohr einer Idee, einer Botschaft – und manchmal halt ein schlechtes Sprachrohr.

– Präsentiert sich der Lehrer/Meister/Therapeut als Vorbild, dem ich nachzueifern habe, oder gibt er mir ein Beispiel, an dem ich mich orientieren kann *oder auch nicht*?
Höre ich eine Botschaft oder klammere ich mich an den Übermittler; die Katastrophen eines Massen(selbst)mordes in Sekten, von denen wir von Zeit zu Zeit lesen, sind Zeichen dafür, daß genau an diesem Punkt eine für die Betroffenen fatale Verwechslung geschehen ist. Hier hat sich ein Lehrer – wobei in diesem Zusammenhang mir das Wort ›Lehrer‹ schwerfällt – *über* die Lehre gestellt oder hat es zugelassen, daß er von seinen Anhängern (Anhänger findet man meist an einer Kette!) über die Lehre gestellt worden ist.
Nach meiner Überzeugung kann man von jedem, auch dem schlechtesten Lehrer lernen, vorausgesetzt, daß man es tatsächlich will, und sei es ›nur‹ die Einsicht, daß dieser oder jener Lehrer mir nichts beibringen kann. Hier kann ich als Suchender das *bewußte* Nicht-finden lernen, eine wichtige Voraussetzung des *bewußten* Findens. Doch von schlechten Lehrern zu lernen erfordert einen besonders hohen Grad der Reife.
Ich kann lernen: Was ist sinnvoll für mich, was fördert mich, was ist Manipulation, wo werde ich verführt? Ich kann auswählen lernen. Ich kann lernen, daß Botschaften und Aussagen nicht unbedingt nur darum förderlich oder sinnvoll sein müssen, weil

sie irgendwer vermeintlich besonderes gesagt oder geschrieben hat, nur, weil sie von Indianern, Kindern oder Perls kommen. Buddha selbst hat angeblich am Ende seines Lebens seine Schüler dazu aufgefordert, jedes seiner Worte kritisch mit der eigenen Erfahrung zu vergleichen und nicht zu glauben, nur weil es von ihm kommt:

Glaube nicht an die Macht von Traditionen,
auch wenn sie über viele Generationen hinweg
und an vielen Orten in Ehren gehalten wurden.
Glaube an nichts, nur weil viele Leute davon sprechen.
Glaube nicht an die Weisheiten aus alter Zeit.
Glaube nicht, daß Deine eigenen Vorstellungen
Dir von einem Gott eingegeben wurden.
Glaube nichts, was nur auf der Autorität
Deiner Lehrer oder Priester basiert.

Glaube das, was Du durch Nachforschungen
selbst geprüft und für richtig befunden hast
und was gut ist für Dich und andere.

Es gibt viele Kritiken an verschiedenen Therapieformen, die sich in der Auflistung von Fehlern der Begründer der jeweiligen Richtung erschöpfen oder besser ergehen. Dieses wenig sinnvolle Anpinkeln sagt jedoch meist mehr über den Autor als über den Gegenstand aus.[204] Es gehört nicht viel dazu festzustellen, daß Perls ein arroganter, egozentrischer Fiesling war, daß er seine Klientinnen mißbrauchte, daß er über der Tür seines Hauses ein Schild »Keine Kinder erlaubt« angebracht hatte. Es gehört auch nicht viel dazu festzustellen, daß Freud nicht in der Lage war, trotz seines Mundkrebses das Rauchen von Zigarren aufzugeben. Bruno Bettelheim soll, so »kommt jetzt heraus«, die Kinder in seinen Heimen geschlagen haben. Es gehört wirklich nicht viel dazu, diese Liste bis ins Unendliche fortzusetzen. Man *kann* sich daran festhalten,

204 Als das mir bekannteste Beispiel hierzu möchte ich das Buch von H. Hemminger und V. Becker: »Wenn Therapien schaden« nennen. Ich habe den Eindruck, daß es in diesem übersehenswerten Buch überwiegend um öffentliche Revanche und um Beweihräucherung eines ›Retters‹ geht.

und gewiß sind solche Fakten für die Anhänger der jeweiligen Richtung nicht einfach zu verdauen. Doch auch hier *kann* man eine Trennung zwischen Lehrer und Lehre machen.
In diesem Zusammenhang ist es auch verwunderlich, zu welch merkwürdigen retrospektiven Verbiegungen es oft kommen kann: Wenn ich hier und heute jemanden ganz und gar akzeptiere, ihn als glaubwürdig und nachfolgenswert ansehe, kann ich zwar morgen aufgrund von neuer Information meine Einstellung ändern. Was ich jedoch logischerweise nicht kann, ist so tun, als wäre meine Einstellung von gestern nie existent gewesen.[205] Auch wenn mich Verhaltensweisen oder Details aus der Biographie meines Lehrers dazu bringen, mich von ihm abzuwenden, so kann ich doch nicht das, was ich bis zu diesem Zeitpunkt angenommen und akzeptiert habe, retrospektiv als Lug und Trug hinstellen. Dieser Gedanke fehlt mir in der großen Fraktion der Anpinkler, die bezeichnenderweise zum großen Teil aus ›Therapieabbrechern‹ besteht, bei denen ich meist nur den Eindruck habe, daß es ihnen eher um retrospektive Revanche als um inhaltliche Auseinandersetzung geht.
Ich erinnere mich, wie ich in Brasilien einmal ein sehr wohlschmeckendes Mahl verzehrt habe. Nachdem ich mit viel Appetit alles aufgegessen hatte, erkundigte ich mich, was das denn alles war – und es war Reis mit Linsen und *Rattenfleisch* (!). Mir wurde retrospektiv kotzübel, und ich war nicht in der Lage, dabei zu bleiben, daß *während* des Essens alles wunderbar war. Es ist also nicht ganz so einfach, was ich hier fordere.

– Gelebtes Leben

Dies ist ein rein subjektiver Punkt. Für mich war und ist es immer bedeutsam, inwieweit ein Lehrer, ein Therapeut Erfahrungen im Leben gesammelt hat. Lebensläufe, die nicht einspurig oder gradlinig verlaufen sind, ziehen mich an. Jemand, der durch viele Täler gegangen ist, kann besser über Berge reden; jemand, der gefallen *und* aufgestanden ist, hat dabei vermutlich einiges Mitteilenswerte lernen können.

---

205 Der Bauer in der Geschichte auf Seite 104 f wäre auch beinahe ein Opfer retrospektiver Verdrehung geworden; Was gestern noch hilfreich war, wurde nun alles in Zweifel gezogen.

– Wie sehen das Welt- und Menschenbild aus?
Ist die Sicht des Menschen defizitär oder unterstützend; d. h. klinkt sich mein Gegenüber in meine Defizite ein oder in meine Stärken; bringt man mir bei, was ich alles *nicht* kann, was mir alles *fehlt*[206], oder werde ich in meinem Sosein gesehen und akzeptiert?

»Jeder dachte sich, er sei mein Weggenosse; keiner
fragte nach den Geheimnissen in meinem Inneren.«
(Rumi)

Auch in der therapeutischen Arbeit besteht oft die Gefahr, daß die akzeptierende Botschaft »Du darfst so bleiben wie du bist, du brauchst dich *für mich* nicht zu ändern«, bei genauerem Hinsehen um den Zusatz »... solange *ich* damit einverstanden bin« ergänzt werden muß.

– Wird mir Heilung, Erleuchtung o.ä. versprochen oder gar garantiert?
Eine solche Zusage ist nicht seriös; niemand kann sie machen oder einlösen. Ich kann eine Zusage dafür erhalten, auf meinem Weg, der im positiven Fall zur Heilung führt, begleitet zu werden, nicht aber bezogen auf ein bestimmtes Ergebnis. Solche Zusagen kommen von Ver-führern, nicht aber von wirklichen Führern!

– Wie steht es um das Spannungspaar Institution – religiöse/spirituelle/therapeutische Inhalte?
Institutionen müssen sein, sie sind Bewahrer der (Glaubens)-inhalte. Religiöse Erfahrungen blieben flüchtige Phänomene, gäbe es keine Institutionen, die sie konservieren und für die Übertragung von Generation zu Generation Sorge tragen. Andererseits ist jedoch nicht zu verkennen, daß eine der zentralen Funktionen von religiösen (wahrscheinlich nicht nur religiösen) Institutionen darin besteht, die religiöse Erfahrung und damit die Basis dieser Institution zu entschärfen, sie harmlos zu machen und so letztlich

206 Der unselige »Fragebogen« der Scientologen ist ein gutes Beispiel hierfür; was immer man ankreuzt, es ist klar, daß man »unsauber« ist und der Hilfe der Scientologen bedarf!

zu verfälschen. Es ist immer wieder aufs neue schwer, in dieser Polarität die Lebendigkeit des Glaubens oder der Lehre zu entdecken. Die Gesetze und die Realität einer Institution sind zwangsläufig andere als die des Glaubens, ähnlich wie – wie ich an anderer Stelle bereits geschrieben habe – die Inhalte konkreter therapeutischer Arbeit andere sind als die einer Berufsorganisation.

Bei aller Unterschiedlichkeit der Wege sind viele mögliche Gefahren bei beiden Wegen gleich. Diese Gefahren sind um so größer, je mehr der Wunsch nach einem reibungslosen, schmerzfreien Leben die Motivation der Suche ist und bleibt. In diesem Fall nämlich geht es meist um Verbesserungen und Ausbau der alten Positionen (an anderer Stelle habe ich hierzu den Begriff ›Mehr des gleichen‹ von Watzlawick genannt).
Die Gefahren oder Irrwege sind ganz und gar nicht neu. Vor ihnen warnten schon immer die Mystiker aller Religionen.
»In unseren Tagen haben viele Menschen etwas vom Sein geschmeckt, und in mehr Menschen, als man gemeinhin weiß, ist aus solchen Erfahrungen heraus die uns im Grunde alle bewegende Sehnsucht aufgebrochen, zu einer tieferen und dauerhaften Fühlung mit dem Sein zu gelangen. So ist es denn auch zu verstehen, daß heute überall kleine Kreise und Zirkel entstehen, die unter mehr oder weniger sachgemäßer Führung Übungen machen, die den Menschen aus einer gewöhnlichen Bewußtseinslage herausbrechen sollen. Unter dem Mantel ehrwürdiger Namen wie Yoga, Meditation, Versenkung, Stille (und Gestalttherapie – möchte ich hier einfügen) werden allerhand Übungspraktiken gepflegt. Aber häufig droht dem an die Schwelle der Verwandlung gelangten Menschen die Gefahr, daß ihm genau das wieder verstellt wird, wozu er gerade herangereift war.«[207]

Die erste Gefahr besteht im Festhaltenwollen erster Erfahrungen, was bis hin zur Erlebnissucht oder zum bloßen genießerischen Erlebniskult gehen kann. »Wenn du je in der Versenkung in einen Zustand gerätst, so schön, daß du auf ewig darin verweilen möchtest, dann reiß dich los, so schnell du kannst, ergreife das Nächste, was zu tun ist; denn das sind schmelzende Gefühle,

207 Karlfried Graf Dürckheim. Überweltliches Leben in der Welt, S. 23

sonst nichts!« Die Warnung ist von Meister Eckhart, sie zeigt, daß das Problem, von dem hier die Rede ist, genauso alt wie die Suche selbst ist. Die Gefahr des Festhaltenwollens besteht in einem falschen Verständnis des Satzes ›Der Weg ist das Ziel‹. Die Übungen des Weges werden zum Selbstzweck und erhalten ihre Bedeutung aus sich selbst heraus als Erlebnisbringer, als Thrillfaktor eines sinnentleerten Lebens; sie sind nicht mehr nur vorübergehende Wegweiser. Erlebnis bedeutet nicht Veränderung; auch wenn ich hundert Mal mich versenkt habe, auch wenn ich hundert Mal mich in einer Therapiegruppe so richtig ›gruppig‹ gefühlt habe, so sind und bleiben es doch Erfahrungen und nicht Wandlungen. Ein so verstandenes ›Der Weg ist das Ziel‹ entfernt den Suchenden nur noch mehr vom Ziel, als daß es ihn vorwärts brächte. Das Ziel nivelliert sich solange nach unten, bis nur noch das Erlebnis als solches das Ziel darstellt. Ein Bild hierzu: Jemand sitzt in seinem wunderbaren Auto; auf Dauer ist es so schön, in diesem Auto zu sitzen, daß er nicht merkt, daß das Auto gar nicht fährt, sondern in der Garage steht; mehr noch: das Sitzen in seinem wunderschönen Auto reicht ihm schon aus. Wer einmal pro Woche in seine Therapiegruppe geht, einmal pro Monat sein Therapiewochende und zu alledem noch seine wöchentliche Einzeltherapiesitzung hat, der ist bestimmt nicht auf der Suche. Für eine solche Überfütterung unstillbarer Neugierde gibt es weder ein therapeutisches noch ein spirituelles Argument. Nach dem Essen kommt nicht Essen, sondern die Verdauung, dann die Vor- und Zubereitung einer neuen Mahlzeit und erst dann wieder das Essen. Und wer das Gegessene nicht zuerst in Ruhe verdaut, bekommt Magenbeschwerden.

Die unfruchtbare Stille, eine vermeintliche Ruhe, die jedoch lediglich auf einem autistischen, asozialen dicken Fell falsch verstandener Autonomie »ich bin ich, und ihr könnt mich alle« beruht, ist eine weitere Gefahr. Diese Art künstlich erzeugter Unbeweglichkeit hat nichts mit der echten »Unbewegtheit des Gemüts«, mit der »lebendigen Stille«, wie sie in der buddhistischen Meditation oder in der christlichen Mystik immer wieder beschrieben werden zu tun. Es ist eine tote Stille, in der Angst und inneres Suchen, innere Unruhe abgetötet und nicht in einer Einheit mit allen Lebewesen oder mit Gott, zumindest aber mit sich selber transformiert werden. Es ist ein Unterschied ob ich sage, »Ich habe keine Angst«, weil ich sie abgetötet, zum verstummen gebracht habe, oder ob ich diesen Satz sagen kann, weil ich die Angst zwar noch spüre, sie aber durch Integration überwunden habe, ihr ihre Bedrohung dadurch, daß ich sie zum Wegweiser gemacht habe, genommen habe: »Ich habe Angst und wo ist das Problem?«

Eine weitere – und nach meiner Überzeugung die wohl größte – Gefahr ist die der egozentrischen Aufblähung des Ichs. In jeder Therapie, in jedem Suchen gibt es eine Verlaufskurve der Änderung, die in etwa immer gleich verläuft: Die Kurve steigt schnell an, fällt dann ebenso schnell wieder ab, um dann – im positiven Fall – langsam und kontinuierlich wieder zu steigen. Erste Ergebnisse, erste vermeintliche Veränderungen geschehen recht schnell und üben entsprechende Faszination aus: »Wie wunderbar bin ich schon voran gekommen, welch tollen Lehrer oder Therapeuten habe ich gefunden und wie sehr bin ich doch den anderen, die das alles nicht haben, überlegen.« Diese Gefühle halten jedoch nur kurz an, jede Erprobung an der Realität des Alltags läßt sie meist wie eine Seifenblase zerplatzen. Entweder beginne ich dann von vorne mit der anstrengenden und oft zermürbenden Kleinarbeit oder ich erkläre kurzerhand die Welt für gespalten in Therapie/Meditations- und Alltagswelt; mit der besonderen Finesse, daß die Welt innerhalb der Gruppe, innerhalb der Therapie, innerhalb der Meditation die richtige und die jeweils außerhalb, die Welt ›der anderen‹ die nicht richtige ist. »Geladen mit transzendenter Kraft vergißt der Unerfahrene leicht, daß dieser Zuschuß an innerer Mächtigkeit ihm als Gnade und Verpflichtung zuteil ward; und so rechnet er sie sich selber zu, und das, was ihn bescheiden machen soll, bläht ihn nun auf. Dann aber ist das Gewonnene nicht nur vertan, sondern zu einem Quell gefährlicher Machtsteigerung geworden ... Es besteht hier immer die Gefahr, daß der Mensch sich in einem Meer unpersönlicher Entgrenzung verliert oder, aufgebläht von der dort erfahrenen Kraft, seinem hybriden Ich immer neue Nahrung zuführt.«[208]

208 Karlfried Graf Dürckheim: Überweltliches Leben in der Welt, S. 25 f

Vor der Erleuchtung steht der Sucher morgens auf, wäscht sich, arbeitet, ruht sich aus, liebt seine Frau und schläft.
Nach der Erleuchtung steht der Sucher morgens auf, wäscht sich, arbeitet, ruht sich aus, liebt seine Frau und schläft.

Diese Ausführungen machen deutlich, daß beide Wege sinnvoller Weise nicht alleine gegangen werden sollten. Beide Wege erfordern erfahrene Begleitung. Die erste Aufgabe eines Begleiters, sei es nun als Therapeut oder als spiritueller Lehrer, besteht darin, Freizeitsucher von wirklich Bemühten zu trennen; damit möchte ich nicht sagen, daß aus einem erlebnishungrigen Thrillsucher nicht durchaus auch ein ernsthaft Suchender werden kann. Aber dann haben beide, Therapeut und Klient, Lehrer und Schüler wirklich gut gearbeitet.

Zum Schluß eine Geschichte:

Ein Wanderer begegnet drei Steinmetzen und fragt sie, was sie täten.
Die erste Antwort: »Ich klopfe Steine.«
Die zweite Antwort: »Ich verdiene Geld.«
Die dritte Antwort: »Ich baue eine Kathedrale.«

Drei Antworten für drei Wege; drei Antworten, die für drei Menschenbilder stehen; drei Antworten für drei Arten des Unterwegsseins.

Die erste Antwort mag zunächst als Dummheit oder Frechheit erscheinen, denn daß der Gefragte Steine klopft, sieht der Frager doch wohl selbst. Gleichwohl ist sie sehr sinnvoll und in gewisser Weise sogar sehr ›gestaltig‹: Hier und jetzt das Sichtbare zu sehen und aufzunehmen, das ist der Arbeitsauftrag, den Perls den Gestalttherapeuten immer wieder gegeben hat. Alles andere ist Bewertung, ist, um es buddhistisch auszudrücken, Ego-Ausdruck. Die erste Antwort ist Ausfluß einer (auch gestalttherapeutischenl) Grundhaltung, eins und nur eins gleichzeitig und ausschließlich zu tun. Das Wesentliche besteht darin, das Wesentliche wesentlich sein zu lassen. ›Richtig‹ betrachtet enthält diese Antwort die beiden anderen. Das Steineklopfen geschieht zwar mit irgendwelchen Zielen, zu irgendeinem Sinn, aber das Suchen des Sinnes kann immer nur mit der Wahrnehmung des Offensichtlichen beginnen. Die ›wirkliche‹ Antwort, die in der ersten mit enthalten ist, erschließt sich nur dem Wissenden, also paradoxerweise dem, der eigentlich gar nicht zu fragen bräuchte.

Die zweite Anwort ist für die, die weniger wissen, gedacht, weil sie ein ganzes Bündel an Informationen mitliefert. Die Antwort macht deutlich, daß die Szene sich in einer Zivilisation abspielt, in der Entfremdung stattfindet. Es handelt sich um eine letztlich austauschbare Tätigkeit, die für einen Auftraggeber erledigt wird. Alle Beteiligten sind austauschbar. Der Steinmetz hat eine Fähigkeit erlernt, die er verkauft. Offensichtlich steht der finanzielle

Erlös im Vordergrund; er beschreibt seine Tätigkeit nicht mehr als das, was sie in sich augenscheinlich ist, sondern hebt an ihr etwas hervor, was man ihr als solcher nicht ansieht und was außerhalb der Tätigkeit liegt; der Sinn der Arbeit ist nur noch ein mittelbarer. Der zweite Antworter *übt* den Beruf des Steinmetzes *aus*, während der erste Antworter Steinmetz *ist*. Ähnlich verhält es sich, ob nun jemand sagt »ich habe Asthma« oder »ich bin Asthmatiker« bzw. »ich suche« – »ich bin auf der Suche« – »ich bin Sucher«. Es lohnt sich, genau zuzuhören und genau hinzuschauen!

Auch der Dritte verläßt das Unmittelbare und Offensichtliche. Auch er benennt Ziele und Werte, die sich nur mittelbar erschließen. Aber während der Zweite nur seinen eigenen, subjektiven Zweck benennt, spricht der dritte vom objektiven Zweck der Tätigkeit selbst. Innerhalb des Baus einer Kathedrale bildet das Bearbeiten der Steine eine wichtig Phase; ohne Steineklopfen keine Kathedrale, ohne Kathedrale kein Steineklopfen. Nur verwechselt er Weg und Ziel, denn korrekterweise dürfte er nur sagen: »Ich trage zum Bau einer Kathedrale bei«, denn schließlich gibt es da noch Architekten, Maurer etc.... . Doch der dritte Steinmetz weiß sich eingegliedert in ein Ganzes, in ein sinnvolles Gesamtgeschehen, welches seinen Sinn erst durch die Zusammenarbeit der einzelnen erfährt. Der Sinn der Handlung, des Weges ergibt sich hier durch die Betonung der Zuordnung zu einem Ganzen.

Ende

Hier ist das Buch zu Ende, zu Ende und nicht fertig. Denn das ist ja auch eine der Aussagen des Buches: Wir werden nie fertig! Jede sich schließende Gestalt öffnet geradezu zwangsläufig eine neue – und so fort.
Was ich mir wünsche erreicht zu haben:
Mehr Bereitschaft, daß sich Autor wie Leser Schüler oder Suchender sein lassen können; hierzu gehört das Wahrnehmen der eigenen Existenz, das Erstaunen über die Tatsache, daß ich selbst bin.

- nur wer Altes losläßt, kann Neues suchen,
- nur wer sucht, kann finden,
- nur wer bereit ist, unterwegs zu sein, kann ankommen,
- nur wer bereit ist, Schüler zu sein, kann Wissender werden,
- das Neue liegt stets in der Fremde.

Nan-in, ein japanischer Meister der Meji-Zeit, empfing den Besuch eines Universitätsprofessors, der etwas über Zen erfahren wollte. Nan-in servierte Tee. Er goß die Tasse seines Besuchers voll und hörte nicht auf weiterzugießen.
Der Professor beobachtete das Überlaufen, bis er nicht mehr an sich halten konnte. »Es ist übervoll. Mehr geht nicht hinein!«
»So wie diese Tasse«, sagte Nan in, »sind auch Sie voll mit Ihren eigenen Meinungen und Spekulationen. Wie kann ich Ihnen Zen zeigen, bevor Sie Ihre Tasse geleert haben?«

Ich glaube nicht, daß ich viel Neues erzählt habe. Das kann ich nicht und das war auch nicht mein Ziel. Ich freue mich, wenn dieses Buch mit möglichst vielen »Aha – Effekten« gelesen wird: Wenn alles, was ich zu sagen hatte, bereits ›irgendwo‹ im Leser vorhanden war und jetzt durch das Lesen Gestalt angenommen hat. Kochrezepte z.B. erfinden ja keine neuen Nahrungsmittel; ihre Aufgabe besteht darin, bekannte Zutaten neu zusammenzustellen. In diesem Sinne hoffe ich, ›gut gekocht‹ zu haben. Ich glaube, *wirklich* neue Gedanken werden höchstens alle paar Jahrhunderte gedacht.

Ich habe viel gesucht, ich habe mich mit der Psychologie des tibetischen Buddhismus befaßt, Sri Aurobindo gelesen, Meister Eckard, Teresa von Avila, Dogen Zenji, die Schriften des Zen-Buddhismus, die Bibel, den Talmud, den Koran, Dschelaluddin Rumi, all das und viel mehr habe ich versucht, mir zu erarbeiten, mir zugänglich zu machen. Leider bin ich weder so weit, daß ich mich für einen und nur einen Weg entschieden habe, noch bin ich bis zu dieser Ebene vorgedrungen, wo sich alle Wege vereinen:
»Wenn auch die Wege (der Religionen) verschieden sind, das Ziel ist doch eines. Siehst du nicht, daß es viele Wege zur Kaaba gibt? Für einige ist es der Weg von Anatolien, für einige von Syrien, für einige von Persien, für einige von China, für einige übers Meer von Indien und Jemen. Wenn du die Wege betrachtest, ist die Mannigfaltigkeit gewaltig und die Verschiedenheit grenzenlos, aber wenn du das Ziel betrachtest, so sind sie alle einig und eines, und die Herzen aller sind der Kaaba verbunden ... wenn sie einmal bei der Kaaba angekommen sind, erkennt man, daß der Streit nur um die Wege ging, während das Ziel eines war.«[209]

Und die Quintessenz all dessen ist recht simpel:
Erstens haben wir mit all unserem Wissen, all unserer Psychologie, all unserer Therapie weder theoretisch noch praktisch etwas *wirklich* Neues zu bieten. Ich bin zu der interessanten und faszinierenden Erkenntnis gekommen, daß es möglich sein müßte, ein Buch über die Themen und Inhalte der Gestalttherapie zu schreiben, ohne auch nur einmal auf gestalttherapeutische Theorie oder gestalttherapeutische Literatur zurückgreifen zu müssen. So ist dieses Buch auch als ein weiterer Schritt – nach dem ersten Buch – auf dem Weg zu sehen, daß ich mich auf theoretischer Ebene von der Gestalttherapie entferne, um mich ihr auf der Handlungsebene umso mehr zu nähern.
Zweitens ist das, was wir zu bieten haben, nur ein kleiner, kleiner Teil des Reichtums und der Tiefe, die in all diesen Dingen zu finden

209 M. J. Rumi, zitiert in A. Schimmel: Von allem und vom Einen, S. 177

ist; ein Reichtum, den wirklich zu erfahren ein Leben leider nicht ausreicht!
Drittens verwischen auf einer tieferen Ebene sich die Unterschiede der Traditionen; wenn es also gelingt, auf diese Ebene vorzudringen, dann sind wirklich alle Wege gleich. Aber bis dahin ist es ein langer, schwieriger Weg.
»Nein, keine Lehre konnte ein wahrhaft Suchender annehmen, einer, der wahrhaft finden wollte. Der aber, der gefunden hat, der konnte jede, jede Lehre gut heißen, jeden Weg, jedes Ziel, ihn trennte nichts mehr von all den tausend anderen, welche im Ewigen lebten, welche das Göttliche atmeten.«[210]
Ich hoffe durch das, was ich geschrieben habe, Interesse geweckt zu haben; präziser: Neugierde durch Interesse ersetzt zu haben. Neugierde ist die Gier nach (ständig) Neuem, sie ist eine Schwester der Rastlosigkeit. Interesse dagegen bedeutet *in* einer Sache sein.
Dem Leser wünsche ich, daß es ihm beim Lesen ähnlich ergeht, wie mir es beim Schreiben ergangen ist: Ich habe festgestellt, wie ich im Laufe des Schreibens oder besser des Suchens immer tiefer vorgedrungen bin. Diese Reise war spannend und interessant und ist – zumindest für mich – noch lange nicht zu Ende. Es interessiert mich jedenfalls, ob jemand vergleichbare Erfahrungen gemacht hat.

Ich habe kein Lehrbuch geschrieben; vielleicht gibt es das ein oder andere zu lernen, aber das war und ist nicht mein Ziel. Ein Lehrbuch sollte sachlich, logisch und in sich widerspruchsfrei sein. Ich glaube, dieses Buch ist keins von alledem.

---

210 H. Hesse: Siddharta (H. Hesse, Gesammelte Werke, Bd. 5, S.463)

Literaturverzeichnis:

Attar, Farid ud-din: Vogelgespräche, Die berühmte persische Sufi-Erzählung über die Pilgerfahrt nach innen, Interlaken 1993

Batchelor, Stephen: Mit anderen allein – Eine existentialistische Annäherung an den Buddhismus, Zürich, München 1992

Beaumont, Hunter: Einige Implikationen des »Diaglogischen Prinzips« Martin Bubers für die Theorie und Praxis der Gestalttherapie der narzißtischen Charakterstörung, in: Maak, Norbert u.a. (Hrsg.): Ich und Du – Kontakt, Begegnung, Beziehung – Dokumentation der Münchener Gestalttage 1988, Eurasburg, 1989, S. 373-391

Benares, Camden: Zen ohne Zen-Meister, Linden 1979

Bergantino, Len: Warum heilt Psychotherapie? – Der existentielle Augenblick, Köln 1992

Berger, Peter L.: Sehnsucht nach Sinn – Glauben in einer Zeit der Leichtgläubigkeit, Frankfurt a.M. 1994

Bessel, Klaus: Theorie als Praxis Hintergrund – Anmerkungen eines From Schülers zu Theorie, Diagnose und Introjekt-Angst in der Gestalttherapie, in: Gestalttherapie – Zeitschrift der Deutschen Vereinigung für Gestalttherapie, 1. Jg., Okt. 1987, S. 31-37

Bittermann, Klaus und Henschel, Gerhard (Hrsg.): Das Wörterbuch des Gutmenschen – Zur Kritik der moralisch korrekten Schaumsprache, Berlin 1994

Blankertz, Stefan: Der Kritische Pragmatismus Paul Goodmans, Köln 1998

Blankertz, Stefan: Vernunft ist Widerstand – Thomas von Aquin und die Theorie der Gestalttherapie, Köln 1993

Bly, Robert: Eisenhans – Ein Buch über Männer, München 1991

Braun, Claudia: Buddhistische Erziehung – Ein Weg der Selbsterziehung des Menschen, Wien 1985

Brenner, Andreas: Streit um die ökologische Zukunft – Neue Ethik und Kulturalisierungskritik, Würzburg 1994

Bugental, James: The humanistic ethic – The individual in psychotherapy as a social change agent; Journal of Humanistic Psycholgy, 1971 Nr. 11, S. 11-25

Bühler, Charlotte und Allen, Melanie: Einführung in die humanistische Psychologie, Stuttgart, 1975

Bühler, Charlotte und Ekstein, Robert: Anthropologische Resultate aus biographischer Forschung; in: Gadamer, Hans-Georg und Vogler, Paul (Hrsg.): Neue Anthropologie, Band 5, Psychologische Anthropologie, S. 349 ff.

Burisch, Matthias: Das Burnout-Syndrom, Theorie der inneren Erschöpfung, Berlin, Heidelberg, New York 1989

Bürmann, Jörg: Gestaltpädagogik und Persönlichkeitsentwicklung – Theoretische Grundlagen und praktische Ansätze eines persönlich bedeutsamen Lernens, Bad Heilbronn 1992

Burkhardt, Hans: Selbstsein oder Weltbeglückung – Eine anthropologische Skizze, München 1988

Buschmeier, Alexander: Unser Ende ist Euer Untergang – Die Botschaft der Hopi und anderer US-Indianer an die Welt, Düsseldorf, Wien 1983

Castenada, Carlos: Die Lehren des Don Juan, Hamburg, 1974

Chu, Victor: Psychotherapie nach Tschernobyl – in: Gestalttherapie; Zeitschrift der deutschen Vereinigung für Gestalttherapie, 1. Jg., Köln, Okt. 1987, S. 53 ff

Connelly, Diane: Alles Weh ist Heimweh, Heidelberg 1992

Däumling, Adolf Martin: Über versuchte, verfehlte und geglückte Selbstverwirklichung – Ein Beitrag zur Individuationsproblematik, in: Dieter Loomans (Hrsg.): Opus magnum – Festschrift zum 80. Geburtstag von Maria Hippius Gräfin Dürkheim, Stuttgart 1991

De Roek, Bruno Paul: Gut und Böse, Ethik in der Gestalttherapie, Offenbach 1985

Deshimaru, Taisen: Die Praxis der Konzentration – Zen und Alltagsleben, Freiburg 1986

Dreitzel, Hans Peter: Reflexive Sinnlichkeit – Mensch/Umwelt/ Gestalttherapie, Köln 1992

Dunne, John S.: Lebenszeit und Mythos – Nachdenken über Leben und Tod, München 1989

Dürckheim, Karlfried, Graf: Der Alltag als Übung, Bern, Stuttgart, Toronto 1966

Dürckheim, Karlfried, Graf: Überweltliches Leben in der Welt – Der Sinn der Mündigkeit, Weilheim 1968

Edelwich, Jerry und Brodsky, A.: Ausgebrannt – Das Burnout Syndrom in den Sozialberufen, Salzburg 1984

V. Foerster, Heinz: Wissen und Gewissen – Versuch einer Brücke, Frankfurt a. M. 1994 (2. Auflage)

Freiler, Christine; Ventouratou-Schmetterer, Domna; Reiner-Lawugger, Claudia und Bösel, Roland: 100 Jahre Fritz Perls – Internationale Psychotherapietagung der Fachsektion für integrative Gestalttherapie, Wien 1994

Friedman, Maurice: Der heilende Dialog in der Psychotherapie, Köln 1987

Fromm, Erich: Die Revolution der Hoffnung – Für eine humanisierte Technik, Hamburg 1974

Funk, Rainer: Mut zum Menschen – Erich Fromm's Denken und Werk – Seine humanistische Religion und Ethik, Stuttgart 1978

Furtmüller, Carl: Ethik und Psychoanalyse, München 1912

Y Gasset, José, Ortega: Über die Liebe, München 1993

Goodman, Paul: Über die Frage: Was ist der Sinn des Lebens? in: Gestalttherapie; Zeitschrift der deutschen Vereinigung für Gestalttherapie, 7. Jg., Köln, Juni 1993, S. 13 ff

Goleman, Daniel: Lebenslügen – Warum wir uns immer wieder selbst täuschen, München 1993

Goethe, Johann Wolfgang, von: Bedeutende Fördernis durch ein einziges geistreiches Wort; in: J.W. von Goethe Gesammelte Werke, Bd. 13 Naturwissenschaftliche Schriften I, München, 1965, S. 37-41

Griffiths, Bede: Rückkehr zur Mitte – Das Gemeinsame östlicher und westlicher Spiritualität

Gruen, Arno: Falsche Götter – Über Liebe, Haß und die Schwierigkeit des Friedens, Düsseldorf, Wien, New York, 1991

Romano Guardini: Angefochtene Zuversicht – Romano Guardini Lesebuch, Ausgewählt von Ingeborg Klimmer, Mainz 1985

Guardini, Romano: Die letzten Dinge – Die christliche Lehre vom Tode, der Läuterung nach dem Tode, Auferstehung, Gericht und Ewigkeit, Würzburg 1989
(Unveränderter Nachdruck der 6. Auflage; 1. Auflage 1940)

Guardini, Romano: Die Lebensalter – Ihre ethische und pädagogische Bedeutung, Mainz 1993 (entstanden aus einer erstmals 1953 veröffentlichten Ethik-Vorlesung)

Hawking, Stephen W.: Eine kurze Geschichte der Zeit – Die Suche nach der Urkraft des Universums, Reinbek, Hamburg 1991

Heinemann, Fritz: Existenzphilosophe – Lebendig oder tot?, Stuttgart, Berlin, Köln, Mainz 1971

Heinrich, Klaus: Versuch über die Schwierigkeit Nein zu sagen, Frankfurt 1964

Hemminger, Hansjörg und Becker, Vera: Wenn Therapien schaden – Kritische Analyse einer psychotherapeutischen Fallgeschichte, Reinbek bei Hamburg 1985

Hesse, Hermann: Gesammelte Werke in zwölf Bänden, Frankfurt a.M. 1970

Hillman, James und Ventura, Michael: Hundert Jahre Psychotherapie und der Welt geht's immer schlechter, Düsseldorf 1993

Hoßfeld, Paul: Konkrete Ethik, Beihefte zur Zeitschrift für Philosophische Forschung, Heft 25, Meisenheim an der Glan, 1971

Ins, Jürg von (Hrsg.) Abraham von Worms: Das Buch der wahren Praktik in der göttlichen Magie, Vergleichende Textausgabe mit Kommentar, München 1988

Jaynes, Julian: Der Ursprung des Bewußtseins durch den Zusammenbruch der bikameralen Psyche, Reinbek b. Hamburg 1988

Jung, Carl Gustav: Gesammelte Werke, Zürich 1960

Jung, Carl Gustav: Vom Werden der Persönlichkeit, in: Wirklichkeit der Seele, Zürich, Stuttgart 1969

Jung, Carl Gustav und Wilhelm, Richard: Das Geheimnis der goldenen Blüte – Ein chinesisches Lebensbuch, Olten, Freiburg 1987 (18. Aufl.)

Kast, Verena: Sisyphos – Der alte Stein – der neue Weg, (3. Aufl.) Zürich, 1989

Krisch, Renate und Ulbing, Madelaine (Hrsg.): Zum Leben finden – Beiträge zur angewandten Gestalttherapie, Köln 1992

Krisch, Renate: Der gestalttherapeutische Krankheitsbegriff; in: Krisch, Renate und Ulbing, Madeline (Hrsg.): Zum Leben finden – Beiträge zur angewandten Gestalttherapie, Köln 1992, S. 63-110

Keen, Sam: Feuer im Bauch – Über das Mann-Sein, Bergisch Gladbach 1992

Klöckner, Detlef: Theoretische und praktische Anmerkungen zum Figur-Grund-Konzept der Gestalttherapie; in: Gestalttherapie; Zeitschrift der deutschen Vereinigung für Gestalttherapie, 8. Jg., Köln, Juni 1994, S. 53 ff

Kopp, Sheldon: Das Ende der Unschuld – Ohne Illusionen leben, Frankfurt a.M 1993

Kopp, Sheldon: Der Taschendieb und der Heilige – Spiele der Selbsttäuschung, Köln, 1985

Kopp, Sheldon: All God's children are lost, but only a few can play the piano, New York, 1991

Kößler-Ilg, Bertha: Indianermärchen aus den Kordilleren – Märchen der Araukaner, Düsseldorf, Köln 1956

Kühnel, Ernst: Islamische Schriftkunst (3. Auflage), Graz, 1986

Künkel, Fritz: Charakter, Wachstum und Erziehung, Leipzig 1931

Liedloff, Jean: Auf der Suche nach dem verlorenen Glück – Gegen die Zerstörung unserer Glücksfähigkeit in der frühen Kindheit, München 1980

Lukas, Elisabeth: Rat in ratloser Zeit – Anwendungs- und Grenzgebiete der Logotherapie, Freiburg, Basel, Wien 1988

Lynch, Dudley und Kordis, Paul: Delphin Strategien – Management Strategien in chaotischen Systemen, Fulda 1991

Matson, Floyd W.: Rückkehr zum Menschen – Vom mechanistischen zum humanen Weltverständnis, Olten, Freiburg 1969

May, Rollo: Love and Will, New York 1969

May, Rollo u.a. (Hrsg.): Existence: A new dimension in Psychiatry and Psychology, New York, 1958

Michel, Klaus M: Im Bauch des Wals. Abgesang auf die gesunde Persönlichkeit. In: Michel, K. M. und Spengler, Theo: (Hrsg.) Kursbuch 82 – Die Therapiegesellschaft, Berlin 1985, S. 115 – 141

Meissner, Toni: Moses, hol die Tafeln ab! Über den Verlust der alten Tugenden und unsere neue »Moral«, Stuttgart 1993

Merleau Ponty: Pänomenologie der Wahrnehmung, Berlin 1966

Mészáros, István: Der Entfremdungsbegriff bei Marx, Berlin 1973

Michels-Wenz, Ursula: Nietzsche: Wie man wird, was man ist. Ermutigungen zu kritischen Denken, Frankfurt a.M. 1988

Müller, Bertram: Isadore Froms Beitrag zur Theorie und Praxis der Gestalttherapie in: Gestalttherapie – Zeitschrift der Deutschen Vereinigung für Gestalttherapie, 7. Jg., Köln 1993 S. 30 ff

Needleman, Jacob: Vom Sinn des Kosmos – Moderne Wissenschaften und alte Weisheiten, Frankfurt a.M., Leipzig 1993

Neffe, Jürgen: Soviel Psi war nie: in Der Spiegel, Nr. 52/26.12.1994, Hamburg

Nelson, Geoffrey: Der Drang zu Spirituellen – Über die Entstehung religiöser Bewegungen im 20. Jahrhundert; Freiburg im Breisgau 1991

Nishida, Kitaro: Über das Gute – Eine Philosophie der reinen Erfahrung; aus dem japanischen übersetzt und eingeleitet von Peter Pörtner; Frankfurt a.M.1989 (Das Original – Zen no Kenkyú – erschien 1911)

Nishitani, Keiji: Was ist Religion? Frankfurt a.M. 1986

Otto, Rudolf: Das Heilige. Über das Irrationale in der Idee des Göttlichen und sein Verhältnis zum Rationalen, Breslau 1917

Oyle, Irving und Jean, Susan: The Wizdom within, Tiburon, CA 1992

Panikkar, Raimon: Gottes Schweigen – Die Antwort des Buddha für unsere Zeit, München 1992

Parlett, Malcolm: Wir erschaffen unsere Systeme, unsere Systeme erschaffen uns. Feldtheorie für Gestalttherapeuten; in: Freiler, Christine u.a.: 100 Jahre Fritz Perls, Wien 1994, S. 119 ff.

Perls, Frederick: Grundlagen der Gestalttherapie, Frankfurt/Main 1976

Perls, Frederick: Gestalt – Wahrnehmung – Verworfenes und Wiedergefundenes aus meiner Mülltonne, Frankfurt/Main 1981

Perls, Frederick: Gestalt – Wachstum – Integration; Aufsätze, Vorträge, Therapiesitzungen Paderborn 1980

Perls, Frederick und Baumgardner, Patricia: Das Vermächtnis der Gestalttherapie, Stuttgart 1990

Rebillot, Paul: The Calling to Adventure – Bringing the hero's Journey to daily life, New York, San Francisco 1993

Rosenblatt, Daniel: Türen öffnen – Was geschieht in der Gestalttherapie?, Köln 1986

Rorty, Richard: Kontingenz, Ironie und Solidarität, Frankfurt a. M. 1993

Rumi, Maulana Dschelaladdin: Von Allem und vom Einen – Fihi ma fihi – Aus dem Persischen und Arabischen von Annemarie Schimmel, München 1988

Sartre, Jean Paul: Das Sein und das Nichts, Hamburg 1974

Schimmel, Annemarie: Rumi – Ich bin Wind und du bist Feuer – Leben und Werk des großen Mystikers, München 1978

Schimmel, Annemarie: Gärten der Erkenntnis – Das Buch der vierzig Sufi-Meister, Düsseldorf, Köln 1985

Schiwy, Günther: Der französische Strukuralismus, Hamburg, 1969

Siegmund, Georg: Buddhismus und Christentum – Vorbereitung eines Dialoges, Frankfurt/Main 1968

Steinvorth, Ulrich: Klassische und moderne Ethik – Grundlinien einer materialen Moraltheorie, Hamburg 1990

Stettbacher, Konrad: Wenn Leiden einen Sinn haben soll – Die heilende Begegnung mit der eigenen Geschichte, Hamburg 1990

Stoffer, Helmut: Die Echtheit in anthropologischer und konfliktpsychologischer Sicht, München, Basel 1963

Stoffl – Höll, Kathleen: Philosophische und gesellschaftspolitische Aspekte der Gestalttherapie, in: R. Krisch und M. Ulbig a.a.O.

Stuhlmann, Gunther (Hrsg.): Die Tagebücher der Anais Nin 1931 – 1934 (aus dem Amerikanischen übertragen von Herbert Zand), Hamburg 1968

Szczesny, Gerhard: Das sogenannte Gute – Vom Unvermögen der Ideologen, Hamburg 1971

Tenbrink, Dieter: Zum Verständnis der persönlichen Finalität in der Neurose bei Adler und Künkel – Macht und Geltungsstreben oder Suche nach dem Selbstobjekt? in: Zeitschrift für Individualpsychologie, 14. Jg., Seite 3 – 16, München, Basel 1989

Teschke, Dieter: Der radikale Konstruktivismus und einige Konsequenzen für die therapeutische Praxis; in: Gestalttherapie – Zeitschrift der Deutschen Vereinigung für Gestalttherapie, 3. Jg, Juni 1989, S. 16-29

Tiedemann, Paul: Über den Sinn des Lebens – Die perspektivische Lebensform, Darmstadt 1993

Tillich, Paul: Der Mut zum Sein, Hamburg 1965

Uslar, D. von: Ontologische Voraussetzungen der Psychologie; in: Gadamer, Hans Gerog und Vogler, Paul: Neue Anthropologie, Band 5: Psychologische Anthropologie, Seite 386 ff., München 1973

Walch, Sylvester: Transpersonale Selbsterfahrung; in: Freiler, Christine u.a. (Hrsg.): 100 Jahre Fritz Perls, Internationale Psychotherapietagung der Fachsektion für Integratve Gestalttherapie, Wien 1994, S. 253-270

Wais, Mathias: Biographie Arbeit – Lebensberatung – Krisen und Entwicklungschancen des Erwachsenen, Stuttgart 1992

Watzlawick, Paul: Die Möglichkeit des Andersseins – Zur Technik der therapeutischen Kommunikation, Bern, Stuttgart, Toronto 1991

Weischedel, Wilhelm: Die philosophische Hintertreppe – 34 große Philosophen in Alltag und Denken, München 1966

Wilde, Oskar: Der Sozialismus und Seele des Menschen, Zürich 1982

Wittgenstein, Ludwig: Tractatus logico-philosophicus, Werkausgabe, Band 1, Frankfurt a.M. 1984

Wiesel, Elie: A Bagger in Jerusalem, New York 1970

Wolinsky, Stephen: Die alltägliche Trance – Heilungsansätze in der Quantenpsychologie, Freiburg i.Br. 1993

Wright, Georg Henrik; von: Normen, Werte und Handlungen, Frankfurt a. M. 1994

Yalom, Irvin D.: Existentielle Psychotherapie, Köln 1989

Zygowski, Hans (Hrsg.): Psychotherapie und Gesellschaft – Therapeutische Schulen in der Kritik, Reinbek 1987